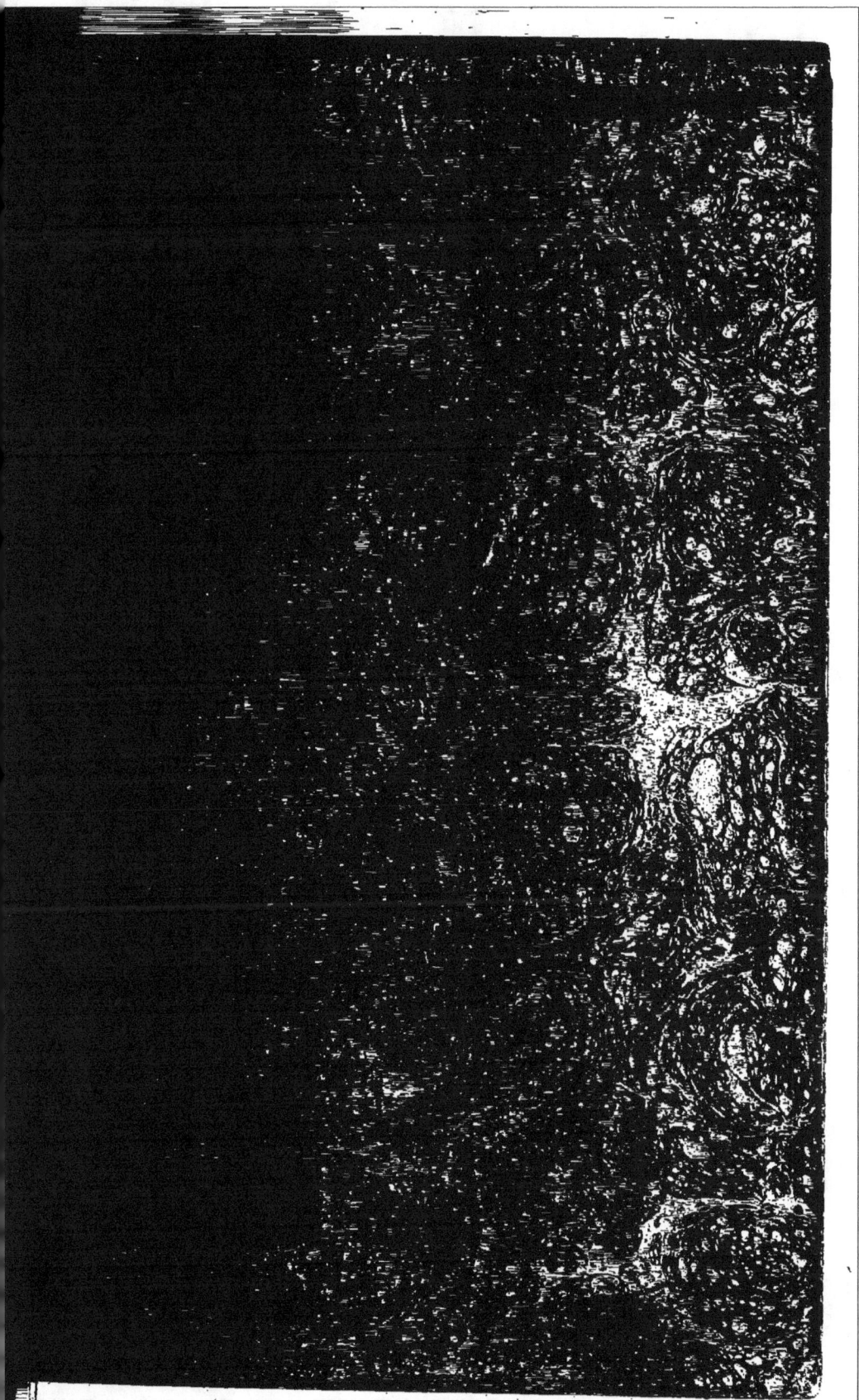

COURS

DE

DROIT FRANÇAIS.

TOME PREMIER.

COURS

DE

DROIT FRANÇAIS.

PREMIÈRE PARTIE,

Sur l'état des personnes et sur le titre préliminaire du Code NAPOLÉON.

Dédié à Son Altesse Sérénissime, Monseigneur le Duc DE PARME, Prince-Archi-Chancelier de l'Empire ;

Par M.ᵣ PROUDHON, ancien Docteur en droit, Professeur de première chaire du Code NAPOLÉON, Doyen de la Faculté de Droit de Dijon, Membre de l'Académie des sciences, arts et belles-lettres de cette Ville et de celle de Besançon.

TOME PREMIER.

A DIJON,

chez BERNARD-DEFAY, Imprimeur de la Faculté de droit.

1809.

MONSEIGNEUR,

Le Code NAPOLÉON sera transmis aux générations futures, comme un des plus grands bienfaits du génie qui préside aux destinées de la France ; ce monument de sagesse fixera les regards de toutes les nations civilisées, et excitera dans tous les temps la reconnaissance des Français.

Mais en rendant grâces au Héros dont ce Code porte le nom immortel, on n'oubliera jamais, MONSEIGNEUR, que c'est vous qui avez conçu les premières idées de ce corps de Droit; que dans le Con-

seil d'état vos lumières en ont perfec-
tionné les plans ; et qu'après avoir posé
les bases de l'édifice, vous avez avec
éclat, concouru à son élévation.

Si le nom de Votre Altesse est inscrit si honorablement dans les fastes
de notre législation ; si les hommages
de la nation entière attestent ce service
national, quelle doit être la reconnaissance de ceux qui par état sont voués
à l'étude du Droit, de ceux sur-tout
qui, chargés de l'enseigner, découvrent
chaque jour dans vos pensées, l'intelligence de la loi?

Pouvais-je, MONSEIGNEUR, ne pas
ambitionner de faire paraître cet ouvrage sous vos auspices? Vous avez
eu la bonté de m'accorder cette honorable distinction ; je la regarde comme
la plus précieuse récompense de mes
travaux.

La protection des grands devient glo-
rieuse aux yeux mêmes de la philo-
sophie, lorsque le Prince qui protège
les sciences, est en même temps le
meilleur juge des talens de ceux qui les
cultivent ; lorsque ce Prince est connu
de toute la nation, non-seulement par

la dignité des fonctions dont il est revêtu, mais encore par l'étendue des lumières qui le distinguent.

En me permettant de lui dédier cette partie de mon Cours d'enseignement, Votre Altesse a sans doute voulu encourager les hommes qui, comme moi, se vouent à l'instruction publique, et qui savent inspirer à la jeunesse les sentimens d'amour et de respect que nous devons tous au grand NAPOLÉON.

Comme Justinien, il donne des lois au monde : mais l'Empereur de Constantinople n'avait ni sauvé sa patrie, ni reçu sa couronne de la reconnaissance des peuples qui obéissaient à ses lois. Sauveur de la France, vainqueur de nos ennemis, législateur, régnant par le choix et l'amour des Français, NAPOLÉON réunit tous les titres de gloire. Pendant que la victoire le conduit sur les bords du Danube, nous jouissons en France des loisirs de la paix, et nous ne connaissons de la guerre qui embrase l'Europe, que le récit de ses exploits.

Combien de peuples déplorent l'aveuglement de quelques Rois qui voudraient en vain lutter contre les destinées de la France, tandis que la Nation française, contemplant loin d'elle ses guerriers sous les trophées de la victoire, voit en même temps ses citoyens se livrer, dans l'Empire, aux paisibles méditations des sciences et des lettres!

Et vous, MONSEIGNEUR, que le Héros a choisi pour être l'Archi-Chancelier de son vaste Empire, vous les encouragez et vous applaudissez à leurs succès.

Agréez l'hommage du profond respect avec lequel j'ai l'honneur d'être,

MONSEIGNEUR,

DE VOTRE ALTESSE SÉRÉNISSIME,

Le très-humble et très-obéissant Serviteur,

PROUDHON.

PRÉFACE.

CET ouvrage porte pour titre, *Cours de Droit français*, parce qu'il est le résultat de nos leçons faites à l'Ecole de droit de Dijon : il ne faut pas conclure de là que ce ne soit qu'un livre purement élémentaire ; on y trouvera beaucoup de questions agitées et résolues d'après les principes du Droit nouveau, et la lecture peut en être utile non-seulement aux élèves des Facultés de droit, mais encore aux hommes qui fréquentent le barreau, ou qui participent à l'administration de la justice.

Il serait possible même qu'il y eût des personnes qui ne le trouvassent pas assez élémentaire pour servir aux premières études de la jeunesse ; mais la longue expérience que nous avons acquise dans l'enseignement, nous a appris que ce ne sont pas les ouvrages les plus resserrés qui sont les plus utiles à l'étude d'une science comme celle de la législation. Un principe n'est jamais mieux retenu et gravé dans la mémoire, que quand on en a fait saisir des applications plus ou moins nombreuses.

Il faut pour cela que les exemples soient convenablement choisis. On proposera donc différentes espèces, en procédant, par ordre, des plus faciles aux plus compliquées; on présentera d'abord, pour expliquer le texte, des exemples d'une grande simplicité, tels que le lecteur les comprenne sans efforts; on fera voir ensuite qu'il existe une infinité d'espèces d'une application fréquente dans l'usage, et dont la solution plus difficile exige de longues et profondes réflexions. De cette manière, le lecteur s'exercera peu-à-peu à trouver, dans le rapprochement des textes, des principes que les textes isolés ne lui auraient pas révélés, et c'est alors seulement qu'il saura ce qui constitue la difficulté du Droit et le talent du Jurisconsulte.

La science du Droit ne consiste pas seulement dans la connaissance des divers articles de la loi : un homme pourrait savoir le Code entier par cœur, et n'être pas au-dessus d'un faible légiste : c'est dans la théorie propre à chaque sujet qu'il faut rechercher la véritable connaissance du Droit. Celui qui ne sait que la solution de quelques questions détachées, trouve la loi muette pour lui, dans tous les cas qu'on ne lui a pas montrés; tandis que celui qui, sur chaque matière, a su saisir les idées mères et l'enchaînement des principes que le législateur a voulu établir, connaît véritablement le Droit, parce qu'il peut en faire l'application à toutes les questions qui se présentent.

Si c'est d'après cette pensée que nous devons nous diriger dans nos études particulières, pour en tirer un profit réel, à plus forte raison elle doit être la base de l'enseignement, si l'on veut qu'il soit réellement profitable.

Un Professeur n'enseignerait donc rien, s'il ne montrait que des articles détachés dans le Code, parce que chacun peut les lire et les comprendre, sans être sur les bancs de l'Ecole : c'est le rapprochement et la combinaison des diverses parties qu'il doit démontrer, parce que chacun ne les aperçoit pas également : c'est la suite des principes sous lesquels le législateur a voulu enchaîner les dispositions particulières, qu'il faut enseigner : telle est aussi la tâche que nous nous sommes imposée.

Nous avons senti plus d'une fois combien ce but est difficile à atteindre sous une législation nouvelle, comme la nôtre, non-seulement parce qu'il faut en quelque sorte anticiper sur l'expérience, et suppléer, par la méditation, aux connaissances que la jurisprudence ne nous a pas encore révélées, mais encore parce qu'il y a bien des écueils à éviter.

L'unité de législation établie par le Code Napoléon, est un avantage inestimable pour la France ; mais pour en obtenir la jouissance toute entière, nous devons avoir soin de nous dégager de beaucoup d'anciens préjugés.

Quoiqu'il n'ait point été conçu dans un esprit de novation, on trouve néanmoins, sur l'*état des personnes*, beaucoup de choses précédemment inconnues et beaucoup de règles nouvelles ; comme on trouve aussi, dans toutes les autres parties, des nuances qui nous écartent de l'ancienne routine, sur des points de jurisprudence très-multipliés.

Les auteurs de cet immortel ouvrage

ont puisé tantôt dans le Droit romain,
tantôt dans les dispositions les plus sages
de nos anciennes coutumes; et tantôt,
par de sublimes conceptions, ils ont
créé des règles qui avaient échappé aux
législateurs qui les ont précédés : ce
n'est donc ni la traduction du Droit romain, ni le produit du Droit coutumier,
ni une loi nouvelle dans toutes ses parties; mais un corps entièrement neuf,
composé des maximes les plus sages,
les unes nouvellement conçues, les autres déjà consacrées par l'expérience;
toutes coordonnées avec méthode, et en-
chaînées dans un système convenable à
notre état politique actuel.

Si, à vue de l'empreinte plus ou
moins forte que ce Code a reçue, soit
du Droit écrit, soit de nos mœurs cou-
tumières, il était permis de le com-
menter par le Droit romain ou par les
coutumes, sans l'étudier avec soin, dans
l'esprit qui lui est propre, nous aurions
bientôt autant de jurisprudences diverses, qu'il y avait de différentes provinces
en France, parce que chacun voudrait
l'adapter à ses habitudes et y mêler ses
anciens préjugés.

C'est donc dans le Code Napoléon
qu'il faut étudier le Code Napoléon : le
comparer avec lui-même et avec les autres Codes qui l'ont suivi, pour nous en
pénétrer ; le comparer avec lui - même
en l'enseignant aux autres, telle est la
tâche que nous nous sommes efforcés
de remplir.

Sans doute nous n'oserions nous flatter
de n'avoir commis aucune erreur dans
cette carrière toute nouvelle, sur une
matière aussi difficile et que personne n'a
traitée avant nous ; mais s'il s'en trouve
dans cet ouvrage, les longues réflexions
que nous avons mises à le concevoir,
nous portent à croire qu'elles doivent
être peu nombreuses, et c'est avec le
sentiment de cette confiance que nous
avons déféré aux invitations qui nous ont
été faites de le soumettre à l'impression.
Si le Public en juge favorablement, nous
nous déterminerons peut - être à faire
imprimer aussi successivement les autres parties de notre Cours, à mesure
que le travail en sera terminé avec assez
de maturité.

Nous avons beaucoup puisé dans les
procès-verbaux du Conseil d'état, dont
nous empruntons quelquefois jusqu'aux

expressions : la lecture de ce recueil ne donne pas seulement la véritable intelligence du Code, mais elle commande le respect qui lui est dû à vue des motifs qui en ont dicté les diverses dispositions.

L'esprit du Code Napoléon publié par M. Locré, nous a été aussi d'un grand secours : si quelquefois nous n'avons pas cru devoir adopter les opinions de cet élégant historien du Code Napoléon, nous n'en sommes pas moins pénétrés d'estime pour son excellent ouvrage, dont on ne peut trop conseiller la lecture.

Nous avons exactement suivi l'ordre général des choses, tel qu'il est tracé dans le Code ; mais nous n'avons pas adopté sur chaque titre la même série de chapitres, parce que le système doctrinal, que nous avons cherché à établir sur chaque matière, nous a souvent conduits à des divisions différentes.

Les citations des divers articles du Code Napoléon sont faites par les numéros des articles renfermés entre deux parenthèses, dans le texte même : quant à celles des autres lois, elles sont renvoyées au bas des pages.

AVERTISSEMENT.

EXTRAIT du Décret du 19 juillet 1793.

ARTICLE 1er. Les auteurs d'écrits en tout genre...... jouiront, durant leur vie entière, du droit exclusif de vendre, faire vendre, distribuer leurs ouvrages, et d'en céder la propriété en tout ou en partie.

ART. 4. Tout contrefacteur sera tenu de payer au véritable propriétaire une somme équivalente au prix de trois mille exemplaires de l'édition originale.

ART. 5. Tout débitant d'édition contrefaite, s'il n'est pas reconnu contrefacteur, sera tenu de payer au véritable propriétaire une somme équivalente au prix de cinq cents exemplaires de l'édition originale.

ART. 6. Tout citoyen qui mettra au jour un ouvrage....., sera obligé d'en déposer deux exemplaires à la bibliothèque nationale...., dont il recevra un reçu signé par le bibliothécaire; faute de quoi il ne pourra être admis en justice pour la poursuite des contrefacteurs.

COURS

DE

DROIT FRANÇAIS.

CHAPITRE PREMIER.

Notions générales sur la Loi et le Droit.

LA loi, dans son acception générale, est la règle établie pour tous par l'autorité divine, ou pour chaque corps de société par l'autorité humaine, qui oblige les hommes à faire certaines choses, ou leur en défend d'autres.

La puissance publique dont émanent les lois positives, n'est établie que pour garantir la sureté de tous, et protéger les droits de chacun.

Toute loi positive doit donc avoir pour but, la conservation du corps politique, le maintien de l'autorité qui le gouverne, et le bien général des membres qui le composent.

Elle doit être perpétuelle dans sa fin, puisqu'elle est destinée à conserver.

Elle doit être générale dans ses dispositions, puisqu'elle embrasse les intérêts de tous.

Ainsi, ce n'est que dans un sens impropre qu'on dit que le testament du défunt est la loi de ses héritiers, et que les conventions légalement consenties sont des lois pour les parties qui les ont souscrites (1134); parce que ces actes particuliers ne peuvent avoir le véritable caractère de la loi, qui doit être perpétuelle dans sa durée, générale dans ses dispositions, et frapper la masse du corps politique.

Par la même raison, quoique les ordres, les commandemens émanés de l'autorité légitime, les jugemens rendus sur des affaires particulières, soient obligatoires comme la loi, parce que la loi veut qu'on les exécute, ils ne sont pas lois par eux-mêmes, dans le sens propre de cette expression.

Le terme *de droit*, qui nous vient du mot latin *dirigere*, est pris sous deux rapports principaux, tantôt pour la règle à laquelle nous devons nous conformer, tantôt pour la chose protégée par cette règle.

Le *droit*, considéré sous le premier rapport, n'est autre chose que la dénomination générique des lois elles-mêmes : c'est ainsi qu'en parlant du droit romain, on entend les lois romaines.

Le *droit*, envisagé sous le second aspect, n'a plus le même sens que la loi, mais il signifie la chose même dont la loi nous garantit la possession : tel est le *droit de propriété*.

Section Iere.

Du Droit pris dans le même sens que la Loi.

Le droit pris dans le même sens que la loi, est la collection des règles sur lesquelles l'homme doit diriger sa conduite.

On le divise, 1°. en droit naturel et en droit positif.

Le droit naturel comprend l'ensemble des règles suivant lesquelles l'homme doit user de ses facultés et jouir des objets extérieurs, d'après l'impulsion du sentiment dirigé par la raison. Ce droit est divin, puisque les lois qui le composent n'ont d'autre auteur que l'Être suprême.

Le droit humain et positif comprend les lois portées par les hommes, et connues par les sens extérieurs.

2°. On divise le droit en droit des gens et en droit civil.

Le droit des gens comprend les règles d'équité qui sont reconnues et communément observées chez tous les peuples policés.

Le droit civil, *jus civitatis*, résulte du code que chaque peuple s'est constitué en particulier.

Le droit des gens est de deux espèces: l'un primitif, et l'autre secondaire.

Le droit des gens primitif comprend les règles connues par la droite raison, et suivies chez les diverses nations, comme loi naturelle : telle est l'obligation d'être fidèle à ses engagemens.

C'est de cette espèce de droit qu'on entend parler quand on dit que la vente, la société, le mariage, etc. etc., sont des contrats du droit des gens, parce que les obligations qui en résultent sont respectées chez toutes les nations policées, comme fondées sur la loi naturelle.

Le droit des gens secondaire, *jus inter gentes,* résulte des conventions expresses renfermées dans les traités de paix, d'alliance et de commerce, par lesquels les nations se sont respectivement imposé différentes obligations les unes envers les autres.

Il résulte aussi des coutumes et usages réciproquement observés entr'elles : usages dont le principe est, suivant l'auteur de l'esprit des lois, que les nations doivent se faire, pendant la paix, le plus de bien, et dans la guerre, le moins de mal possible, sans nuire à leurs véritables intérêts.

C'est en conséquence de ces usages que les sujets d'une nation sont, en temps de paix, reçus dans les ports de l'autre ; qu'ils y sont admis à l'exercice de tout commerce licite ; qu'ils ont la faculté de recourir aux Tribunaux pour forcer l'exécution des conventions qu'on a faites avec eux, et que les juges leur doivent rendre la même justice qu'aux nationaux.

3°. On divise le droit civil en droit public et en droit privé.

Le droit public comprend les lois protectrices de la morale, du bon ordre, de la sureté, et celles qui ont pour objet immédiat l'organisation du corps politique : telles sont les lois de police, sur la répression des délits ; celles qui défendent la polygamie, qui prohibent le mariage entre proches parens ; celles qui statuent sur la démarcation des autorités constituées ; celles qui soumettent la femme à l'autorité maritale, le fils mineur à la puissance paternelle, etc. etc.

Le droit privé renferme les lois directement portées pour régler les intérêts pécuniaires des citoyens entr'eux : telles sont les dispositions par lesquelles le Code règle la communauté d'intérêts entre les époux ; les obligations qui naissent des contrats ; les effets de la garantie ; les priviléges entre créanciers ; les hypothèques, etc. etc.

La fin immédiate du droit public est l'avantage de la masse ; celle du droit privé regarde au contraire immédiatement les intérêts des particuliers, et c'est par-là qu'on doit les distinguer.

Ces deux espèces de droits sont aussi différentes quant à leurs effets, que quant à leurs fins immédiates.

Dans tout ce qui appartient au droit public, les dispositions de la loi sont absolument indépendantes des conventions particulières, parce que nul ne peut vouloir d'une manière efficace ce qui est contraire à l'ordre général. (6)

Quand il est au contraire question du droit privé, les particuliers peuvent y déroger par leurs conventions, parce qu'il est libre à chacun de renoncer à une faveur introduite pour lui-même.

Il résulte de là que si un acte est nul comme offensant le droit public, toutes parties intéressées sont recevables à en proposer la nullité, à moins qu'une loi expresse n'en dispose autrement, parce que la faveur du droit public appartenant à tous, chacun peut s'en prévaloir : mais que si un acte est nul pour être contraire au droit privé, il n'y a que celui en faveur de qui la nullité est établie, qui soit habile à s'en prévaloir, puisqu'elle n'a été introduite que pour lui.

4°. On divise le droit civil en droit personnel et en droit réel.

Le droit personnel connu en jurisprudence sous la dénomination de *statuts personnels*, embrasse les lois qui règlent les qualités des personnes : telle est celle qui fixe la majorité.

Le droit réel, ou les *statuts réels*, se composent des lois qui disposent des biens sans la volonté de l'homme : telle est celle qui règle les successions *ab intestat*.

Section II.

Du Droit considéré comme objet de la Loi.

Le droit considéré sous ce rapport, a deux acceptions différentes, suivant qu'il est pris dans un sens actif, pour la faculté morale de disposer de ce qui nous appartient, comme quand on dit d'un père de famille, qu'il a *droit* de disposer du quart de ses biens à titre de libéralité ; ou suivant qu'il est employé dans un sens purement passif, pour la chose qui nous est due ou qui nous appartient, comme lorsqu'on dit qu'un fils revendique ses *droits* à la succession de son père.

Pris dans ce sens passif et matériel, le droit se divise en réel et personnel.

Le droit personnel, *jus ad rem*, quoique tendant à l'obtention d'une chose, n'est dirigé que vers la personne qui doit la délivrer : il ne peut être exercé ou donner d'action que contre celui qui est personnellement obligé à la dette.

Le droit réel, *jus in re*, est au contraire inhérent à la chose, et produit une action réelle en vertu de laquelle le créancier ou le maître peuvent la suivre en quelques mains qu'elle passe.

Ainsi, une simple convention par laquelle un homme s'oblige envers un autre, ne produit qu'une obligation personnelle, en vertu de laquelle le créancier ne peut actionner que la personne seule de son débiteur, ou celle des héritiers qui le représentent ; mais au contraire, un contrat portant hypothèque, produit un droit réel sur la chose hypothéquée, en vertu duquel le créancier peut suivre cette chose et la faire vendre pour obtenir son paiement, lors même qu'elle n'est plus entre les mains du débiteur, et que le possesseur actuel se trouve personnellement étranger à la dette.

Dans le cas de l'action personnelle, c'est au Tribunal du domicile du défendeur ; dans celui de l'action réelle, c'est au Tribunal de la situation de l'immeuble que la contestation doit être portée ; et si l'action est mixte, le demandeur a le choix entre ces deux Tribunaux. (*a*)

CHAPITRE DEUX.

De la Justice.

La *justice*, comme le droit, a aussi, dans le langage vulgaire, des acceptions différentes ; on la prend quelquefois pour ceux qui n'en sont que les organes : c'est dans ce sens qu'on dit qu'un homme a recours à la justice, lorsqu'il est obligé de s'adresser aux Tribunaux chargés de la rendre.

Mais la *justice*, dans son sens propre, est une vertu morale qui nous porte à rendre à chacun ce qui lui appartient.

Tout individu peut être envisagé soit relativement au corps social dont il est membre, soit relativement aux autres citoyens en particulier : de là naît la division de la justice en distributive et commutative.

La justice distributive est la vertu du gouvernement à l'égard des membres du corps social : elle s'exerce lorsque l'autorité publique protège également les droits et les pro-

_____

(*a*) Art. 59 du code de proc.

priétés de tous, et qu'elle distribue les récompenses ou qu'elle inflige les peines dans la proportion du mérite ou de la gravité des délits, sans acception de personne.

La justice commutative est la vertu des citoyens, comparativement les uns aux autres : elle consiste à rendre à autrui ce qui lui appartient, dans toute l'étendue de ses droits.

CHAPITRE TROIS.

De la Jurisprudence.

La jurisprudence est la science pratique des lois; l'art d'en faire une juste application.

Les Romains l'ont appelée science des choses divines et humaines, connaissance du juste et de l'injuste, pour donner à entendre que rien ne doit être étranger aux connaissances du jurisconsulte dans tout ce qui regarde la législation et le droit.

En résultat, tous les préceptes du droit et de la justice consistent à vivre honnêtement, ne blesser personne, et rendre à chacun ce qui lui appartient.

Vivre honnêtement; c'est-à-dire, se respecter soi-même, se rendre exempt de tous vices déshonorans, et éviter tous excès contraires à sa propre conservation.

Ne blesser personne; c'est-à-dire, ne commettre aucun attentat ni sur la personne, ni sur la réputation d'autrui.

Rendre à chacun ce qui lui appartient; c'est-à-dire, ne point souiller ses mains du bien des autres, ne point retenir injustement ce qui n'est pas à nous, n'agir que pour ce qui est conforme à l'équité, sans jamais favoriser l'injustice commise par autrui.

CHAPITRE QUATRE.

Des effets de la Loi, et de sa promulgation.

Le premier effet des lois soit naturelle, soit positives, consiste à enchaîner les consciences sous le joug des obligations qu'elles imposent.

Les lois positives sont en outre armées d'une force coactive pour contraindre à leur exécution ceux qui refuseraient l'obéissance volontaire.

Mais comme nul n'est tenu d'exécuter un commandement, s'il ne l'a ni connu ni pu connaître, il en résulte que les lois ne peuvent produire le double effet dont on vient de parler, que du moment où elles ont été notifiées par une promulgation telle qu'on doive au moins en supposer la connaissance présumée.

La loi naturelle n'est promulguée que par le développement de la raison : ainsi, elle n'oblige ni l'enfant au berceau, ni celui qui est dans un état d'imbécillité ou de démence; mais dès que le flambeau de la raison nous éclaire; dès que nous apercevons les divers rapports de ce qui est bien ou de ce qui est mal; dès que nous avons conçu l'idée du bon ordre et de ce qui lui est contraire, le Législateur suprême qui appesantit le remords sur le cœur du coupable, nous avertit assez des devoirs que sa loi nous impose.

À l'égard des lois positives, comme elles ne sont connues que par les sens extérieurs, c'est aussi aux sens extérieurs qu'elles doivent être manifestées par une promulgation qui en garantisse l'authenticité et qui les rende notoires.

Elles sont exécutoires en France, savoir, dans le département de la résidence impériale, un jour après, c'est-à-dire, le surlendemain de la promulgation faite par l'Empereur; et dans les autres départemens, après l'expiration du même délai, augmenté d'autant de jours qu'il y a de fois dix myriamètres ou vingt lieues entre la ville où la promulgation est faite, et le chef-lieu de chaque département (1), suivant que ces distances sont déterminées par l'arrêté du Gouvernement du 13 août 1803. (*a*)

À l'égard des décrets impériaux, comme ils sont préparés et rendus avec moins de publicité que les lois émanant du Corps législatif, ils ne sont obligatoires dans chaque département, que du jour où le bulletin a été distribué au chef-lieu; quant à ceux qui

---

(*a*) Voyez bull. 312, n°. des lois 3149, tom. 8, pag. 929, 3ᵉᵐᵉ. sér.

ne sont point insérés au bulletin, ou qui n'y sont indiqués que par leur titre, ils sont obligatoires du jour qu'il en a été donné connaissance aux personnes qu'ils concernent, soit par publication, affiches, signification, ou envois faits par les fonctionnaires publics chargés de l'exécution. (*a*)

De ce que la loi doit être publiée pour devenir obligatoire, il en résulte qu'elle ne peut disposer que pour l'avenir, et qu'elle n'a point d'effet rétroactif (2); car en reportant son action à un temps antérieur à sa date, ce serait nécessairement la supposer obligatoire avant qu'elle n'eût été connue, et ce qui n'est pas moins absurde, ce serait supposer un effet préexistant à sa cause.

Mais quoique l'effet ne puisse naître avant, il peut subsister après sa cause : c'est pourquoi les lois abrogées, se survivant en quelque sorte à elles-mêmes, dans les effets qu'elles ont produits, sont encore obligatoires pour l'exécution de tous les engagemens souscrits sous leur empire.

La loi nouvelle ne dispose que pour l'avenir : on doit donc, dans son application, respecter les droits précédemment acquis, autrement ce serait lui donner un effet rétroactif.

Pour résoudre les difficultés nombreuses que fait toujours naître le choc de deux législations dont l'une prend la place de l'au-

_____

(*a*) Voyez l'avis du Conseil d'état, approuvé par l'Empereur le 25 prairial an 13 (14 juin 1805), bull. 48, n°. des lois 812, tom. 3, pag. 225, 4eme. sér.

tre, il est nécessaire de rappeler quelques principes sur la manière dont les lois disposent des choses.

Toute loi a pour objet ou le règlement des qualités de la personne, ou celui de ses actions, ou enfin la dévolution de ses biens.

SECTION Iere.

Règlement des qualités de la personne.

Une première vérité, c'est que les lois qui régissent les qualités civiles des personnes; qui fixent la majorité ou la minorité; qui établissent la puissance paternelle et l'autorité maritale; qui attachent la capacité de se marier ou de tester, à tel ou tel âge; qui établissent les conditions de légitimité d'état d'époux et d'épouse, de père, mère et enfant, et autres de cette nature, appartiennent nécessairement au droit public, puisqu'elles règlent l'organisation sociale.

Une autre vérité non moins constante, c'est que les objets sur lesquels ces lois portent, ne sont point à la disposition des particuliers, parce que nul ne pourrait devenir majeur ou mineur (1307), capable ou incapable de tel ou tel acte, père, époux ou fils légitime, par aucune convention particulière, sans être dans le rang et la condition impérieusement marqués par les lois; comme nul ne pourrait aliéner sa liberté contre le vœu de la loi, par l'engagement de ses services personnels à vie (1780), ou par la stipulation de la contrainte par corps, hors des cas déterminés dans le droit. (2063)

De ces deux principes aussi incontestables l'un que l'autre, il résulte que les qualités civiles de la personne ne peuvent jamais sortir du domaine de la loi, puisqu'elles ne sont point dans la disposition de l'homme, et que d'ailleurs la loi qui les régit, appartenant au droit public, est tellement impérieuse que nul individu ne peut y déroger.

Mais la loi ne peut cesser d'être la maîtresse absolue de ce qui reste toujours essentiellement dans son domaine : le législateur peut donc le changer et le modifier à son gré, pour l'avenir, sans qu'on puisse dire qu'il ravisse à personne aucun droit acquis dans une matière où rien ne peut sortir du domaine du souverain qui dispose.

Ainsi, chaque fois qu'il s'agit d'un acte quelconque, non consommé par la translation d'un droit, effectuée sous la loi ancienne, et que la validité de cet acte se trouve subordonnée à telle ou telle qualité civile dans la personne, c'est uniquement à la loi nouvelle qu'on doit s'attacher pour régler la capacité de la personne, à l'effet de connaître si l'acte est valable ou non.

C'est sur ces principes qu'on doit décider:

1°. Qu'après la publication du Code, l'homme ne peut plus se marier avant dix-huit, et la femme avant quinze ans révolus, lors même qu'à l'époque de cette publica-

tion ils auraient eu le droit acquis de se marier en vertu de la loi du 20 septembre 1792
qui le permettait à quinze ans pour les hommes, et à treize pour les femmes ; que pareil-
lement il ne serait plus permis à l'oncle d'é-
pouser aujourd'hui sa nièce, quoiqu'auparavant il en eût eu le droit sous la loi précitée
de 1792 ; parce que la loi, maîtresse absolue
des qualités de la personne, peut sans cesse
les modifier, et soumettre sa capacité à de
nouvelles conditions qui n'étaient point précédemment exigées.

Mais si, dans l'un et l'autre de ces cas,
le mariage avait été contracté avant la promulgation du Code, conformément à la loi
qui l'a précédé, la nouvelle législation n'y
apporterait aucune atteinte, parce que ce
serait un acte consommé ; acte qui aurait
produit un droit acquis aux époux par l'aliénation réciproque de leurs facultés ; acte qui
ne pourrait plus être anéanti sans effet rétroactif.

2°. Qu'aujourd'hui nul ne peut plus tester, s'il n'a seize ans révolus (903), quoiqu'a-
vant le Code il eût déjà acquis la capacité
de disposer à cause de mort, par l'âge de quatorze ans révolus pour les hommes, ou de
douze pour les femmes ; et que tout testament
fait par une personne déjà capable de tester,
serait aujourd'hui sans effet, si le testateur
décédait avant l'âge nouvellement requis
pour pouvoir transmettre à ce titre, parce
qu'ici l'acte n'aurait été consommé, en
temps habile, que dans la régularité de sa

forme et non dans la translation des biens, l'héritier n'ayant aucun droit acquis et n'étant saisi de rien, tant que le testateur est vivant.

3°. Qu'une femme mariée avant le Code et qui se serait réservé ses biens en paraphernaux, ne pourrait plus aujourd'hui les aliéner ou hypothéquer, ni paraître en justice pour contester sur cette espèce de propriété, sans l'autorisation de son mari (1576), quoiqu'en pays de droit écrit, elle eût été auparavant considérée comme émancipée, pour la jouissance et la disposition de cette espèce de biens ; mais que toute aliénation qu'elle aurait faite, toute hypothèque qu'elle aurait précédemment consentie, devraient recevoir leur exécution, nonobstant la loi nouvelle, parce qu'il y aurait transmission de droit acquis à des tiers.

4°. Que toute femme peut aujourd'hui tester, sans autorisation de son mari (226), nonobstant qu'elle aurait été mariée sous une coutume, comme celle de Bourgogne, exigeant cette autorisation, puisqu'elle est relevée par le Code (905), de l'incapacité dont elle était frappée par l'ancienne loi municipale, et que le mari ne peut avoir aucun droit contraire, les dispositions de dernière volonté n'ayant d'effet qu'après la dissolution du mariage.

5°. Que dans toute la France, la femme et le mari peuvent aujourd'hui faire, au profit l'un de l'autre, toute libéralité qui ne blesserait point la réserve légale (1064, 1096), sans s'être réservé cette faculté dans leur traité nuptial, nonobstant qu'ils auraient été mariés sous une coutume prohibitive de semblables dons, parce que les héritiers présomptifs n'étant point saisis du vivant des époux, ne peuvent avoir le droit de se plaindre de ce que la loi nouvelle accorde à ceux-ci la faculté de disposer au profit l'un de l'autre.

Mais, dans les deux cas dont on vient de parler, le testament de la femme non autorisée, ainsi que la libéralité d'un époux au profit de l'autre, faits avant la promulgation du Code, resteraient toujours nuls comme actes de personnes incapables au temps de leur confection.

6°. Enfin, que les mineurs qui étaient âgés de moins de quinze ans révolus, et qui étaient *sui juris*, sont, après la publication du Code, retombés sous la tutelle de leur mère, pour tous actes postérieurs à cette publication : mais sans porter atteinte aux négociations antérieurement consommées.

Vainement dirait-on que l'article 390 du Code, portant qu'après la dissolution du mariage la tutelle des enfans mineurs et *non émancipés* appartient de plein droit au survivant des père et mère, veut, par là même, que les enfans *émancipés* ne retombent pas sous la tutelle de la mère, après le décès du père.

Cette objection n'attaque point le principe que nous avons établi, car l'émancipa-

tion dont il est parlé dans ce texte, ne peut
être que celle qui est permise par le Code ;
or, suivant l'article 477, le mineur ne peut
être émancipé, par ses père et mère, qu'à
l'âge de quinze ans révolus, d'où il faut
conclure que celui qui n'est pas encore parvenu à cet âge, étant déclaré par le Code
incapable de l'émancipation, doit retomber
sous la tutelle de sa mère.

En un mot, l'émancipation met obstacle
à ce que le mineur, qui a plus de quinze
ans, retombe sous la puissance de sa mère,
parce que la loi lui permet alors d'être *sui juris;* mais si, ayant moins de quinze ans révolus, il avait été émancipé sous l'ancienne
loi, il doit retomber sous la tutelle mater-
nelle, parce que la loi ne lui permet plus
aujourd'hui d'être *sui juris* à cet âge.

SECTION II.

Règlement des Actions de l'homme.

Les actions de l'homme peuvent être con-
sidérées soit par rapport aux règles de la morale et aux lois de police, soit par rapport
aux effets civils que les lois y attachent pour
acquérir ou aliéner le domaine des choses.

Sous le rapport de la morale, toutes les
actions contraires au droit naturel n'exci-
tent pas la vengeance des lois civiles : ici
le législateur abandonne au jugement suprême, tout ce qu'il ne regarde pas comme
troublant assez l'ordre social, pour devoir

être livré au tribunal des hommes; et comme une action qui serait permise, même commandée, dans un temps, par la loi civile, pourrait, en d'autres circonstances, être contraire à l'ordre établi, et conséquemment criminelle, il en résulte que nul ne peut être puni qu'en vertu d'une loi promulguée antérieurement au délit, et qu'on ne doit donner aucun effet rétroactif à la prohibition de la loi en l'appliquant aux actions précédemment consommées, parce qu'autrement on pourrait punir quelqu'un pour un fait licite, et peut-être même commandé dans les temps où il a eu lieu, ce qui serait le comble de l'injustice.

En ce qui concerne les actes civils, sous le rapport des effets attachés à telle ou telle forme extérieure, c'est aussi toujours la loi sous l'empire de laquelle ils ont été passés, qu'il faut consulter, abstraction faite de tout danger de fraude par antidate, parce que c'est à cette loi-là seule que les parties ont pu et dû se conformer, et non pas à celle qui n'a été portée que depuis.

Mais comme, d'une part, l'acte revêtu de toutes les formalités exigées par la loi qui en régit la passation, est entièrement achevé et consommé dans sa forme extérieure; et comme, d'autre côté, la validité de cet acte est une et indivisible, qu'elle doit s'étendre à tous les temps comme à tous les lieux, il en résulte que, valable dans son principe, il a produit sous ce rapport un effet qui doit subsister tant qu'il n'aura pas été annullé par les voies ordinaires; mais qu'il est hors des atteintes de la loi nouvelle qui établit d'autres formalités, parce qu'on ne pourrait, sans lui donner un effet rétroactif, reporter son empire sur des formes consommées avant sa promulgation.

C'est par application de ce principe, que par un avis du Conseil d'état, approuvé de S. M. le 4 complémentaire an 13, il a été décidé que les grosses des contrats délivrées avant le sénatus - consulte du 28 floréal an 12, peuvent être mises à exécution sous la formule exécutoire dont elles ont été revêtues au moment de leur confection, sans qu'il soit nécessaire d'y ajouter la nouvelle formule prescrite par l'article 141 de ce sénatus-consulte. (*a*)

Ainsi, une donation ou un testament faits, ou un mariage célébré avant la publication du Code, et revêtus des formalités voulues par la loi ancienne, sont aujourd'hui également valables, sous le rapport de la forme, quelques changemens que le Code ait introduits pour les actes de même espèce.

Ici nous ne distinguons plus entre le testament qui n'avait produit aucun droit acquis à l'héritier, du vivant du testateur, et la donation qui avait saisi le donataire, sous la loi ancienne; parce qu'il ne s'agit ni de la capacité du disposant, ni de l'irré-

_____

(*a*) Voyez bull. 61, n°. des lois 1072, tom. 4, pag. 67, 4ᵉᵐᵉ. sér.

vocabilité de l'acte, mais seulement de la régularité de sa forme extérieure, et que sous ce rapport tout est consommé.

Ainsi encore, on doit décider qu'une donation mutuelle, faite entre époux, par le même acte, avant la publication du Code, est toujours valable, nonobstant que les époux seraient encore vivans, et que par l'article 1097, les libéralités sous cette forme leur soient aujourd'hui défendues autrement que par contrat de mariage ; parce que cette prohibition de la loi nouvelle, n'étant nullement relative à la capacité des époux pour se donner mutuellement, n'a trait qu'au mode ou à la forme extérieure de l'acte, mode qui ne peut être régi que par la loi du temps où l'acte a été fait.

Il faudrait décider autrement, si le Code Napoléon avait rendu les époux incapables de recevoir des libéralités l'un de l'autre, parce que les donations faites entr'eux, devant être confirmées par la mort, comme les testamens, le donataire n'aurait point été saisi avant l'incapacité de donner et de recevoir, survenue ; conséquemment la défense de la loi rendrait la donation sans effet , comme le testament du mineur âgé de moins de seize ans, dont nous avons parlé dans la section précédente.

Suivant l'article 1325 du Code, les actes sous seing privé qui contiennent des conventions synallagmatiques, ne sont valables qu'autant qu'ils ont été faits en autant d'originaux qu'il y a de parties ayant un inté-

rêt distinct, et chaque original doit contenir la mention du nombre qui en a été fait.
Quoique cette règle soit conforme à la jurisprudence de quelques arrêts des anciennes cours, néanmoins aucune loi ancienne
ne l'avait prescrite : on peut même dire
qu'en cela, le Code a formellement dérogé
à la loi romaine qui autorisait les contrats synallagmatiques, quoiqu'ils ne fussent consentis que par simples lettres qui
ne peuvent être des actes doubles : *consensu fiunt obligationes in emptionibus, ven-
ditionibus, locationibus, conductionibus,
societatibus, mandatis .... undè inter absentes quoque talia negotia contrahuntur:
veluti per epistolam* (a). Que doit-on donc
décider aujourd'hui d'une convention synallagmatique non faite en double écrit,
mais souscrite avant la publication du Code?

La prohibition de la loi nouvelle ne tombe
ici que sur la forme; le *jus quaesitum* en
vertu d'un écrit précédemment valable, doit
donc être respecté.

Section III.

Règlement de la dévolution des biens.

Il y aurait effet rétroactif à l'égard des
biens, si, dans l'application de la loi nouvelle qui dispose du patrimoine de l'homme, on allait jusqu'à ravir des droits précédemment acquis à un tiers.

(a) L. 2, ff. *de obligat. et act.*, lib. 44, tit. 7.

C'est sur-tout ici que les difficultés se multiplient : pour les résoudre par des conséquences justes, posons d'abord des principes évidens.

Toute convention légalement formée, toute disposition entre-vifs régulièrement stipulée, opèrent *nécessairement* une obligation et une mutation de droit, entre les parties contractantes, dès l'instant même que le contrat est consenti et a reçu sa perfection dans la forme.

Nous disons que la mutation de droit, ou le *vinculum juris*, sont *nécessairement* opérés par toute convention valable, parce qu'il n'y aurait plus de contrat là où il serait permis à l'une des parties de ne pas vouloir ce qu'elle aurait promis, *illam autem stipulationem si volueris dari? inutilem esse constat* (*a*), et que la simple condition potestative imposée à celui qui s'oblige, fait elle-même disparaître toute idée d'une convention valable. (1174)

Cette première vérité donne lieu à une conséquence non moins évidente, c'est qu'il faut toujours se reporter au principe et à la cause du contrat, pour en déterminer l'exécution, *uniuscujusque enim contractûs initium spectandum et causam* (*b*), parce que la mutation de droit et le *vinculum juris* ayant eu lieu au moment de

-----

(*a*) L. 46, § 3, ff. *de verbor. ob.*, lib. 45, tit. 1.

(*b*) L. 8, *in fine princip.*, ff. *mandat.*, lib. 17, tit. 1, et L. 12, ff. *ad S. C. Macedon.*, lib. 14, tit. 6.

l'acte, on ne pourrait y ajouter sans étendre l'effet hors de sa cause, ni y retrancher sans priver la cause de son effet ; il faut donc absolument se conformer, dans l'exécution, à l'esprit dont on fut animé dans le principe, *nam hoc servabitur, quod ab initio convenit* (*a*) : c'est ainsi qu'on se reporte toujours au moment du contrat, soit pour apprécier l'étendue de l'obligation de la délivrance (1609 et 1614), soit pour vérifier le fait de la lésion. (1675)

La même chose a lieu dans les obligations éventuelles, parce que la condition accomplie a un effet rétroactif au jour auquel l'engagement a été contracté (1179) ; ou plutôt cette règle qui veut que la condition rétroagisse, n'est que l'application du même principe qui nous reporte toujours au moment du contrat.

Cette doctrine n'est pas seulement relative aux conventions expresses ; elle régit également les effets des conventions tacites et des quasi-contrats, sur lesquels il est nécessaire de rappeler encore ici des notions précises.

Tous les hommes qui peuvent s'engager ne sont pas également éclairés ; la providence du législateur a dû suppléer à l'imprévoyance des uns, et surveiller les entreprises des autres : d'ailleurs, pour rendre plus uniformes les mœurs et les usages de ceux qui sont destinés à vivre ensemble, comme

_____

(*a*) L. 23, ff. *de regul. jur.*

encore pour laisser le moins d'arbitraire possible dans la démarcation de leurs intérêts, on a dû établir des règles communes à tous, pour déterminer les obligations dérivant de tel ou tel fait, ou attachées à tel ou tel contrat : alors la loi stipule pour l'homme, ou plutôt l'homme est censé stipuler ce qui est porté dans la loi, et on doit le réputer écrit dans le contrat, comme si les parties l'y avaient réellement exprimé, *nam in contrahendo quod agitur, pro cauto habendum est* (*a*)*,* parce que voulant faire un acte conforme au droit commun, elles ne peuvent avoir d'autre intention que celle de se soumettre aux obligations respectives qui y sont écrites; elles veulent donc tacitement ce qui est dans la loi, puisqu'elles confondent leur volonté avec la sienne, *sed etiam tacitè consensu, convenire intelligitur* (*b*). Toutes ces suites de conventions, dit Domat, sont comme des pactes tacites et sous-entendus *qui en font partie* (*c*)*;* c'est là ce que nous appelons ou quasi-contrats, ou conventions tacites, suivant la nature des choses dont il peut être question.

Ainsi, celui qui accepte une succession, sans faire inventaire, s'oblige *ultra vires,* comme s'il s'était expressément soumis à en payer toutes les dettes (802); de même

---

(*a*) L. 3, ff. *de rebus creditis,* lib. 12, tit. I,
(*b*) L. 2, ff. *de pactis,* lib. 2, tit. 14.
(*c*) Part. 1, liv. 1, tit. 1, sect. 3, n°. I,

celui à qui l'on confère la tutelle se trouve personnellement obligé d'administrer, en bon père de famille, le patrimoine du pupille (450), et ses biens sont frappés d'hypothèque (2121), du jour de l'acceptation de la tutelle (2135), comme s'il y en avait eu une convention expresse par-devant notaire.

C'est par suite de ce même principe consigné dans un grand nombre de lois anciennes, et consacré de nouveau par le Code, que les conventions obligent non-seulement à ce qui y est exprimé, mais encore à toutes les suites que l'équité, l'usage ou la loi donnent à l'obligation d'après sa nature (1135); qu'on doit suppléer les clauses qui y sont d'usage, quoiqu'elles n'y soient point exprimées (1160); que dans les contrats synallagmatiques la condition résolutoire est toujours sous-entendue, pour le cas où l'une des parties ne satisferait pas à son engagement (1184); que dans la vente la garantie est due, quoiqu'on n'ait fait aucune stipulation à ce sujet (1626); que quand la chose vendue et livrée produit des fruits ou autres revenus, l'acheteur doit l'intérêt du prix non payé, sans qu'on s'en soit exprimé dans le contrat (1652); que le fermier ordinaire peut sous-louer (1717), tandis que le colon partiaire ne le peut (1763), sans qu'on en ait fait la réserve; que pour le règlement d'intérêts des personnes mariées, l'adoption du régime dotal suffit pour conférer au mari les revenus de la dot de la femme

(1549); que dans le silence des époux, c'est le régime communal qui forme leur traité par l'effet duquel il y a, entre eux, tradition et communication respective de la propriété de leur mobilier présent et à venir (1401), comme s'ils s'en étaient fait une donation réciproque et expresse.

Nous pourrions pousser cette énumération beaucoup plus loin, mais cela serait inutile, puisqu'il ne s'agit que de démontrer le principe, et non pas d'en indiquer toutes les applications : nous observerons seulement encore que c'est sur-tout à l'acte de mariage que la loi a toujours attaché les obligations tacites les plus importantes et les moins contestables.

Lorsque deux époux se marient sans règlemens de leurs intérêts, ils sont censés adopter les dispositions de la loi qui statue sur cet objet ; et c'est comme si, paraissant devant un notaire, ils lui en faisaient copier le texte, pour leur tenir lieu de contrat.

Les pauvres qui ne peuvent, ou ceux qui ne veulent fournir aux dépenses d'un traité nuptial, en trouvent aujourd'hui toutes les clauses dans le régime communal que la loi stipule pour eux (1393), en sorte que tout autre contrat leur devient inutile, s'ils ne veulent déroger aux dispositions renfermées dans ce règlement général ; et comme toutes conventions matrimoniales, lorsqu'on veut en faire d'expresses, doivent être rédigées avant le mariage (1394), il en résulte que les obligations tacites de ceux qui n'ont point souscrit d'autres contrats, sont, pour eux, aussi immuables, que le seraient les conventions les plus expresses, puisqu'ils ne peuvent plus y déroger, ni s'associer sous d'autres conditions.

Les quasi-contrats et les conventions tacites opèrent donc la même translation de droit et le même *vinculum juris*, que les conventions expresses, et rien n'est mieux démontré que cette maxime, *eadem vis est taciti ac expressi ;* d'où nous devons conclure qu'à l'égard des uns comme à l'égard des autres, c'est une règle générale et constante, que pour en déterminer les effets, c'est toujours au principe qu'on doit remonter, *uniuscujusque enim contractûs initium spectandum et causam ;* c'est-à-dire, en d'autres termes, que c'est la loi qui a régi la formation du contrat, qui doit aussi en régir l'exécution.

Pour mieux sentir toutes les applications que nous avons à faire de ce principe, il faut remarquer encore comme une chose bien essentielle à ne pas perdre de vue, que quand un individu contracte valablement, les droits qu'il aliène et qui sortent de son domaine, ne peuvent plus se retrouver sous la main de la loi quand elle vient se saisir du patrimoine de l'homme pour en disposer ; qu'ainsi, par exemple, ce qui a été aliéné par une personne en son vivant, n'étant plus dans ses biens, ne saurait faire partie de sa succession après son décès, et se trouve par là même nécessairement placé hors du domaine de la loi qui régit cette succession.

Il résulte de là qu'en se reportant au moment de la confection du contrat, c'est-à-dire, à l'époque où la translation des droits a été consommée entre les parties, tout ce qui est alors sorti du domaine de l'homme, ne peut plus se retrouver dans celui de la loi nouvelle survenue depuis, et que conséquemment on doit exécuter l'obligation suivant les règles anciennes.

Nous terminerons cette discussion préalable en observant qu'elle n'a aucun trait aux dispositions de dernière volonté, parce que, du vivant du testateur, l'héritier testamentaire n'est saisi d'aucun droit.

Abordons actuellement quelques-unes des nombreuses questions qui se présentent chaque jour à résoudre sur cette matière :

1°. Comment doit être liquidée la communauté des époux dont le mariage a été contracté avant, mais dissous depuis le Code ?

Si les époux ont réglé leurs intérêts par un traité nuptial, ils n'ont pas d'autres règles à suivre dans l'exécution : s'il n'y a point eu de conventions expresses entr'eux, ce sont les articles de la coutume du domicile marital, qui constituent les clauses de leurs conventions tacites ; ils sont pour eux comme s'ils les avaient fait transcrire par le notaire, pour leur servir de contrat.

Ainsi, à supposer que le mariage ait eu

lieu sous une coutume réduisant la communauté aux acquêts seulement, sans y confondre le mobilier propre des époux, on doit prélever, avant tout partage, les apports en meubles, en commençant par ceux de la femme, nonobstant la disposition du Code qui confond le mobilier des époux dans la masse des acquêts.

Ainsi encore les rentes constituées, qui, comme meubles, tombent aujourd'hui en communauté, mais qui étaient réputées immeubles dans diverses coutumes, doivent rester propres aux époux, puisque la loi de leur association les avait réservées pour eux.

Il en est de même de la liquidation des dettes et des reprises de toute nature, ainsi que des partages de fruits et de toutes autres parties accessoires de la société, parce qu'il ne s'agit que d'exécuter ce qui a été convenu dans le principe, *nam hoc servabitur, quod ab initio convenit.*

2º. La plupart des coutumes accordaient un douaire à la veuve; le Code Napoléon ne lui accorde aujourd'hui d'autres gains de survie, que les frais de son deuil (1481, 1570) : la femme mariée sans contrat avant la révolution, sous une coutume qui donnait un douaire, peut-elle l'exiger, si elle est devenue veuve seulement depuis le Code?

La constitution du douaire coutumier fut une convention tacite du mariage; la femme n'est censée s'être mariée qu'à cette condition; si elle n'a point exigé qu'il fût fait un contrat devant notaire à ce sujet, c'est parce qu'elle savait que la loi y avait pourvu.

D'autre côté, après la célébration du mariage, cette libéralité tacite a été tellement acquise à la femme, qu'il eût été aussi impossible au mari de la révoquer, que s'il l'avait consignée d'une manière expresse dans un contrat.

La femme a eu, dès l'instant de son mariage, le droit de faire tous actes conservatoires : elle aurait été fondée à se présenter dans la discussion des biens de son mari, pour demander que les créanciers postérieurs à elle, ne touchassent que sous caution et à charge de rapport, le cas échéant où le douaire serait ouvert à son profit.

Elle a pour son douaire la même hypothèque tacite, que pour la répétition de sa dot ; elle a donc à cet égard la qualité de créancière, parce que nulle hypothèque ne peut exister sans une créance.

Cette hypothèque avait même tant de faveur, que, suivant l'article 32 de l'édit de 1771, elle n'était pas purgée par les lettres de ratification obtenues, sans opposition, avant l'ouverture du douaire.

Il y a donc eu aliénation irrévocablement consommée de la part du mari, au profit de la femme ; donc le montant du douaire était éventuellement sorti du domaine de l'homme ; donc la loi nouvelle qui se saisit de la succession du mari pour la distribuer à ses héritiers, n'y trouve le montant du douaire que comme une dette qu'elle charge elle-même ces héritiers de payer.

3º. Suivant la disposition de plusieurs coutumes, et conséquemment dans plusieurs provinces, la mort civile du mari ne donnait point ouverture au douaire de la femme : il en est autrement aujourd'hui, pour toute la France, d'après l'art. 25 du Code ; que doit-on décider à cet égard, si le douaire a été constitué sous une de ces coutumes, et que le mari ait été frappé de mort civile depuis la promulgation du Code ?

Les héritiers *ab intestat* du mari n'avaient, sur ses biens, avant sa mort civile, aucun droit acquis au préjudice duquel la loi nouvelle n'ait pu disposer : ils ne tiennent cette succession que du Code : si elle était déférée par l'ancienne coutume, elle appartiendrait peut-être à d'autres héritiers : ils n'ont donc pour titre que la disposition du Code : ils ne peuvent donc retarder le paiement du douaire, puisque leur titre les condamne à le payer actuellement.

4º. Dans le cas d'une donation inofficieuse faite sous l'ancien ordre de choses, si le donateur a survécu à la publication du Code, le retranchement doit-il avoir lieu seulement dans la mesure de la légitime ancienne, et non dans la proportion plus forte de la réserve légale établie aujourd'hui ?

Le donataire a été saisi dès le moment de la donation ; il a eu un droit acquis : après la mort du donateur, la loi nouvelle qui régit sa succession, n'a pu trouver dans son patrimoine, ce qui en était sorti par une aliénation valable : ne pouvant distribuer aux héritiers que ce qui s'y trouve, elle ne peut rien retrancher de ce qui n'y est plus; autrement ce ne serait pas de la succession du donateur mort, mais des biens du donataire vivant, dont elle disposerait; il faut donc faire le retranchement d'après la légitime ancienne, parce que c'est ce seul retranchement qui fut tacitement sous-entendu dans la donation.

Dans le cas même d'une simple institution contractuelle, il faudrait encore le décider ainsi, puisque cette espèce de disposition est absolument irrévocable; que celui qui l'a faite, ne peut plus aliéner à titre gratuit les biens sur lesquels elle porte, et que le retranchement plus fort de la réserve légale, n'étant autre chose qu'une libéralité, ou un pur bénéfice accordé aux enfans par la loi nouvelle, est d'une nature toute contraire aux aliénations à titre onéreux qui restaient seules permises à l'auteur de la libéralité, pour pourvoir à ses besoins et au roulement de ses affaires.

Vainement dirait-on que la légitime tombant à la charge du donataire ou de l'institué, était, par sa nature, une dette éventuelle, susceptible de plus ou de moins, toute renvoyée au futur, et ne pouvant être ni connue ni fixée qu'à la mort du donateur, époque à laquelle seulement il y a ouverture à l'exercice de ce droit.

Il est vrai que la légitime n'est ouverte qu'au décès, parce qu'elle n'est due qu'après la mort des père et mère; que cette dette mise à la charge du donataire ou de l'institué, est susceptible de plus ou de moins, suivant le nombre des enfans; qu'elle est conditionnelle et subordonnée à la survie des légitimaires; mais il est vrai aussi que l'accomplissement de toute condition expresse ou tacite qui modifie un contrat, rétroagit et se reporte toujours à la date même de la convention (1179), parce que c'est de là que dérive toujours l'obligation; il faut donc en revenir au même genre de légitime qui aurait été délivrée à l'époque de l'institution, si elle avait été ouverte alors, puisque tous les principes nous forcent à remonter à cette époque, pour apprécier l'exécution des engagemens qui y ont été pris.

Pour rendre encore cette vérité plus sensible, supposons que, la législation étant demeurée la même sur ce point, l'instituant eût voulu, après son contrat, augmenter le taux des légitimes pesant sur l'institué, et les porter jusqu'au montant de la réserve légale établie par le Code : il est incontestable que tous ses efforts pour déroger ainsi à son institution, auraient été inutiles; que c'est en vain qu'il aurait voulu dire que la dette de l'institué étant susceptible de plus ou de moins, il lui avait été permis de lui donner cette extension : on lui aurait répondu qu'on ne pouvait sortir de l'espèce de légitime stipulée dans le contrat, pour lui substituer une autre espèce imprévue et à laquelle personne n'avait pu

penser dans le temps, et cette réponse serait sans réplique. Or, si l'instituant n'a
pas pu lui-même augmenter le taux des légitimes dont il s'agit, donc toute faculté,
tout droit d'augmentation ont été par lui
aliénés; donc la loi ne peut pas les augmenter elle-même, puisqu'elle ne peut révoquer
des droits irrévocablement aliénés au profit
des tiers.

C'est ainsi que le droit de restreindre la
libéralité, ou de la révoquer en partie,
comme celui de la révoquer en totalité,
étant sorti du domaine de l'homme, ne peut
plus se retrouver dans celui de la loi qui,
s'emparant du patrimoine du défunt, ne
peut plus disposer que de ce qu'elle y trouve
libre et non engagé.

Mais il faut décider autrement dans le
cas des libéralités à cause de mort, non confirmées par le décès du disposant avant le
Code, parce que le testateur n'est, de son
vivant, ni dessaisi ni lié, qu'il peut révoquer *ad nutum*, sans que les légataires ou
les héritiers qui n'ont aucun droit acquis,
puissent s'en plaindre : d'où il résulte que
la loi qui peut restreindre dans l'homme
la faculté de disposer, ou même l'anéantir,
peut aussi restreindre ou même anéantir le
legs, sans avoir d'effet rétroactif.

5°. Suivant l'article 1483 du Code, la femme qui accepte la communauté n'est tenue
des dettes, soit à l'égard du mari, soit à
l'égard des créanciers, que jusqu'à concurrence de son émolument, pourvu qu'il y ait

eu fidèle inventaire : au contraire, d'après l'article 9, au titre des gens mariés, de la coutume de Bourgogne, la femme qui est participante pour moitié des biens meubles et acquêts communs entre son mari et elle, est tenue de payer la moitié de toutes les dettes, sans que sa charge soit bornée au montant des émolumens qu'elle a reçus dans l'actif. La femme mariée en Bourgogne, sans contrat, avant le Code, mais dont le mariage est dissous après le Code, et qui accepte la communauté sous cette législation, doit-elle être tenue des dettes *ultra vires emolumenti?*

Si les époux avaient été mariés en pays de droit écrit, ou en tout autre, où la loi municipale fût exclusive de la communauté ; alors point de partage des acquêts au profit de la femme ; point de dettes à sa charge : son titre repose donc entièrement dans le texte de la coutume de Bourgogne ; mais elle ne peut le scinder : *incivile est, nisi totâ lege perspectâ, unâ aliquâ particulâ ejus propositâ, judicare vel respondere* (*a*). Elle ne peut donc, en vertu de ce titre qui est le seul qui l'associe, revendiquer la moitié des acquêts, qu'elle ne se soumette par là à la moitié des dettes, puisque cette obligation de sa part est le résultat d'une clause de ce même titre.

Pourquoi se trouve-t-elle associée? c'est parce que la coutume avait de plein droit

---

(*a*) L. 24, ff. *de legibus*, lib. I, tit. 3.

attaché son association au fait du mariage;
c'est parce que les dispositions de cette loi
municipale étaient le règlement commun et
le traité nuptial de ceux qui n'en voulaient
pas rédiger d'autres : mais dès que les époux
n'ont voulu d'autre contrat que celui-là,
parce qu'ils le connaissaient pour être conforme à leur vœu, leurs droits sont donc
absolument les mêmes que s'ils avaient fait
dresser, devant notaire, des conventions
dont l'article 9 de la coutume fut une clause
littérale ; d'où il faut conclure que la femme
ne peut, même aujourd'hui, accepter la
communauté, sans demeurer obligée à la
moitié des dettes, puisque telle est la condition sous laquelle elle a été associée.

Vainement dira-t-on qu'elle n'est soumise
aux dettes que par le quasi-contrat qui résulte de l'acceptation de la communauté,
et que ce quasi-contrat ayant eu lieu sous
l'empire du Code Napoléon, doit être régi
dans ses effets, comme il l'est dans sa forme,
par ce Code.

Cette objection ne serait pas sans poids,
s'il ne s'agissait ici que des créanciers à
l'égard desquels la femme n'avait pris aucun engagement par son contrat de mariage ; mais comme les actions de ceux-ci
réfléchiraient sur le mari à l'égard duquel
la femme s'est obligée à supporter la moitié
du fardeau, en cas d'acceptation, il reste
toujours démontré qu'elle ne saurait restreindre ses charges sur le montant de son
émolument, sans se soustraire à la condi-

tion stipulée dans son traité de société; et dès-lors, comment le pourrait-elle, puisque ce contrat est, de tous les actes de la vie civile, le plus immuable?

6°. Suivant la loi *emptorem* (*a*), l'acquéreur était en droit d'expulser le fermier auquel le vendeur avait, avant la vente, baillé à ferme le fonds vendu : mais l'article 1743 du Code dispose autrement, lorsque le propriétaire ne *s'est pas réservé ce droit par le contrat de bail* : que doit-on décider dans le cas où il s'agirait d'un bail fait avant et d'une vente faite après la promulgation du Code?

Sans doute, si le bail portait qu'en cas de vente il demeurait rompu, il n'y aurait pas de difficulté, puisque le Code civil obligerait lui-même le fermier à déguerpir, sur la demande de l'acheteur : or, on a tacitement consenti la même réserve, puisqu'elle était écrite dans la loi qui a régi la formation du contrat; les droits des parties sont donc absolument les mêmes.

Dans le cas d'une vente faite sans stipulation de garantie, le vendeur n'en est pas moins tenu, parce que la loi la stipule de plein droit à sa charge : dans le cas d'un mariage célébré sans contrat nuptial, les époux sont en communauté, parce que la loi la stipule pour eux; comment en pourrait-il être autrement, pour la continuation d'un bail dont la loi qui régit sa formation,

---

(*a*) L. 9, Cod. *de locato-conducto*, lib. 4, tit. 65.

a stipulé la rupture de plein droit en cas de vente?

Le Code déclare que les conventions obligent non-seulement à ce qui y est exprimé, *mais encore à toutes les suites que l'usage ou la loi donnent à l'obligation d'après sa nature* (1135) : telle est aussi la règle tracée dans le droit ancien, *Ea enim quae sunt moris et consuetudinis, in bonae fidei judiciis debent venire* (a). — *In sermone quaedam tacitè excipiuntur* (b) : or, la clause de rupture en cas de vente, fut attachée au bail, par l'usage, la loi et la jurisprudence; donc le Code civil et la loi ancienne veulent également qu'on la respecte.

Peu importe que ce droit éventuel d'expulser le fermier, en cas de vente, n'ait été ouvert qu'après la promulgation du Code, puisqu'il était la condition d'un contrat antérieur.

Le fermier ni l'acquéreur n'ont d'autres droits que ceux qu'ils tiennent du premier maître. Le fermier s'est contenté de stipuler, avec son bailleur, une simple obligation personnelle, sans charge de bail imposée à la chose, à l'égard du tiers acquéreur; le propriétaire a donc pu transmettre à celui-ci son domaine exempt de la servitude du fermage, puisqu'il n'en avait pas été grevé.

Ce droit de transmettre sa propriété franche, était réellement utile pour le vendeur

(a) L. 31, § 20, ff. *de aedilitio edict.*, lib. 21, tit. 1.
(b) L. 9, ff. *de servit.*, lib. 8, tit. 1.

obligé d'aliéner, parce qu'il devait faciliter la vente et en augmenter le prix; et puisque la réserve en avait été tacitement stipulée par les parties au profit du bailleur, il était acquis à celui-ci : d'où il faut conclure qu'il n'a pu se trouver dans la disposition de la loi survenue depuis.

7°. Une rente ancienne devient-elle exigible, quant au capital, par la cessation de paiement des intérêts pendant deux ans, conformément à l'article 1912 du Code ?

La constitution de rente étant comparée à la vente, en ce que celui qui aliène son capital de cette manière, acquiert une action perpétuelle pour exiger annuellement la prestation qui lui est promise, on doit, sous ce rapport, sous-entendre dans cette espèce de contrat, la condition résolutoire qui frappe toute convention synallagmatique pour le cas où l'une des parties ne satisfait point à son engagement (1184); mais autre chose est d'avoir simplement cessé de payer l'intérêt pendant deux ans, autre chose est d'en méconnaître l'obligation dans un sens absolu. Contraindre le débiteur à rembourser, précisément parce qu'il n'a pas payé l'intérêt pendant deux ans, sans lui fixer d'autre délai, ni lui permettre de purger la demeure, ce serait lui faire subir les effets d'une clause pénale à laquelle il ne peut être soumis, puisqu'elle n'est pas dans son contrat.

8°. Dans l'ancien ordre de choses, l'usufruit légué à un établissement public ou à un corps de communauté, devait durer un siècle (*a*), aujourd'hui il ne dure plus que trente ans (619) : quelle est la durée que doit avoir un usufruit de cette espèce, dont le droit aurait été ouvert avant la promulgation du Code?

Lorsqu'un droit est ouvert, il est acquis dans toute son étendue et pour sa durée; la loi nouvelle ne pourrait donc, sans effet rétroactif, en abréger l'exercice, et le restreindre à un temps moindre que celui pour lequel il avait été constitué.

9°. Sous l'ancienne législation, le canon d'une ferme n'était pas placé au rang des fruits civils : en conséquence l'usufruitier, lors de son décès, ne transmettait pas à ses héritiers le *prorata* de la dernière année; il transmettait le tout s'il était mort après la récolte, et il n'en transmettait rien s'il était décédé auparavant (*b*) : il en est autrement d'après le Code Napoléon (586): doit-on, sur ce point, se conformer à la loi ancienne, si l'usufruit a été légué et ouvert avant, mais a pris fin depuis la promulgation du Code?

Pour soutenir que, dans ce cas, le canon du bail doit être considéré comme fruit civil, conformément à la loi nouvelle, on peut dire qu'il ne faut pas confondre un don de propriété avec un legs d'usufruit; que s'il s'agissait de la propriété, ce serait, sans

(*a*) L. 56, ff. *de usufructu*, lib. 7, tit. I.
(*b*) L. 58, ff. *de usufructu*, lib. 7, tit. I.

doute, à l'origine de la disposition qu'il faudrait nous reporter, pour en apprécier les conséquences, parce que la propriété, étant toute dans le droit, s'acquiert *unico momento* ; mais qu'il n'en n'est pas ainsi de l'usufruit qui consiste principalement dans le fait de celui qui jouit; d'où il résulte que ce legs est censé renouvelé chaque année, à mesure que le légataire se présente pour percevoir les fruits de la chose, et que lorsqu'il y a plusieurs collégataires conjoints, l'acceptation du legs faite par tous, n'empêche pas l'exercice du droit d'accroissement au profit de l'un, dès que l'autre vient à manquer : *sed in usufructu hoc plus est: quia et constitutus, et posteà amissus, nihilominùs jus accrescendi admittit. . . . ususfructus quotidiè constituitur et legatur; non, ut proprietas, eo solo tempore quo vindicatur. Cùm primùm itaque non inveniat alterum qui sibi concurrat, solus utetur in totum.* (a)

Telle est donc la nature du legs d'usufruit, que, toujours reporté au futur, il est censé fait chaque année par le testateur, et chaque année aussi accepté de nouveau par le légataire; d'où il résulte qu'on doit aujourd'hui en régler les suites, comme si le testateur était mort sous le droit nouveau, puisque la loi qui a régi la constitution primitive, veut elle-même qu'on le considère

(a) L. 1, § 3, ff. *de usufruct. accrescendo,* lib. 7, tit. 2.

comme s'il avait été annuellement fait et renouvelé après la publication du Code.

Nonobstant ces raisonnemens, nous croyons que c'est encore au droit ancien qu'on doit s'en rapporter sur cette question, parce que c'est la loi ancienne qui a réglé les conditions du legs; que le testateur n'ayant exprimé aucune dérogation à la disposition de cette loi, est censé avoir voulu ce qu'elle prescrivait dans l'exécution de sa libéralité; que l'héritier, dès l'instant de la mort du testateur, a eu un droit acquis conforme à la loi qui était en vigueur à cette époque; qu'enfin le légataire a tellement été soumis à cet ordre de choses, que la loi lui ôtait jusqu'au pouvoir de n'accepter qu'une partie du bienfait (*a*), et lui défendait par là même d'en scinder les conditions; qu'en conséquence les droits du légataire et ceux de l'héritier doivent recevoir leur exécution d'après les règles en vigueur lors de l'ouverture et de l'acceptation du legs, sans que l'un puisse, contre le gré de l'autre, s'écarter des conditions tacitement stipulées dans le quasi-contrat qui a été formé entr'eux.

Si, aux yeux de la loi romaine, le legs d'usufruit est comme réitéré chaque année; si, par cette raison, l'acceptation qui en a été faite d'abord, ne met point obstacle au droit d'accroissement pour l'avenir, on ne peut en conclure, comme conséquence

---

(*a*) L. 4, ff. *de legatis* 2°.

nécessaire, que, dans le double intérêt de l'héritier et du légataire, leurs droits respectifs soient annuellement variables : si ce legs est censé renouvelé tous les ans, c'est toujours sous les mêmes conditions qui ont régi la formation du quasi-contrat intervenu entre l'héritier et le légataire : il n'y a eu qu'une seule ouverture au droit qui s'exerce toutes les années, *quanquam ususfructus ex fruendo consistat, id est, facto aliquo ejus, qui fruitur et utitur, tamen semel cedit dies* (*a*); il n'y a donc eu qu'un seul quasi-contrat entr'eux; les conditions n'en sont donc point changées; elles restent les mêmes, comme nous avons vu dans la question précédente que la durée de l'usufruit doit être aussi la même : il faut donc toujours remonter à ce premier principe; et la loi qui admet l'accroissement, nonobstant l'acceptation des collégataires, nous y reporte elle-même, puisqu'elle rattache ce droit à la conjonction primitivement constituée entre ceux qui l'exercent.

10°. Sous l'ancienne législation, le bail fait par un usufruitier était de plein droit résolu à son décès (*b*), et le fermier pouvait être expulsé par le propriétaire, dès le moment de la cessation de l'usufruit; le Code en décide autrement, et veut que le fermier soit maintenu dans la jouissance du

---

(*a*) L. unic. *in princip.*, ff. *quandò dies ususfruc-* *tûs*, lib. 7, tit. 3.

(*b*) L. 9, § 1, ff. *locati*, lib. 19, tit. 2.

fermage qui n'a été stipulé que pour le cours ordinaire des baux. (595)

La même opposition se retrouve entre la loi romaine (*a*), et la disposition du Code Napoléon (1429 et 1430), sur la durée des baux que le mari aurait faits des biens dotaux de sa femme.

Que doit-on décider à ce sujet, lorsqu'il s'agit d'un usufruit constitué avant la loi nouvelle?

Si le bail a été fait avant la promulgation du Code, la question ne souffre aucune difficulté; le fermier doit subir la condition expressément ou tacitement stipulée dans son bail, parce que la loi nouvelle ne peut ni augmenter ni diminuer les droits ou les charges dérivant d'un contrat passé avant sa promulgation.

Si au contraire le bail a été fait postérieurement à la promulgation du Code, les droits du fermier sont, au premier coup d'œil, plus apparens; néanmoins nous croyons que, dans ce cas-là même, on doit encore suivre le prescrit de la loi ancienne.

En effet, rien n'est acquis au fermier que ce que l'usufruitier ou le mari son bailleur a pu lui céder, et ce dernier n'a pu lui transférer plus de droit qu'il n'en avait lui-même : or, nous avons prouvé, par notre réponse à la question précédente, que, dans le double intérêt du propriétaire et de l'usu-

(*a*) L. 25, § 4, ff. *soluto matrimonio*, lib. 24, tit. 3. *Vide et Cujacium in hanc legem.*

fruitier, la loi nouvelle n'a rien changé à leurs droits respectifs; d'où il résulte que le bail doit toujours être renfermé dans les limites prescrites à l'usufruitier par la constitution de son usufruit, et auxquelles il a soumis le quasi-contrat formé entre lui et le propriétaire, par son acceptation.

11°. La caution qui a payé la dette est subrogée de plein droit aux actions du créancier, d'après l'article 2029 du Code; la loi ancienne ne lui accordait pas la même faveur; elle pouvait seulement contraindre le créancier qui la poursuivait à lui faire cession de ses actions, en recevant son paiement (*a*) : y aurait-il subrogation de plein droit au profit de celui qui paierait aujourd'hui en vertu d'un cautionnement prêté avant la promulgation du Code?

La loi nouvelle a pu accorder ce que la caution était déjà en droit d'obtenir sous l'ancienne législation; et puisqu'elle pouvait forcer la cession d'action du créancier, il faut en conclure qu'elle serait subrogée de plein droit.

CHAPITRE CINQ.

Des effets de la Loi sous le rapport de son empire territorial.

L'article 3 du Code Napoléon porte que les lois de police et de sureté obligent tous ceux qui habitent le territoire;

(*a*) L. 17, ff. *de fidejussoribus*, lib, 46, tit. 1.

Que les immeubles, même ceux possédés par des étrangers, sont régis par la loi française;

Que les lois concernant l'état et la capacité des personnes, régissent les français, même résidans en pays étrangers.

Développons les principes consacrés par cette disposition.

On doit, comme nous l'avons déjà annoncé, distinguer dans la loi la force coactive et la force obligatoire.

La force coactive ne peut jamais s'étendre au - delà du territoire du Gouvernement pour lequel la loi est portée, parce qu'hors des limites d'un état, ses agens intérieurs ne sont plus que de simples particuliers, étrangers eux-mêmes au pays où ils se trouvent.

C'est par suite de ce principe que les jugemens rendus par des Tribunaux étrangers ne sont point exécutoires en France (*a*), à moins qu'ils n'aient été déclarés tels par un Tribunal français, ou que leur exécution n'ait été stipulée dans les traités. (2123)

Il n'en est pas de même de la force obligatoire : elle étend ses effets par-tout où la personne se transporte, et même par-tout où elle a des biens.

Mais, pour cela, il faut n'avoir pas changé de domicile, parce que le changement de lieu qui nous reporte sous une autre législation, est comparable à la succession des temps qui nous a amené d'autres lois.

(*a*) Art. 546, Cod. proc.

Ainsi, un habitant de la Russie qui, avec la permission de l'Empereur des français, est venu se fixer en France, n'est plus soumis à d'autres lois qu'à celles de sa nouvelle patrie; celles de Russie sont, à son égard, comme abrogées par les lois françaises, et il se trouve désormais dans la même position où il serait si, étant resté dans son pays natal, le Code Napoléon y avait été publié en remplacement des lois qui le régissent.

Une partie des idées développées dans le précédent chapitre, se reproduisent donc dans celui-ci, sous des aspects différens : c'est pourquoi, adoptant la même division, nous allons considérer de nouveau l'homme sous le rapport de ses qualités personnelles, sous celui de ses actions et sous celui de ses biens.

SECTION Iere.

Comment la Loi, considérée sous le rapport du territoire, étend son empire sur les qualités de l'homme.

Nous avons déjà fait voir plus haut, que les qualités de l'homme ne dépendent que du droit de la nature et de la loi civile; qu'il n'a ni le pouvoir de les changer, ni celui de les aliéner ou acquérir, sans être placé dans le rang auquel la loi en attache la jouissance ou la privation.

Mais dans la concurrence des lois de différens pays qui seraient invoquées sur l'état de la même personne, quelle est celle qu'il faut exclusivement consulter? C'est la question que nous avons à résoudre ici.

Pour parvenir à cette solution, nous observerons, que les qualités civiles dérivant essentiellement de l'organisation du corps politique, c'est à rechercher la société civile dont l'homme est membre, qu'il faut s'attacher, pour découvrir la loi qui régit l'état de sa personne.

Les hommes sont destinés par la nature, à vivre en société ; mais tous ne pouvant appartenir au même corps moral, il fut nécessaire d'établir plusieurs gouvernemens ; or, comme il serait impossible de reconnaître, par appel nominal, les membres de ces grandes familles politiques, pour distinguer celle dont ils font partie, la même nécessité qui conduisit les hommes à vivre sous des gouvernemens différens, les a forcés à en faire aussi la distinction matérielle par des limites territoriales.

La division des territoires ne s'applique donc pas moins aux hommes qui les habitent, qu'aux fonds qui les composent : et comme la localité particulière d'un fonds comparée aux limites de deux états voisins, décide de celui dans le ressort duquel il est situé, de même la fixation du domicile de l'homme décide du gouvernement auquel il appartient, parce qu'il fait partie de l'association à laquelle il a voulu attacher les

4

habitudes de sa vie, par un établissement
à perpétuelle demeure.

De là il résulte que, dans la concurrence
de plusieurs lois invoquées sur l'état civil
de la même personne, c'est celle de son
domicile qui doit l'emporter.

Mais comme l'état de l'homme est indivisible ; qu'il ne peut être légitime dans un
lieu et en même temps bâtard dans un autre, majeur et mineur, maître de ses droits
et interdit, capable et incapable à-la-fois,
il faut en conclure encore, que la loi qui
régit son état personnel, étend ses effets
par-tout où il peut se trouver, ou avoir des
biens ; c'est pourquoi l'état et la capacité
des français qui, sans avoir perdu l'esprit
de retour, résident à l'étranger, sont régis
par la loi française : c'est pourquoi encore
il est défendu à tout français de consentir,
même en pays étranger, hors des cas déterminés par la loi française, aucun acte
portant contrainte par corps. (2063)

Ainsi, un français qui se trouve en Allemagne où l'on peut tester et se marier à
quatorze ans, ne peut y faire ni l'un ni
l'autre, avant l'âge réglé par la loi française
(170), parce que faisant toujours partie du
corps politique de France, il porte par-tout
avec lui la capacité ou l'incapacité attachée à
la qualité de français, comme celui qui serait obligé dans une association de commerce,
porterait par-tout avec lui les obligations et
les charges dérivant de son contrat de société.

Ainsi, le français âgé de vingt-un ans révolus, qui posséderait des biens en Allemagne où l'on n'est majeur et maître de ses droits qu'à vingt-cinq ans, pourrait les vendre et hypothéquer, sans prendre égard à la loi d'Allemagne, parce qu'étant majeur et capable d'aliéner aux yeux de la loi française, et son état étant indivisible, nécessairement sa capacité s'étend à tous les pays où il peut avoir des biens; comme, dans le cas contraire, s'il était mineur ou interdit en France, il serait incapable de traiter valablement dans tous les pays.

Ainsi encore l'allemand qui abdique sa patrie pour devenir français et qui vient se fixer en France, est dès-lors régi dans l'état de sa personne par les lois françaises; d'où il résulte nécessairement qu'il éprouve une révolution dans ses qualités civiles, puisqu'elles se trouvent désormais conformes au prescrit de la loi française, au lieu d'être ce qu'elles étaient par les lois d'Allemagne.

Section II.

Comment la Loi, considérée sous le rapport de son empire territorial, régit les actions de l'homme.

En principe de morale et d'ordre public, l'homme est soumis aux lois du pays où il se trouve, et même, sous plusieurs rapports, aux lois du pays auquel il appartient;

Aux lois du pays où il se trouve même accidentellement, parce que nul n'est reçu

dans un état qu'à condition qu'il en respec-
tera l'ordre et qu'il y sera passible des peines établies contre ceux qui se porteraient
à l'enfreindre ;

A celles de sa propre patrie, dans tout ce
qui offenserait directement le pacte social
par lequel il y tient ; en sorte que le français qui, hors du territoire de France, s'est
rendu coupable d'un crime attentatoire à
la sureté de l'état, de contrefaçon du sceau
de l'Empire, des monnaies nationales, peut
être poursuivi et jugé en France suivant
les lois françaises, et qu'il peut être aussi,
après son retour en France, poursuivi et
jugé pour crime commis contre un français
à l'étranger, si déjà il n'a été jugé pour ce
fait, en pays étranger. (*a*)

Mais un étranger ne peut être régulièrement arrêté ni puni en France, pour délit
commis hors du territoire français : l'on
excepte le cas où il se serait rendu coupable de crimes attentatoires à la sureté
de l'état, de contrefaçon du sceau de l'Empire, des monnaies et papiers y ayant cours,
d'après les lois. (*b*)

Sous le rapport de leur existence civile,
les actes doivent être revêtus des formes
extérieures prescrites par la loi ; autrement
ils sont sans effet, et cela pour deux raisons.

La première : parce que l'homme ne peut

(*a*) Voyez les art. 5 et 7 du Code d'instruction criminelle.
(*b*) Voyez l'article 6 du même Code.

mettre sa volonté au-dessus de celle de la loi lorsque, pour l'intérêt général, elle refuse sa confiance à un acte qui ne porte pas les caractères d'authenticité qu'il doit avoir dans son espèce.

La seconde : parce qu'en fait d'acte civil, chaque fois que l'officier chargé de le revêtir de ses formes extérieures, manque au prescrit de son mandat, ou qu'il en passe les bornes, alors il agit sans pouvoirs, et par conséquent tout ce qu'il fait ne peut plus avoir un véritable caractère d'authenticité.

Il résulte de là, que tout ce qui appartient aux formes extérieures, requises pour la validité d'un acte, doit être déterminé par le prescrit de la loi du lieu où il a été passé, parce que l'officier public qui le reçoit ne peut acter que dans le territoire où il est délégué, et d'après les règles auxquelles son pouvoir est subordonné.

C'est par suite de ce principe, que tout acte de l'état civil soit des français, soit des étrangers, fait en pays étranger, fait foi en France, s'il a été rédigé suivant les formes usitées dans le pays où il a été passé. (47)

Que le mariage contracté en pays étranger, soit entre français seulement, soit entre français et étrangers, est valable s'il a été célébré dans les formes usitées en ce pays (170), pourvu qu'il n'y ait eu aucun empêchement d'ailleurs.

Qu'un français qui se trouve en pays étranger peut y faire son testament ologra-

phe, ou par acte public, avec les formes usitées dans le lieu de la passation. (999)

Ainsi, la loi du lieu où l'on agit régit
toujours les formes extérieures ; et quant à
l'étendue de ses effets, un acte valide les
obtient par-tout où la personne possède des
biens disponibles, parce que le même acte
ne peut être régulier et irrégulier, valide
et nul tout à-la-fois.

Section III.

Comment la Loi étend son empire territorial sur les biens.

La loi qui régit les biens est appelée *statut réel*, comme celle qui régit la personne est appelée *statut personnel,* dans le langage ordinaire de la jurisprudence.

On distingue les deux espèces par l'objet immédiat que le législateur a eu en vue : là le statut est personnel, où la loi règle d'une manière indéterminée la capacité ou l'incapacité civile de l'homme, sa qualité de citoyen, celle de père, d'époux, ou d'enfant légitime : là au contraire il est réel, où il dispose des biens en faveur d'un tiers, ou les rend indisponibles entre les mains du possesseur actuel pour les transmettre à un autre après lui.

La loi qui règle la prescription et transporte la propriété du premier maître entre les mains du nouveau possesseur ; celle qui réglant les successions se saisit du patrimoine du défunt, pour le distribuer aux héritiers qu'elle nomme elle-même; celle qui dispose de l'usufruit des biens des enfans mineurs, jusqu'à l'âge de dix-huit ans, au profit de leurs père et mère, sont autant de statuts réels, puisqu'elles disposent par elles-mêmes des biens, sans le fait du propriétaire.

Les statuts réels sont donc, pour la disposition des biens situés dans leur ressort, ce que les statuts personnels sont au règlement des qualités de la personne domiciliée dans l'Empire pour lequel ils sont portés.

Les immeubles sont toujours régis par la loi de leur situation; et chaque fois que ce statut est prohibitif de toute autre disposition que celle qu'il renferme, il l'emporte, en faveur de ceux qui sont habiles à l'invoquer, sur les dispositions contraires soit de l'homme, soit du statut personnel que nous avons dit étendre ses effets par-tout où la personne a des biens.

Ainsi, aucune confiscation ne peut être prononcée, aucun impôt ne peut être assis sur les immeubles, que par la loi sous l'empire de laquelle ils sont situés.

Ainsi, les jugemens rendus en pays étrangers et non déclarés exécutoires par les Tribunaux français (2123), comme encore les contrats passés en pays étrangers, ne peuvent donner d'hypothèque sur les biens situés en France, à moins qu'il n'y ait des dispositions contraires à ce principe, dans les lois politiques ou dans les traités. (2128)

C'est par suite des mêmes principes qu'on doit décider :

1°. Que si un homme est habitant d'un lieu où la prescription des immeubles n'est acquise que par trente ans, et qu'il soit propriétaire d'un domaine situé dans un pays où la prescription a lieu par vingt ans, il perdra la propriété de son domaine dès qu'un tiers en aura joui de bonne foi, pendant ce dernier délai, parce que la prescription étant l'effet d'un statut réel, c'est uniquement la loi de la situation des fonds, qu'il faut consulter en cette matière.

2°. Qu'un étranger qui posséderait des biens en France, et y aurait des enfans établis et jouissant des droits civils français, serait obligé de se conformer au statut de France sur la réserve légale que le Code assure aux descendans, lors même que la loi du domicile de cet étranger lui permettrait ou d'exhéréder ses enfans, ou de les réduire à une portion moindre que celle qui est assurée par le Code, parce que d'une part, les immeubles situés en France sont régis par la loi française; et que d'autre côté, les enfans domiciliés en France seraient habiles à invoquer la loi du corps politique dont ils seraient membres.

3°. Que dans l'hypothèse qu'on vient de faire, si l'étranger, propriétaire de biens en France, appartenait à une nation à l'égard de laquelle le droit d'aubaine fût en usage, et qu'il mourût sans laisser d'héritiers régnicoles en France, c'est vainement

que les héritiers légitimes de son pays, ou
ceux qu'il aurait institués dans son testament, se présenteraient pour recueillir les
biens qu'il aurait laissés dans l'Empire,
parce que le statut réel les écarterait en faveur du fisc exerçant le droit d'aubaine.

On voit, par l'exemple de ce testament,
qu'un acte se trouve inutile, quand il est
contraire au statut réel prohibitif; comme
il est nul, quand il est contraire au statut
personnel prononçant l'incapacité de celui
qui l'a fait; mais il faut bien se garder de
confondre la manière dont l'un et l'autre
de ces statuts opèrent, lorsqu'ils privent un
acte de ses effets.

L'acte contraire à la loi qui frappe la personne d'incapacité est absolument nul, et
en conséquence il ne peut rien produire, en
aucun temps, ni en aucun lieu.

Mais l'acte contraire au statut réel prohibitif, n'est pas nul en lui-même, et il peut
obtenir tout ou partie de ses effets, suivant
la diversité des lieux et des temps.

Ainsi, le testament de l'étranger, fait au
profit d'un étranger à l'égard duquel le
Gouvernement français exerce le droit d'aubaine, n'aura aucun effet sur les biens situés dans l'Empire, parce qu'ils sont sous
la main de la loi française qui en dispose
autrement; mais il obtiendra sa pleine exécution sur les biens situés dans la patrie du
testateur et du légataire, parce que c'est la
loi de ce pays qui régit ces biens, et qu'elle
permet à l'homme d'en disposer.

Ainsi encore, à supposer que l'exercice du droit d'aubaine en vigueur à l'époque de la confection du testament, se trouve aboli par les traités, au moment de la mort du testateur, ses dispositions seront aussi exécutées en France, comme valables en elles-mêmes, et ne trouvant plus d'obstacle au moment où le droit qui en dérive, est ouvert.

Et pour en revenir à des applications plus utiles en nous rapprochant des circonstances transitoires où nous sommes : supposons que, sous la loi du 17 nivôse an 2, un homme ayant des frères, ait disposé de tous ses biens en faveur d'un tiers ; qu'il ait survécu à la promulgation du Code ; et que, décédant aujourd'hui, il laisse toujours ses frères pour plus proches parens ; sa donation ou son testament, quoique contraires au décret du 17 nivôse, seront valables, parce que la loi qui seule régit sa succession, ne contient plus de réserve pour les frères.

La raison de cette différence entre les effets du statut personnel et ceux du statut réel, c'est que le premier, privant l'homme de sa capacité civile, rend l'acte qu'il fait comme n'existant pas.

Le statut réel, au contraire, ne rend pas l'acte nul : il ne met obstacle à son exécution que pour disposer lui-même d'une autre manière ; d'où il résulte que s'il est abrogé au moment de l'ouverture de la succession, comme il ne dispose plus alors, il n'y a plus d'obstacle aux libéralités de l'homme.

Qu'un père, par exemple, qui a quatre enfans, fasse une donation de tous ses biens à un étranger : elle sera très-valable, si elle est revêtue de toutes les formes requises, et ce donateur sera, dans tous les temps, non-recevable à révoquer lui-même sa libéralité : après sa mort, ses enfans la feront réduire au quart disponible, parce qu'ils seront les donataires de la loi : ils auront en leur faveur une donation qui, pour les trois quarts des biens, l'emportera sur celle faite à l'étranger par leur père ; mais qu'ils viennent à mourir tous avant le donateur, et que celui-ci ne laisse aucun ascendant, nul autre parent ne pourra s'opposer à l'exécution entière de sa donation.

CHAPITRE SIX.

De la Loi sous ses rapports avec l'ordre judiciaire.

Le juge applique la loi; il ne la peut pas faire.

Comme nous l'avons déjà observé, un des plus grands avantages qui nous restent d'une révolution d'ailleurs si terrible, c'est l'unité de législation en France; mais ce bienfait ne serait bientôt qu'une illusion, s'il était permis aux divers Tribunaux de créer des règlemens, chacun à leur manière.

La nature des choses résiste elle-même à ce que le pouvoir législatif soit confondu dans le pouvoir judiciaire, car autrement

la sentence la plus contraire à la justice,
devrait passer pour civilement juste, comme
étant conforme à la loi qui serait dans la
volonté du juge législateur.

C'est donc avec raison qu'il est défendu
aux juges de prononcer par voie de dispositions générales et réglementaires, sur les
causes qui leur sont soumises. (5)

Il leur est défendu aussi de calomnier la
loi, en refusant de juger sous prétexte qu'elle
est silencieuse, obscure ou insuffisante (4):
si le texte paraît silencieux à celui qui n'en
fait qu'une lecture légère, les principes qu'il
établit sont éloquens, pour celui qui a soin
de les méditer.

Par cette sage défense, les auteurs du
Code Napoléon ont voulu écarter les recours
à l'autorité, et par conséquent l'usage des
rescrits dans les affaires de détail; usage
qui dégénère bientôt en abus, parce que
ces décisions, quoique rendues par des con-
sidérations particulières, finissent par con-
quérir l'empire de la règle commune, sans
avoir été méditées comme les lois, sous tous
les rapports de l'intérêt général.

CHAPITRE SEPT.

Notions générales sur l'état des personnes.

L'état des personnes est ou politique,
ou civil.

L'état politique des personnes se compose des qualités requises pour être admis

à l'exercice des droits de citoyen actif, et voter soit dans les élections confiées au peuple, soit dans les corps électoraux, ainsi que des conditions exigées pour être promu à différentes fonctions publiques.

L'état civil des personnes se compose des simples droits de cité résultant de la fixation du domicile; des rapports de parenté et d'alliance; des qualités et des droits que la loi attache au sexe, à l'âge des personnes et à leur constitution physique et morale; de la capacité légale et des facultés requises pour paraître et participer valablement aux transactions sociales.

Les droits politiques, plus importans dans leur exercice, n'appartiennent qu'aux membres du corps capables de délibérer sur ses intérêts : il n'y a que les mâles et majeurs qui puissent en être revêtus : la justice départit les droits civils à tous ceux qui n'ont pas mérité de les perdre, quels que soient leur âge et leur sexe.

Les qualités qui constituent ou modifient l'état civil de la personne, ont aussi des effets divers sur ses biens : par exemple, les qualités de père légitime et de fils mineur, emportent le droit d'usufruit légal au profit des père et mère sur les biens de leurs enfans âgés de moins de dix-huit ans (384); comme celle d'époux donne au mari la jouissance des biens dotaux de la femme (1530, 1549), parce que la loi attache ainsi les divers intérêts pécuniaires des personnes, aux divers rangs qu'elles occupent dans la société ou dans la famille.

Mais, dans les principes du droit, il ne faut pas confondre ces effets avec leur cause.

Les qualités civiles appartiennent entièrement au droit public de l'état, puisqu'elles tiennent à son organisation; d'où il résulte qu'elles ne peuvent être acquises ou modifiées par aucune convention particulière. (6)

Il n'en est pas de même des intérêts pécuniaires qui dérivent de telle ou telle qualité : ici la disposition de la loi, régulièrement parlant, n'appartient plus qu'au droit privé auquel il est permis de déroger.

Ainsi, quoique le père ne puisse renoncer à l'autorité qu'il a sur son fils mineur, avant l'âge requis pour l'émancipation, il peut valablement renoncer à l'usufruit que la loi lui accorde sur les biens de celui-ci : ainsi, un étranger qui fait une donation au fils mineur, peut en prohiber l'usufruit au père (387), quoiqu'il ne puisse soustraire le fils à la puissance paternelle. Ainsi encore, quoique les époux ne puissent, en se mariant, convenir que la femme sera personnellement émancipée de l'autorité maritale (1388), ils peuvent néanmoins soustraire ses biens au domaine civil du mari, en réservant leur administration et jouissance au profit de l'épouse. (1536, 1573)

CHAPITRE HUIT.

De l'état politique des Citoyens français.

A qui appartiennent les droits politiques de cité?

Quelles sont les prérogatives attachées à ces droits?

Comment leur exercice peut-il être suspendu, et comment peut-on en être entièrement déchu?

SECTION Iere.

A qui appartiennent les Droits politiques de cité?

Les droits politiques étant exclusivement attachés à la qualité de citoyen, les femmes, les mineurs, les interdits, etc., quoique nés français, ne peuvent y participer.

On peut être revêtu de la qualité de citoyen, ou par le droit de la naissance, ou par celui de la naturalisation : nous traiterons des effets de la naturalisation en parlant de l'étranger.

Celui-là est citoyen français, par droit de naissance, qui, né de père et mère domiciliés en France, est âgé de vingt-un ans accomplis, s'est fait inscrire sur le registre civique de son arrondissement communal, et qui, postérieurement à cette inscription, réside, depuis un an, sur le territoire de l'Empire.

C'est par le rapprochement de la Constitution et du Code, que nous justifions cette définition.

Suivant l'article 2 de l'acte constitution-
» nel, « Tout homme *né et résidant en*
» *France*, qui, âgé de vingt-un ans accom-
» plis, s'est fait inscrire sur le registre ci-
» vique de son arrondissement communal,
» et qui a demeuré depuis, pendant un an,
» sur le territoire de l'Empire, est citoyen
» français »; et l'article 9 du Code Napo-
» léon porte que : « Tout individu *né en*
» *France* d'un étranger, pourra, dans l'an-
» née qui suivra l'époque de sa majorité, ré-
» clamer la qualité de français ; pourvu que,
» *dans le cas où il résiderait en France*, il
» déclare que son intention est d'y fixer son
» domicile, etc. » Comment doit-on concilier ces deux dispositions ?

Supposons qu'un étranger existant temporairement en France y ait un enfant ; qu'il
l'y laisse pour lui donner une éducation
française ; que celui-ci parvenu à sa majorité
et même à un âge plus avancé, sans être
sorti de France, se soit fait incrire, à une
époque quelconque, sur le registre de l'arrondissement communal, sans avoir fait
aucune autre déclaration ni soumission :
il sera *majeur, né* et *résidant en France,*
et *inscrit* sur le registre civique : sera-t-il
citoyen de plein droit, d'après l'acte constitutionnel, tandis que l'article 9 du Code

ne lui accorderait pas même la qualité de français, comme n'ayant pas fait, dans le délai prescrit, les déclaration et soumission qu'il exige?

Il est évident que, pour être citoyen, il faut d'abord être français, parce qu'on ne peut être le plus sans être le moins ; et comme le Code est le meilleur interprète de la Constitution, on doit conclure de la manière dont il dispose, que ces expressions de l'acte constitutionnel, *né et résidant en France*, ne s'entendent point d'une simple résidence de fait, mais d'un véritable domicile natal ; d'où il résulte que, pour être citoyen français par droit de naissance, il faut être né de parens domiciliés en France.

Section II.

Quelles sont les prérogatives attachées aux Droits politiques de cité?

Les droits politiques de cité consistent dans l'action que la Constitution et les sénatus-consultes accordent aux citoyens pour concourir, par leurs votes, à la formation des autorités constituées, et y être éligibles.

En conséquence, il n'y a que les citoyens qui aient le droit de voter dans la formation des listes communales et dans les diverses élections.

La même qualité de citoyen est requise :

5

Pour être nommés candidats au Sénat conservateur. (*a*)

Ministres et conseillers d'état. (*b*)

Membres du Corps législatif et de la Cour des comptes. (*c*)

Juges et procureurs impériaux dans les Cours de cassation, d'appel, et les Tribunaux d'instance. (*d*)

Juges de paix et suppléans de juges de paix. (*e*)

Préfets, sous-préfets et conseillers de préfecture. (*f*)

Maires et adjoints de mairie. (*g*)

Membres des collèges électoraux soit d'arrondissemens, soit de départemens. (*h*)

Jurés (*i*), notaires (*k*), témoins des actes entre-vifs passés devant notaires. (*l*)

(*a*) Art. 9 de la Constit. — Art. 31, 61 et 63 du s.-c. du 16 ther. an 10, et art. 57 de celui du 28 floréal an 12.

(*b*) Art. 58 de la Const.

(*c*) Art. 20, 27 et 31 de la Const., 29 et 32 du s.-c. du 16 thermid. an 10.

(*d*) Art. 67 de la Const.

(*e*) Art. 8 du s.-c. du 16 thermid. an 10.

(*f*) Art. 59 de la Constit.

(*g*) Art. 10 du s.-c. du 16 thermid. an 10.

(*h*) Art. 22 et 25 du s.-c. du 16 thermid. an 10.

(*i*) Voyez l'art. 382 du Code d'instruction criminelle.

(*k*) Art. 7 de la Constit. ; art. 1 de la loi du 25 ventôse an 11.

(*l*) Art. 9 de cette dernière loi. Voy. bull. 258, n°. des lois 2240, 3ᵉᵐᵉ sér.

SECTION III.

Quand est-on suspendu de l'exercice des Droits politiques, et comment peut-on en être définitivement privé?

L'exercice des droits de citoyen français est suspendu :

Par l'état de débiteur failli, ou d'héritier immédiat, détenteur à titre gratuit, de la succession totale ou partielle d'un failli;

Par l'état de domestique à gage attaché au service de la personne ou du ménage;

Par l'état d'interdiction judiciaire, d'accusation ou de contumace. (*a*)

L'on est totalement déchu et privé des droits de citoyen :

Par la naturalisation en pays etranger;

Par l'acceptation, sans autorisation de l'Empereur, de fonctions ou de pensions offertes par un Gouvernement étranger;

Par la condamnation à des peines afflictives ou infamantes. (*b*)

CHAPITRE NEUF.

De l'état civil des Français.

A qui appartient cet état, par le droit de la naissance?

(*a*) Art. 5 de la Constit.
(*b*) Art. 5 de la Constit., comparé à l'art. 17 du Code.

Quelles sont les prérogatives attachées à la qualité de français?

Comment peut-on en être déchu?

SECTION Iere.

A qui appartiennent les Droits civils par la naissance?

Les droits civils sont attachés à la qualité de *français* (8), comme les droits politiques sont attachés à celle de *citoyen.* (7)

Celui-là est français d'origine et par droit de naissance, qui est né de père et mère domiciliés en France.

Cette prérogative appartient à celui qui est né en pays étranger d'un père français, comme à celui qui est né en France (10), parce que l'enfant n'a pas d'autre origine, ni d'autre domicile natal que celui de son père dont il suit la condition.

Lorsqu'il est question d'un enfant né hors le mariage, il est français si sa mère elle-même est française, parce qu'il ne peut suivre que la condition de sa mère.

A l'égard de l'enfant né à l'étranger, hors le mariage, mais d'un père français qui l'a ensuite reconnu légalement, il doit encore être français et suivre la condition de son père, parce que la loi le constituant sous la puissance paternelle de celui-ci (158 et 383), et lui accordant des droits sur ses biens (757), le rend par là même participant des droits civils des français.

Vainement dirait-on qu'il n'appartient pas à un individu d'accorder ainsi les droits de la naturalisation, par un simple acte de reconnaissance d'un enfant né en pays étranger; car, dès que le Code décide que l'enfant né d'un français même en pays étranger, est français d'origine; s'il est né hors le mariage, il n'y a de difficulté que pour constater la paternité, d'où il résulte que si elle est constatée par la reconnaissance du père, c'est la loi elle-même qui déclare le fils français d'origine, et non pas simplement le père qui lui accorde les droits de la naturalisation, par sa propre autorité.

SECTION II.

Quels sont les Droits attachés à la qualité de Français?

Les droits civils dont il s'agit ici, sont bien différens des droits politiques, ainsi que nous l'avons déjà observé. Ils consistent :

Dans tous les avantages qui résultent de la parenté, de l'alliance, de la légitimation et de la successibilité entre les français;

Dans les droits réciproques qui peuvent résulter de l'adoption et de la reconnaissance d'enfans nés hors le mariage;

Dans la faculté de recourir aux Tribunaux français, pour obtenir justice, sans prestation de la caution *judicatum solvi;*

Dans celle de disposer par testament des

biens situés en France, et d'être témoin dans les actes à cause de mort. (980)

En un mot, si le français devient époux et père, il se trouve revêtu de l'autorité maritale et de la puissance paternelle établie par nos lois, et il jouit des prérogatives qui en dérivent.

S'il se marie, même en pays étranger, la loi française qui est le statut de son domicile, stipule pour lui les conditions de sa société conjugale, quand il n'y pourvoit pas lui-même; et s'il a le malheur de s'être imposé un joug insupportable, elle lui accorde le remède du divorce.

SECTION III.

Comment le Français est déchu de ses Droits civils.

La privation des droits civils est encourue:

1°. Par la naturalisation acquise en pays étranger, parce que le même individu ne peut appartenir à deux Gouvernemens différens;

2°. Par l'acceptation non autorisée de l'Empereur, de fonctions conférées par un Gouvernement étranger, parce qu'un semblable délégué étant obligé d'être fidèle au Gouvernement qui l'aurait nommé, ne peut rester sous la dépendance entière du Gouvernement français;

3°. Par un établissement fait à l'étranger, sans esprit de retour, parce qu'il équivaut à la naturalisation; mais on ne regarde pas comme tels les établissemens faits pour cause de commerce; (17)

4°. Par l'acceptation de service militaire à l'étranger, ou l'affiliation à une corporation militaire étrangère, sans autorisation de l'Empereur, le français perd sa qualité (21), parce qu'il s'expose au moins à porter les armes contre sa patrie;

5°. Par le mariage valablement contracté avec un étranger, la femme française, suivant la condition de son mari, devient étrangère. (19)

Nous disons par le mariage *valablement contracté;* parce que, s'il était nul, là femme étant, dans le droit, considérée comme non mariée, il n'y aurait véritablement à son égard, ni aliénation de ses facultés, ni aliénation de ses droits civils.

6°. Enfin, les droits civils sont entièrement éteints par la mort civile. (22)

Lorsque la femme française a perdu cette qualité, par son mariage avec un étranger, et que résidant en France elle y devient veuve, elle recouvre de plein droit l'exercice de son état civil.

Mais la femme originairement française, mariée à l'étranger et y demeurant (19), ainsi que tout autre individu qui a perdu la qualité de français, pour toute autre cause que la mort civile, ne peuvent recouvrer leurs droits civils, qu'en rentrant en France avec l'autorisation de l'Empereur, et en déclarant qu'ils veulent s'y fixer (18); et même

lorsqu'il s'agit de celui qui a pris du service
militaire à l'étranger, ou qui se serait affi-
lié à une corporation militaire étrangère,
il ne peut redevenir français qu'en remplis-
sant les conditions imposées à l'étranger
pour devenir citoyen (21), c'est-à-dire,
qu'après dix années d'habitation. (*a*)

Dans tous les cas, cette réhabilitation
n'opère jamais d'effets rétroactifs, et ne
peut conséquemment avoir lieu que sans
préjudice des droits ouverts au profit des
tiers, dans l'intervalle de la déchéance des
effets civils encourue par l'individu réhabi-
lité. (20)

CHAPITRE DIX.

De la mort civile.

Qu'est-ce que la mort civile?
Quand est-elle encourue?
Quels sont ses effets?

SECTION Iere.

Qu'est-ce que la mort civile?

La mort civile est une fiction par laquelle
l'homme condamné à une peine à laquelle
elle est attachée, est réputé mort, par le
retranchement perpétuel qu'il souffre de

(*a*) Art. 3 de la Constit.

tous les droits qu'il tenait de l'organisation sociale.

Nous disons, *condamné à une peine à laquelle elle est attachée,* parce que la mort civile n'est point par elle-même une peine à laquelle on condamne directement le coupable, mais seulement une conséquence de la condamnation aux peines que les lois déclarent emporter la mort civile. (22, 23 et 24)

Nous disons, en second lieu, *retranchement perpétuel,* parce que la fiction de la mort civile est l'image de la mort naturelle, et qu'on ne meurt pas pour un temps.

De là il résulte que la mort civile ne doit être attachée qu'à une peine prononcée pour être perpétuelle dans sa durée.

Il en résulte encore que, si celui qui a été condamné à une peine emportant mort civile, s'échappe et parvient à prescrire contre la peine, en évitant la main de la justice pendant vingt ans, cette prescription ne peut porter sur la mort civile (32), ni réintégrer le condamné dans les droits de cité pour l'avenir, puisqu'elle est essentiellement perpétuelle dans sa durée.

Dans ce cas-là même, le condamné ne serait point admissible à se faire juger de nouveau, pour obtenir sa réhabilitation, parce que ne pouvant plus être condamné, il ne peut plus être absous, d'où il résulte que son sort est irrévocablement fixé.

Nous disons, en troisième lieu, retranchement *des droits que l'homme tenait de l'or-*

ganisation *sociale* , parce que le mort civilement, conservant encore la vie naturelle,
conserve aussi les droits qu'il tient simplement de la nature.

Il suit de là, que l'homme ne tenant les
droits dont se compose son existence civile,
que du pacte social dans lequel il a stipulé,
il ne peut en être déchu ni frappé de la
mort civile que par le Gouvernement dont
les lois régissent l'état de sa personne, et
qu'en conséquence un français condamné
en pays étranger, ou un étranger condamné
en France, ne serait pas frappé de la mort
civile, parce qu'une autorité étrangère à son
pacte social, ne peut le priver des droits
qu'il ne tient pas d'elle, ni se constituer
juge souverain entre lui et la société à laquelle il appartient.

Section II.

Quand la mort civile est-elle encourue?

La condamnation à la mort naturelle emporte la mort civile; nulle autre peine n'o-
père le même effet, si une loi expresse ne
l'y a attaché. (24)

Si la condamnation est contradictoire, la
mort civile est encourue à compter inclusivement du jour de son exécution soit réelle,
soit par effigie (26), en sorte que quand
celui qui a été ainsi condamné subit sa
peine, ce n'est plus qu'un mort civilement
qui monte à l'échafaud.

Lorsque la condamnation a été prononcée par contumace, la mort civile n'est encourue qu'après cinq années révolues, à dater du jour de l'exécution du jugement par effigie. (27)

Pendant ce délai de grâce que la loi accorde au condamné pour se représenter, il n'est pas mort civilement; mais suspendu de l'exercice de ses droits civils, il se trouve sous le poids d'une interdiction légale, et ses biens, mis sous le séquestre, sont administrés comme ceux d'un absent (28), sauf à en rendre compte, à lui-même s'il se représente à délai utile; ou à qui il appartiendra, lorsque la condamnation sera devenue irrévocable, par l'expiration du temps accordé pour purger la contumace. (*a*)

S'il meurt dans ce délai de grâce, il décède *integri statûs;* le jugement de condamnation est anéanti de plein droit, sauf de la part de la partie civile à revenir, par action nouvelle, contre les héritiers du contumace auxquels ses biens sont alors restitués, pour obtenir d'eux tous dommages-intérêts compétens. (31)

Il en est autrement à l'égard de celui qui a été condamné contradictoirement, et qui meurt avant aucune exécution de son jugement; il décède, à la vérité, *integri statûs,* comme le contumace; mais il décède irrévo-

(*a*) Voyez l'art. 471 du Code d'instruction criminelle.

cablement jugé, en conséquence son jugement tient dans tout ce qui est susceptible
d'exécution, et les condamnations à dommages et intérêts civils restent acquises à
ceux qui les ont obtenues. (*a*)

Lorsque le condamné par contumace se
représente, ou est arrêté pendant les cinq années de grâce, sa condamnation est anéantie de plein droit, et son sort ne peut plus
dépendre que d'un second jugement. (29)

Mais s'il ne reparaît ou n'est arrêté qu'a-
près les cinq ans, et que par nouveau jugement il soit absous, ou condamné à une
peine qui n'emporte pas la mort civile, il
rentre dans la plénitude de ses droits pour
l'avenir, et à compter du jour où il a reparu en justice ; mais le premier jugement
conserve, pour le passé, les effets que la
mort civile avait produits dans l'intervalle
écoulé depuis l'époque de l'expiration des
cinq ans, jusqu'au jour de sa comparution
en justice (30); de sorte qu'il ne rentre ni
dans la possession des biens qu'il avait et
qui ont été dévolus à ses héritiers, ni dans
les droits qui auraient été ouverts durant
la mort civile et qu'il eût recueillis s'il avait
été jouissant des droits de cité.

_____

(*a*) Voyez l'avis du Conseil d'état du 26 fructidor
an 13, bull. 58, n°. des lois 1052, tom. 3, pag. 608,
4ᵉᵐᵉ. sér.

SECTION III.

Des effets de la mort civile.

Par la mort civile, le condamné perd la propriété de tous les biens qu'il possédait; sa succession est ouverte au profit de ses héritiers, comme celle de toute personne morte naturellement *et sans testament;* en sorte que toute disposition de dernière volonté qu'il pourrait avoir faite, même antérieurement à sa mort civile, demeure sans effet.

Il ne peut plus recueillir de succession, parce que les morts ne succèdent pas; ni transmettre à ce titre, les biens qu'il acquerrait par la suite, parce qu'on ne meurt pas deux fois, pour laisser deux successions.

Il est privé de la capacité active et passive requise dans les donations et testamens, parce que ces actes tiennent leurs formes substantielles du droit civil.

Il est incapable de contracter aucun mariage, et celui qu'il aurait précédemment contracté est dissous quant à tous ses effets civils; en sorte que son époux d'une part, et ses héritiers de l'autre, exercent respectivement tous les droits qui seraient ouverts par sa mort naturelle.

Il ne peut être tuteur, ni concourir aux opérations de la tutelle.

Il ne peut être témoin ni dans un acte, ni en justice, ni être personnellement en qualité de cause devant les Tribunaux.

Mais conservant la vie naturelle, il peut recevoir un legs d'alimens (25); et la rente viagère qui lui était acquise, lui reste due (1982), sans être éteinte par la mort civile.

Et comme il n'est privé que des droits qui dérivent de l'organisation sociale, il reste capable de toutes espèces de conventions qui n'ont point de formes particulières et qui n'appartiennent qu'au droit des gens primitif, telles que la vente, l'échange, etc. (33); pour l'exécution desquelles, s'il fallait recourir à l'autorité de la justice, ses droits naturels ne pourraient être défendus que sous le nom et par le ministère d'un curateur à la mort civile, qui agirait comme fait un curateur à une hoirie jacente. (25)

Les biens ainsi acquis par le condamné, après la mort civile encourue, et dont il se trouve en possession lors de sa mort naturelle, sont échus au profit du fisc, comme biens vacans, sauf à l'Empereur à en faire telle disposition que l'humanité peut lui suggérer envers la veuve et les enfans, ou autres parens de celui dont ils proviennent. (33)

CHAPITRE ONZE.

Des aubains ou étrangers.

On entend par étranger, ou aubain, *albinus, quasi alibi natus,* celui qui est né de parens non établis en France, et qui n'a point été naturalisé.

Quels sont les droits que l'étranger peut ou ne peut pas exercer en France ?

Comment l'étranger peut-il acquérir la qualité de français et celle de citoyen ?

SECTION Iere.

Quels sont les avantages que la Loi accorde, et les droits qu'elle refuse à l'étranger, en France?

Quoique l'étranger ne soit point participant des droits de cité, parce qu'il n'est pas agrégé au pacte social d'où ils dérivent, il ne faut pas confondre son état avec celui du mort civilement dont nous venons de parler.

Le mort civilement ne jouit que de ce qu'il tient du droit des gens primitif, c'est-à-dire, du simple droit naturel reconnu chez les nations policées ; mais il ne peut rien revendiquer de ce qui tient aux formes civiles : l'étranger, au contraire, exerce valablement en France, et dans les formes voulues par les lois françaises, tous les actes qui dérivent du droit des gens secondaire, et qui ne sont pas purement du droit civil établi pour l'avantage unique des membres de la cité.

Ainsi, l'étranger peut, par tous actes de commerce, acquérir des biens en France, et les aliéner de même : il peut s'y marier et y régler ses conventions matrimoniales, aussi valablement que si elles étaient stipulées dans son pays. (19)

Il peut personnellement paraître, tant en demandant (15), qu'en défendant, contre un français, devant les Tribunaux de l'Empire qui lui doivent la même justice qu'aux citoyens, parce que les actes et les droits de cette espèce, sont consacrés par les usages observés entre les différentes nations policées qui, ne florissant que par le commerce, sont tacitement convenues d'en faire respecter les engagemens pris par les sujets des unes envers ceux des autres, et de se rendre réciproquement justice.

Néanmoins, lorsqu'un étranger est demandeur principal ou intervenant, il est tenu, en toute matière autre que celle de commerce, de fournir préalablement, si le défendeur le requiert, la caution *judicatum solvi* (16), s'il ne consigne une somme jugée suffisante pour en tenir lieu, ou s'il n'a des immeubles en France d'une valeur suffisante pour répondre de tous frais et dommages-intérêts qui pourraient être adjugés contre lui ; mais cette caution n'étant requise que dans l'intérêt du défendeur et seulement au cas où il l'exige (*a*), ne serait point passible de l'amende du fol appel.

L'étranger, même non résidant en France, est regardé comme s'étant rendu justiciable des Tribunaux français, par cela seul qu'il a contracté avec un français ; il peut en conséquence être traduit devant eux, pour les obligations ainsi contractées, même en pays

---

(*a*) Art. 166 et 167, Cod. proc.

étranger (14) : le Code ne lui permet pas d'opposer au français la maxime *actor sequitur forum rei;* il permet au contraire à celui-ci de le citer devant son propre Tribunal, parce que les jugemens rendus par des Tribunaux étrangers, n'étant point exécutoires en France (2123), on a dû accorder au français la faculté d'obtenir justice d'un Tribunal dont la décision pût, par elle-même, être exécutée sur les biens que le débiteur posséderait en France.

Mais il faut observer que ce n'est qu'en faveur des français que le Code repousse cette exception déclinatoire, et qu'en conséquence si un étranger était cité par un autre étranger, devant un Tribunal français, pour tous intérêts privés, il aurait droit de demander son renvoi par-devant ses juges naturels, parce qu'il se trouverait placé sous la maxime *actor sequitur forum rei,* et ne serait point, en thèse générale, justiciable des Tribunaux de France.

L'étranger, non résidant en France, qui est traduit devant un Tribunal français, doit être cité au domicile du procureur impérial près le Tribunal où la demande est portée, lequel doit viser l'original et envoyer la copie au ministre des relations extérieures (*a*), pour la faire parvenir à sa destination.

L'étranger peut donc être cité par-devant les Tribunaux de France, par la raison que les condamnations obtenues dans son pays

_____

(*a*) Art. 69, § 9, du Cod. proc.

ne seraient point exécutoires en France (*a*); mais ce moyen, s'il était seul, serait encore très-souvent insuffisant pour obtenir justice contre lui, par la raison qu'une sentence prononcée par un Tribunal français, n'est pas non plus exécutoire en pays étranger; elle serait à la vérité suffisante dans les cas rares où l'étranger posséderait des biens en France; mais dans les cas ordinaires, elle ne serait plus qu'un titre illusoire, si l'on ne pouvait arrêter la personne même du débiteur rencontré sur le sol de l'Empire: c'est pourquoi tout jugement de condamnation qui intervient au profit d'un français contre un étranger non domicilié en France, emporte la contrainte par corps; et même il suffit que la dette soit échue pour que, sur la requête du créancier, le président du Tribunal d'arrondissement où se trouve l'étranger, puisse, suivant les circonstances, en ordonner l'arrestation provisoire. (*b*)

L'étranger étant toujours passible de la contrainte par corps, il en résulte qu'il ne peut jamais être admis au bénéfice de cession de biens (*c*), que la loi n'accorde au débiteur que pour conserver la liberté de sa personne en abandonnant son actif à ses créanciers. (1268)

Les étrangers sont, en France, incapa-

(*a*) Art. 546 du Cod. proc.
(*b*) Loi du 10 décembre 1807, bull. 161, n°. des lois 2788, tom. 7, pag. 84, 4ème. sér.
(*c*) Art. 905 du Cod. proc.

bles de tous emplois civils qui exigent les droits de cité, et ne peuvent être témoins ni dans les actes entre-vifs (*a*), ni dans les dispositions de dernière volonté (980), parce que les témoins instrumentaires employés dans un acte public, participent aux fonctions de l'officier qui ne pourrait seul le recevoir.

Quant à la successibilité, comme elle est toute dans le droit civil, l'étranger n'y participe et n'est admis à succéder aux biens que son parent, étranger ou français, possédait dans le territoire de l'Empire, que dans les cas et de la manière dont un français succéderait à son parent, laissant des biens dans le pays de cet étranger (726), conformément aux dispositions des traités faits entre le Gouvernement français et la nation à laquelle l'étranger appartient. (11)

Ainsi, lorsqu'un étranger appartient à un Gouvernement avec lequel il n'y a point eu de traité qui permette aux français d'y recueillir des successions, il est soumis à la loi de la réciprocité : c'est alors le Gouvernement français qui recueille les biens soit du français qui ne laisse que des étrangers pour parens successibles, soit de l'étranger qui ayant des propriétés en France, ne laisse point de français pour héritier, et en cela

(*a*) Loi du 25 ventôse an 11, sur le notariat, art. 9, bull. 258, n°. des lois 2440, tom. 7, pag. 592, 3ᵉᵐᵉ. sér.

le fisc exerce ce qu'on appelle *le droit d'au-baine*.

La même règle de réciprocité a lieu pour la faculté de transmettre par donation entre-vifs, ou par testament, parce que le Code portant qu'*on ne pourra disposer au profit d'un étranger, que dans les cas où cet étranger pourrait disposer au profit d'un français* (912), cette décision doit s'entendre de la donation comme du testament, atten-du qu'elle est générale et qu'elle est placée dans un chapitre qui est également relatif à ces deux espèces de dispositions.

Mais en est-il ainsi des libéralités qui se-raient faites par l'étranger lui-même au pro-fit d'un français? Abstraction faite d'aucun traité conclu, sur le droit d'aubaine, avec la nation dont un étranger est membre, ne peut-il faire, au profit d'un français, ni do-nation entre-vifs, ni libéralités à cause de mort? Suivant le Code (902), toutes per-sonnes peuvent disposer, excepté celles que la loi en déclare incapables : peut-on con-clure de là que le testament ou la donation faits par l'étranger au profit d'un français, seraient valables, par cela seul que la loi française ne renferme aucune prohibition formelle à son égard?

Cette question doit être envisagée soit sous le rapport du testament, soit sous celui de la donation, parce que les principes de l'un ne sont pas les mêmes que ceux de l'autre.

D'abord, en ce qui concerne le testament,

il ne serait rien moins qu'exact de dire que la loi française n'en prohibe pas l'usage à l'étranger, pour les biens qu'il possède en France.

En effet, la faculté de tester est toute dans le droit civil; or, l'étranger appartenant à une nation avec laquelle il n'y a aucun traité à ce sujet, est exclu, par le Code, de toute participation à l'exercice des droits civils en France; donc il lui est formellement interdit de tester sur les biens qu'il peut posséder dans l'Empire.

Après la mort de l'homme, la loi se saisit de son patrimoine, pour le céder au fisc, dans le cas du droit d'aubaine; ou pour le distribuer aux héritiers qu'elle désigne, quand le droit d'aubaine n'a pas lieu : pour qu'un testament puisse mettre obstacle à cette transmission légale, il faut que le testateur ait eu le droit de déroger aux dispositions de la loi qui régit ainsi les biens qu'il a laissés; il faut donc que cette même loi lui ait accordé le pouvoir de les soustraire à sa dévolution, parce qu'il n'y a qu'elle qui puisse mettre des bornes à ce qu'elle prescrit : mais loin que ce mandat civil soit accordé à l'étranger, par la loi française, loin même qu'elle en souffre l'usage de sa part, elle lui interdit toute entreprise à ce sujet, dans son territoire; l'héritier qu'il aurait nommé, n'aurait donc en sa faveur, qu'un titre tout à-la-fois prohibé et émanant d'un homme sans pouvoir pour tout ce que le testateur aurait laissé en France.

Sans doute un pareil testament serait un acte valable en lui - même, si le testateur était déclaré capable de tester, par les lois de son pays; mais ces lois n'ont pu lui déléguer de pouvoir que dans l'étendue du territoire qu'elles régissent : elles n'ont pu mettre à sa libre disposition des biens placés sous la main de la loi française; elles n'ont pu lui permettre de faire en France, ce que la loi française lui défend de faire en France: ainsi, son testament étant absolument sans force et comme non avenu, pour les biens situés dans l'Empire, le légataire, nous le répétons, n'a rien à opposer aux droits du fisc.

Mais cette décision ne doit point avoir lieu dans le cas de la donation entre-vifs, parce qu'elle est régie par des principes tout différens.

En effet, quoique la donation emprunte ses formes matérielles du droit civil, la capacité ou la faculté de donner dérivent du droit des gens, c'est-à-dire, de cette espèce de droit que l'étranger peut exercer en France; d'où il résulte que l'acte ne peut être privé de ses effets ni par défaut de pouvoir de son auteur, puisque l'étranger peut donner, ni par incapacité du donataire, puisque le français peut recevoir.

Le droit d'aubaine est établi pour empêcher les richesses nationales d'être transportées en pays étranger; mais il n'est pas tel qu'on doive considérer les étrangers comme main-mortables du fisc, dans un sens absolu et contre le vœu du droit des nations.

La loi qui permet à l'étranger d'acquérir des domaines en France, par toutes sortes de contrats commutatifs, lui permet aussi de les aliéner. S'il les vend, il en transporte le prix dans son pays, tandis qu'en les donnant à un français, tout le bien reste en France : le vœu du législateur est donc encore bien mieux rempli par la donation, que par la vente; d'où il est nécessaire de conclure que la loi française permet à l'étranger de donner au français.

Il n'y a donc nul doute qu'une pareille donation, revêtue de toutes ses formes, ne soit valable, et que dès le moment même de l'acte, le donateur ne reste dessaisi, comme le donataire se trouve revêtu du domaine de la chose donnée, et dès-lors les droits de ce dernier ne peuvent plus se trouver, par la suite, en opposition avec ceux du fisc, parce que la loi ne donne au fisc, comme héritier irrégulier, que les biens qui se trouvent dans la succession de l'étranger, et que ceux qu'il avait valablement donnés, ne peuvent en faire partie.

En un mot, dans le cas de la disposition à cause de mort, le légataire a pour lui le testament de l'homme, et le fisc a pour lui le testament de la loi : nulle priorité entre ces deux titres, puisqu'ils ne disposent l'un et l'autre qu'après le décès : celui de la loi doit donc l'emporter, parce qu'elle n'avait pas délégué au testateur étranger le droit de déroger à ce qu'elle prescrit : mais dans le cas de la donation, il n'y a plus de concurrence entre les deux titres, parce que la loi ne disposait pas du vivant du propriétaire, qu'elle lui permettait au contraire d'aliéner lui-même, et qu'après son décès, ne disposant que de ce qu'il a laissé, elle fait entièrement abstraction de ce qu'il avait donné en son vivant.

SECTION II.

Comment l'étranger acquiert les Droits de cité en France.

L'étranger, de quelqu'âge et condition qu'il soit, qui a été admis par autorisation de l'Empereur à établir son domicile en France, jouit de tous les droits civils, tant qu'il continue de résider dans l'Empire.(14)

L'étrangère qui a épousé un français, suit la condition de son mari. (12)

L'enfant né en France, d'un étranger, peut devenir français sans autorisation du Gouvernement, en déclarant, dans l'année qui suivra sa majorité, que son intention est de se fixer en France, à charge d'y établir son domicile dans l'année à compter de sa déclaration, si déjà il n'y réside pas. (9)

Il en est de même de l'enfant né en pays étranger, d'un ci-devant français qui en avait perdu la qualité. (10)

A l'égard des droits politiques qui forment le complément de la naturalisation, la seule fixation du domicile en France, même avec l'autorisation de l'Empereur, ne les donne pas à l'étranger ; il ne les acquiert que par dix années d'habitation consécutives (*a*), et comme il faut être français avant que d'être citoyen, les conditions imposées à l'étranger, pour acquérir les droits civils et dont nous venons de parler, doivent toujours avoir été remplies, pour qu'il puisse se dire citoyen après le stage politique que lui impose la Constitution.

Néanmoins Sa Majesté Impériale peut modifier ces diverses conditions, et même elle peut conférer les droits de citoyen, après un an de domicile, aux étrangers qui rendraient ou qui auraient rendu des services importans à l'état, ou qui apporteraient en France, des talens, des inventions, ou une industrie utiles, ou qui y formeraient de grands établissemens. (*b*)

CHAPITRE DOUZE.

De l'incolat.

L'origine et la naturalisation donnent les droits de cité ; le domicile donne ceux d'incolat. *Cives quidem origo, allectio, vel adoptio ; incolas verò domicilium facit.* (*c*) *Incola est, qui aliquâ regione domici-*

(*a*) Art. 3 de la Constit.
(*b*) Voyez le s.-c. du 19 févr. 1808, bull. 181, n°. des lois 3064, tom. 8, pag. 103, 4ème. sér.
(*c*) L. 7, Cod. *de incolis*, lib. 10, tit. 39.

lium suum contulit (a) ; c'est le nouveau domicilié qui, à raison de son établissement, supporte sa part des charges publiques : *advena est quem græci domo profugum appellant* (b); c'est l'étranger non établi.

Le français qui, sans autorisation du Gouvernement, aurait pris du service militaire à l'étranger, ne peut rentrer en France qu'avec l'autorisation de l'Empereur, ni recouvrer la qualité de français qu'après dix années d'habitation depuis sa rentrée en France : quel est son état personnel pendant ces dix ans de stage politique?

Il existe, en France, des milliers d'individus étrangers de naissance, qui y viennent de toutes les parties de l'Europe, pour se perfectionner dans leurs arts ou métiers, et finissent par s'y établir à perpétuelle demeure, sans autorisation du Gouvernement : il en existe des milliers que le sort de la guerre y a amenés, comme prisonniers, ou autrement, que la douceur du climat y fixe, et qui s'y établissent sans esprit de retour, mais sans autorisation spéciale de l'Empereur; quel est leur état personnel? Telle est la question que nous nous proposons d'examiner ici.

Pour résoudre cette question aussi importante que difficile, rappelons une vérité déjà énoncée dans un chapitre précédent, c'est qu'on ne conçoit que deux manières de dis-

(a) L. 239, § 2, ff. *de verb. signifi.*, lib. 50, tit. 16.
(b) D. L. 239, § 4.

tinguer à quelle nation un individu appartient ; ou par l'appel nominal des membres qui composent les diverses associations civiles ; ou par la fixation du domicile que l'homme a choisi dans le territoire de l'une, plutôt que dans celui de l'autre ; mais l'appel nominal ne se présente pas plutôt à la pensée qu'elle s'en effraie et le repousse, comme impossible dans son exécution ; reste donc le domicile pour seul moyen de faire cette distinction.

C'est par la fixation de son domicile que l'homme attache les habitudes de sa vie à un lieu plutôt qu'à un autre ; c'est aussi par la fixation de son domicile qu'il supporte les charges publiques et confère sa mise en société dans un lieu plutôt que dans un autre : c'est donc là la véritable, comme c'est la seule marque distinctive de son association civile.

Dans le fait, on peut trouver plus ou moins de doute, sur la question de savoir si un homme qui a quitté un pays étranger pour venir s'établir en France, a réellement acquis, dans l'Empire, un véritable domicile à perpétuelle demeure, ou s'il n'y a pris qu'une résidence momentanée ; mais à supposer qu'il soit constant qu'il ait abdiqué pour toujours sa patrie natale, et qu'il se soit établi en France, sans conserver aucun esprit de retour pour son pays d'origine, il n'est plus possible, dans le droit, de l'assimiler entièrement à l'étranger qui n'existe qu'accidentellement et comme voyageur dans l'Empire.

Le français qui s'est établi en pays étranger, sans esprit de retour, est déchu de la qualité de français, parce qu'on ne peut tenir à un pacte social auquel on a renoncé, et dont on a, pour toujours, abdiqué tous les devoirs et toutes les charges : par la même raison, l'habitant de la Russie qui a quitté son pays, pour n'y plus retourner, et qui s'est établi en France à perpétuelle demeure, ne peut plus être considéré comme Russe; autrement, s'il s'était échappé de l'esclavage, il serait encore serf dans le pays de la liberté.

Pour avoir changé de pays, cet étranger d'origine ne peut être considéré comme n'ayant plus de patrie, puisqu'il n'a voulu quitter l'une que pour acquérir l'autre ; il ne peut être placé hors de toutes les lois; il ne doit point être traité comme un mort civilement; il faut donc que sa personne, comme ses actions, soient subordonnées à une législation quelconque : or, il est évident que les lois de la Russie lui sont devenues étrangères, puisqu'il ne fait plus partie du corps pour lequel elles sont portées, et qu'elles ne pourront plus jamais l'atteindre dans son domicile en France; d'où il reste démontré que les qualités de sa personne doivent être désormais régies par les lois françaises, comme ses actions seront soumises à ces mêmes lois.

Il résulte de là que si cet étranger d'origine établi en France, sans esprit de retour, a vingt-un ans accomplis, il doit être consi-

déré comme majeur, lors même que dans
son pays natal, la majorité ne serait acquise
qu'à un âge plus avancé; que s'il se marie
en France, il aura l'autorité maritale sur
son épouse; que s'il y devient père légitime,
il aura la puissance paternelle sur ses enfans; que s'il y a des enfans nés hors le
mariage, il aura la faculté de les reconnaître;
que si, en se mariant, il s'est imposé un
joug insupportable, il aura le droit d'invoquer nos lois sur le divorce, comme tous
les français, nonobstant toutes dispositions
contraires de la législation de son pays
d'origine.

Il n'est donc plus étranger proprement
dit, et dans toute l'étendue de l'expression,
puisque son état personnel est celui d'un
français : aussi la loi ne le rend plus passible de la contrainte par corps, comme les
étrangers ordinaires. (*a*)

Mais quoique l'état de sa personne soit indivisible en ce sens qu'un individu ne peut
être russe et français tout-à-la-fois, comme
un enfant ne peut avoir deux mères, les prérogatives attachées à son état civil sont susceptibles de plus ou de moins, parce que la
loi ne doit pas les mêmes avantages à toutes
les classes d'hommes qu'elle régit : il peut
donc jouir d'une partie des droits civils,
sans les avoir tous.

Le Code Napoléon veut que « l'étranger
» qui aura été admis, par l'*autorisation* de

(*a*) Voyez la loi du 10 décemb. 1807, que nous
avons déjà citée.

» l'Empereur, à établir son domicile en Fran-
» ce, y jouisse *de tous les droits civils*, tant
» qu'il continuera d'y résider» (13). Cet étranger d'origine ne jouira pas de *tous les droits
civils en France,* puisqu'il s'y est établi sans
l'*autorisation* de l'Empereur ; néanmoins il
ne résulte pas de là qu'il ne doive jouir d'aucun droit civil parmi nous , parce qu'il y a
bien de la distance entre une jouissance entière, et une privation totale : la loi ne le
prive donc pas de tous les droits , par cela
seul qu'elle ne les lui accorde pas tous : c'est
pourquoi nous soutenons que les droits purement personnels, pour le règlement de ses
qualités et de son état, lui sont acquis.

Il n'en est pas de même de tout ce qui
est relatif à la successibilité et au droit d'aubaine, et qui intéresse le fisc ou des tiers :
ici l'étranger qui n'a pour lui que l'avantage
de son domicile, n'est plus comparable au
français d'origine ; il n'a pas l'exercice des
droits civils de cette espèce, parce que l'Empereur n'ayant pas consenti à son établissement, n'a renoncé ni pour l'intérêt du fisc,
ni dans l'intérêt de ses autres sujets, aux
droits qui peuvent leur appartenir au préjudice du nouveau domicilié.

Lorsqu'il ne s'agit que de fixer les qualités
de l'homme, le fisc, ainsi que toute personne
tierce, sont désintéressés dans cette question ; et alors rien ne s'oppose plus à ce
que l'individu réclame les droits personnels
que la loi de son domicile attache à son âge,
à son sexe, et au rang qu'il occupe dans la fa-

mille ; mais quand il s'agit ou de disposer
par testament, ou de recueillir une succession, au préjudice du fisc, ou des héritiers
légitimes, l'étranger qui n'a pas été autorisé
par l'Empereur à s'établir en France, n'est
point relevé de son incapacité, puisqu'il n'a
pas rempli la condition qui lui était imposée par la loi, pour acquérir l'exercice *de
tous les droits civils.*

QUEL est l'état des enfans de celui qui s'est
ainsi établi en France sans autorisation de
l'Empereur, et qui ensuite s'y est marié?
sont-ils français d'origine? ont-ils tous les
droits civils? sont-ils successibles?

D'une part, on peut dire que l'enfant ainsi
né en France n'est point français de naissance, puisque, suivant l'article 9 du Code,
tout individu né en France d'un étranger,
pourra seulement, *dans l'année qui suivra sa
majorité,* réclamer la qualité de français;
pourvu que, dans le cas où il résiderait en
France, il déclare que *son intention est d'y
fixer son domicile;* qu'ainsi il demeure étranger pendant toute sa minorité, puisque ce
n'est qu'après sa majorité acquise, qu'il peut
réclamer la qualité de français; et qu'il conservera la qualité d'étranger, et sera, toute
sa vie, sujet aux conséquences qu'elle entraîne, s'il ne réclame celle de français dans
l'année même qui suivra sa majorité, puisqu'il n'a que ce délai pour satisfaire à cette
condition que la loi lui impose.

Nonobstant ces raisonnemens, l'opinion

contraire nous paraît plus juste et mieux
fondée, par les raisons suivantes :

1º. L'étranger d'origine, mais domicilié
en France à perpétuelle demeure, n'est plus
un étranger proprement dit, et dans toute
l'étendue du terme, puisque son état personnel est l'état d'un français, ainsi que
nous venons de l'établir; il n'y a donc point
de nécessité d'appliquer à son enfant le texte
rigoureux de l'article 13 du Code, puisqu'il
peut être entendu, même plus naturellement,
des enfans de l'étranger proprement dit, qui
n'auraient pour eux que le simple fait de
leur naissance arrivée sur le sol français.

2º. Si les doutes qui peuvent naître du texte
de la Constitution doivent être expliqués
par le Code, les dispositions de l'acte constitutionnel, quand elles sont claires et qu'elles n'ont été modifiées par aucun sénatus-
consulte, doivent aussi nous diriger dans
l'explication du Code, parce qu'il faut que
la greffe s'adapte et croisse sur le tronc de
l'arbre : or, suivant l'article 2 de la Constitution, tout homme né et résidant en
France, qui, âgé de vingt-un ans accomplis,
s'est fait inscrire sur le registre de son arrondissement communal, et qui est demeuré
depuis, pendant un an, sur le territoire de
l'Empire, *est citoyen français;* donc le fils
d'un père quelconque, même étranger d'o-
rigine, mais domicilié en France, est citoyen
de plein droit, comme tout autre habitant
de l'Empire, dès que parvenu à sa majorité,
il s'est fait inscrire au registre civique,

puisqu'il a en sa faveur toutes les qualités et conditions requises par l'acte constitutionnel; donc il est français d'origine, parce qu'il faut être français avant que d'être citoyen.

3º. On conçoit qu'un enfant né en France d'un étranger y voyageant, n'est qu'un étranger lui-même, parce qu'il suit la condition de son père qui n'a point renoncé au pacte social de son pays, et que le père n'ayant changé ni de patrie ni de domicile, la patrie et le domicile natal du fils ne peuvent être qu'à l'étranger; mais on ne conçoit pas comment l'enfant de celui qui a, pour toujours, abdiqué sa patrie, pour s'établir à perpétuité en France, puisse être l'enfant de cette ancienne patrie de son père, avec laquelle il ne peut avoir aucun point de contact: ce n'est pas par lui-même qu'il pourrait dépendre de l'association originelle de son père, puisqu'il est né en France et n'a jamais eu d'autre domicile: ce n'est pas par la médiation de son père que cette qualité aurait pu lui être transmise, puisque le père l'avait perdue lui-même quand son fils est né; on ne peut donc concevoir d'autre origine dans celui-ci, que l'origine française.

4º. Celui qui est né en France de parens domiciliés dans l'Empire, est nécessairement né sujet de l'Empereur, parce qu'il est impossible qu'il soit né sujet d'un autre souverain. Il doit supporter en France sa part des charges publiques et personnelles, puisqu'il ne peut être personnellement imposable ailleurs; il doit donc participer aux enrôlemens militaires destinés à la défense de l'état sous la protection duquel il vit : s'il ne pouvait devenir français qu'après sa majorité, il se trouverait exempt de la conscription dont le tirage se fait à dix-huit ans; on ne peut donc jusque-là, le réputer étranger sans un préjudice considérable pour le Gouvernement : mais en le soumettant à la conscription, comment pourrait-il être encore soumis à l'exercice du droit d'aubaine? Si ses père et mère étaient morts, le laissant en bas âge, et que le fisc s'emparant de leurs successions, l'eût exhérédé, comment pourrait-on lui dire ensuite, qu'il est obligé de prendre les armes pour défendre des propriétés dont on l'aurait privé? Et s'il avait été enrôlé avant de perdre les auteurs de ses jours, comment, après avoir payé sa dette à sa patrie, pourrait-elle lui refuser de recueillir l'héritage de son père?

5º. Si les enfans qui naissent ainsi en France étaient étrangers, il en serait de même de leurs enfans et petits-enfans jusqu'à l'infini; mais y aurait-il de la justice à perpétuer ainsi, envers ceux qui supportent toutes les charges de l'Etat, ce vice originel, avec les incapacités qui en dérivent?

6º. Enfin, jamais on n'a regardé en France les enfans des étrangers domiciliés, comme étrangers eux-mêmes; ils ont au contraire, dans tous les temps, été traités comme français d'origine, et admis, en cette qualité, à recueillir les successions de père et mère et autres parens (*a*); serait-ce sous le plus juste et le plus généreux des Gouvernemens qu'on abrogerait la règle de jurisprudence la plus équitable?

CHAPITRE TREIZE.

Des Actes de l'état civil.

Les actes de l'état civil sont consignés sur des registres publics, et soumis à des règles générales, outre les formes spéciales requises pour chacun d'eux en particulier. Ces règles générales peuvent être envisagées sous quatre aspects différens, c'est-à-dire, en tant qu'elles sont relatives :

1º. A l'état des registres;

2º. Aux formes prescrites pour tous les actes qui y sont consignés;

3º. A la manière de les suppléer ou rectifier;

(*a*) Voyez dans Bacquet, traité du droit d'aubaine, 4ème. partie, chap. 32, n°. 3; — Brodeau sur Louet, lettre A, sommaire 16; — Lebrun, traité des successions, liv. 1, chap. 2, section 4, n°. 14; — le dictionnaire de Brillon, au mot *aubain*; — Domat, sur le droit public de France, tom. 2, pag. 47, n°. 5; — Bannelier sur Davot, tom. 1, pag. 392, et tom. 3, pag. 747, édition in-4°.; — le supplément des œuvres de Henris, liv. 2, chap. 13, n°. 7; — le répertoire de jurisprudence, au mot *aubain*, tom. 1, pag. 722; — Bourgeon, du droit commun de la France, liv. 1, tit. 7, sect. 2, n°. 28, etc. etc.

4°. A la responsabilité du fonctionnaire public auquel ils sont confiés.

Section Iere.

Forme et tenue des registres.

Il doit y avoir pour chaque année, dans chaque commune, un ou plusieurs registres (40), pour y inscrire les actes de naissance, mariage, décès, divorce, adoption et reconnaissance d'enfans naturels. Tous ces registres, à l'exception de celui des publications de mariage (63), doivent être tenus en double minute. (40)

Ces registres doivent être cotés et paraphés par le président du Tribunal d'arrondissement, ou le juge qui en fait les fonctions. (41)

Ils doivent être écrits de suite, sans aucun blanc ; ils ne doivent contenir aucune abréviation, ni date exprimée en chiffres, ni ratures ou renvois sans être approuvés et signés comme le corps de l'acte. (42)

Ils doivent être clos à la fin de chaque année, par l'officier de l'état civil, et déposés dans le mois, l'un au greffe du Tribunal, l'autre aux archives de la commune. (43)

Dans tous les cas où les parties intéressées ne sont point obligées de comparaître en personne à un acte de l'état civil, elles ne peuvent s'y faire représenter que par un fondé de procuration spéciale et authentique (36); et les procurations ou autres pièces qui doivent demeurer annexées aux actes civils, doivent être paraphées tant par l'officier de l'état civil, que par celui qui les aura produites, et envoyées au greffe du Tribunal avec le double du registre qui y est déposé annuellement. (44)

Ces registres tenus en bonne forme, font foi jusqu'à l'inscription de faux, et toute personne peut s'en faire délivrer des extraits, par celui qui en est le dépositaire (45), c'est-à-dire, soit par le greffier du Tribunal, soit par l'officier de l'état civil, mais non par les secrétaires de mairies. (*a*)

Lorsque la mention d'un acte relatif à l'état civil, doit avoir lieu en marge d'un autre acte porté au registre, elle doit être faite, à la demande des parties intéressées, par l'officier de l'état civil, sur le registre qui reste à la commune, et par le greffier du Tribunal, sur le registre déposé au greffe, à l'effet de quoi l'officier de l'état civil doit, dans les trois jours, en donner avis au procureur impérial, pour veiller à ce que la mention soit uniforme sur les deux registres. (49)

Section II.

Formes communes à tous les actes.

Les actes de l'état civil doivent énoncer

(*a*) Voyez l'avis du Conseil d'état, approuvé de S. M. le 2 juillet 1807, bull. 150, n°. des lois 2554, tom. 6, pag. 301, 4eme. sér.

l'année, le jour et l'heure où ils sont reçus, les noms, prénoms, âge, profession et domicile (34), tant des parties que des témoins qui sont choisis par elles pour y paraître, et qui doivent être mâles et majeurs, parens ou autres. (37)

On ne peut insérer dans les actes que ce qui doit être déclaré par les comparans (35), en sorte qu'il ne serait point permis d'y énoncer qu'un enfant né hors le mariage appartient à un père non présent pour le reconnaître, puisque la recherche de la paternité non avouée n'est point admise (340); mais il en est autrement à l'égard de la mère, si elle est connue de ceux qui présentent l'enfant.

Lecture avec mention, signature des parties, des témoins et de l'officier public (38), ou mention de la cause qui aurait empêché les parties ou les témoins de signer. (39)

Les actes civils rédigés en pays étrangers, avec les formes usitées dans ce pays, font foi en France. (47)

Il en est de même de tout acte civil d'un français, rédigé à l'étranger dans les formes voulues par le Code Napoléon, par-devant les agens diplomatiques ou les commissaires des relations commerciales de l'Empire. (48)

SECTION III.

Manière de rectifier ou suppléer les actes de l'état civil.

Lorsqu'il est prouvé qu'il n'y a point eu

de registres publics dans le lieu, ou qu'ils ont été perdus, il est permis d'y suppléer par toutes sortes de preuves légales, même par témoins. (46)

Les rectifications des actes de l'état civil, ne peuvent être faites qu'en vertu de jugement rendu par le Tribunal d'arrondissement, sauf l'appel (99) : on ne peut y procéder que sur la demande des parties intéressées, le procureur impérial entendu, et aucun jugement de cette espèce ne peut être opposé à celui qui ne l'aurait pas requis, ou qui n'y aurait pas été légalement appelé. (100)

On doit procéder de même lorsqu'il s'agit de réparer l'omission d'un acte sur les registres, pour la rédaction duquel on n'aurait fait à l'officier de l'état civil qu'une déclaration tardive après l'écoulement des délais prescrits par la loi. (*a*)

Il n'est permis de prendre pour prénoms que les noms renfermés dans les différens calendriers et ceux des personnages connus de l'histoire ancienne, en sorte que toute personne qui porterait un autre prénom est recevable à en demander le changement; mais il faut qu'elle obtienne pour cela un jugement du Tribunal d'arrondissement, prescrivant la rectification de l'acte de l'état civil. Ce jugement est rendu, d'après les conclusions du procureur impé-

_____

(*a*) Voyez l'avis du Conseil d'état du 12 brumaire an 10, bull. 225, n°. des lois 2067, tom. 7, pag. 93, 3ème, sér.

rial, sur simple requête présentée par celui qui demande le changement, s'il est majeur ou émancipé, et par ses père et mère ou tuteur, s'il est mineur.

Mais s'il s'agissait de changer de nom, le changement ne pourrait être effectué qu'en vertu d'un décret impérial rendu dans la forme prescrite pour les règlemens d'administration publique. (*a*)

Les jugemens portant rectification doivent être inscrits sur les registres de l'état civil, et il doit aussi en être fait mention en marge des actes rectifiés ou réformés (101); et lorsqu'il est délivré une expédition de l'acte rectifié, le fonctionnaire qui la délivre doit y comprendre une mention expresse de la rectification, par le jugement porté au registre. (*b*)

SECTION IV.

Responsabilité de l'officier civil.

Les procureurs impériaux près les Tribunaux de première instance doivent annuellement vérifier l'état des registres qui y sont déposés, en dresser procès-verbal, dénoncer les contraventions commises par les officiers publics, et requérir contr'eux la con-

(*a*) Voyez les art. 2 et 3 de la loi du 11 germinal an 11, bull. 267, n°. des lois 2614, tom. 8, pag. 83, 3ème. sér.

(*b*) Voyez l'avis du Conseil d'état du 4 mars 1808, bull. 184, n°. des lois 3173, tom. 8, pag. 137, 4ème. sér.

damnation aux peines et amendes prononcées par la loi (53); mais il faut remarquer que les procureurs impériaux n'ont ici la voie d'action que dans le seul intérêt de la loi, pour poursuivre simplement les contraventions commises dans la tenue des registres; et non pas pour demander la correction des actes y renfermés. Il n'appartient qu'aux seules parties intéressées d'ouvrir une action en rectification des actes de l'état civil, comme nous l'avons dit au chapitre précédent; à la vérité les procureurs impériaux doivent conclure sur les demandes de cette espèce, mais leur ministère ne les autoriserait pas à les former eux-mêmes. (*a*)

1°. Toute contravention aux règles énoncées dans les sections 1 et 2 du présent chapitre, sur la tenue des registres et la forme des actes qui y sont inscrits, est punie d'une amende qui ne peut excéder 100 francs. (50)

2°. Tout officier civil qui aurait passé outre à la célébration d'un mariage, au préjudice d'une opposition subsistante, avant qu'on lui en eût remis l'acte en main-levée, doit être condamné à 300 francs d'amende et à tous dommages-intérêts. (68)

3°. Celui qui a procédé à la célébration du mariage d'un mineur, sans le consentement des père et mère ou aïeuls, ou de la famille dans les cas où il est requis, doit

(*a*) Voyez l'avis du Conseil d'état du 13 nivôse an 10, bull. 225, n°. des lois 2058, tom. 7, pag. 81, 3ème. sér.

être condamné à une amende qui ne peut excéder 300·fr., et en outre à un emprisonnement qui ne peut être moindre de six mois.
(156, 192)

4°. Celui qui aura célébré le mariage d'un
majeur, mais sans actes respectueux, dans les
cas où ils sont requis, à l'égard des enfans
légitimes, doit être condamné à pareille
amende, et à un emprisonnement qui ne
peut être moindre d'un mois. (157)

5°. Si le mariage n'a pas été précédé des
publications prescrites, ou si les intervalles
dans les publications et célébrations n'ont
point été observés, l'officier civil est passible d'une amende qui ne peut excéder
300 francs. (193)

6°. Même peine contre l'officier public
qui célébrerait incompétemment un mariage.
(193)

7°. Il est défendu à tout officier de l'état
civil, sous peine de destitution, de célébrer
le mariage d'un officier militaire de terre
ou de mer, même réformé avec pension
de retraite, d'un commissaire des guerres, ou d'un officier de santé attaché aux
armées, sans qu'on lui produise une permission par écrit, du ministre de la guerre
ou de la marine; ou d'un sous-officier et
soldat ou marin en activité de service, sans
la permission du conseil d'administration de
son corps. (*a*)

(*a*) Voyez les décrets impériaux des 16 juin, 3 et
28 août 1808, et l'avis du Conseil d'état approuvé
de S. M. le 21 décembre suivant, tom. 8, pag. 358,
et tom. 9, pag. 34, 72 et 294, 4eme, sér.

8°. Enfin, toute altération, tout faux dans les actes de l'état civil, toute inscription de ces actes sur feuilles volantes, donnent aux parties intéressées une action en dommages-intérêts contre l'auteur, sans préjudice des peines portées au Code pénal. (52)

Nous terminerons ce chapitre en observant que la loi ne prononce aucune nullité pour la violation des formes prescrites dans les actes de l'état civil, si ce n'est en certains cas, pour le mariage, comme nous le verrons plus bas, parce que c'est un contrat dans lequel toutes les parties intéressées peuvent et doivent veiller à l'accomplissement des formes requises.

CHAPITRE QUATORZE.

Des Actes de naissance.

L'enfant né doit être présenté, et la déclaration de sa naissance faite à l'officier de l'état civil, dans les trois jours (55), par le père, ou à son défaut, par la personne qui a présidé ou assisté à l'accouchement, ou par celle chez qui l'enfant est venu au monde. (56)

L'acte de naissance est dressé en présence de deux témoins ; il doit énoncer le jour, l'heure et le lieu de la naissance, le sexe de l'enfant, les prénoms qui lui sont donnés, les prénoms, noms, professions et domicile des père et mère, et ceux des témoins. (57)

Les noms en usage dans les différens calendriers, et ceux des personnages connus de l'histoire ancienne, peuvent seuls être reçus, comme prénoms, sur les registres de l'état civil destinés à constater la naissance des enfans, et il est interdit aux officiers publics d'en admettre aucun autre dans leurs actes. (*a*)

Toute personne qui a trouvé un enfant nouveau né, est tenue de le remettre à l'officier de l'état civil des lieux, ainsi que les vêtemens et autres effets trouvés avec l'enfant, en déclarant toutes les circonstances de temps et de lieux propres à indiquer son origine; sur quoi il est dressé par-devant l'officier civil, procès-verbal énonçant toutes les circonstances connues sur cet événement, ainsi que l'âge apparent de l'enfant, son sexe, les noms qui lui sont donnés, et l'autorité civile à laquelle il sera remis. Ce procès-verbal, inscrit sur les registres, tient lieu d'acte de naissance à l'enfant trouvé, jusqu'à ce que son sort soit mieux éclairci. (58)

Les actes de naissance des enfans qui viennent au monde sur des bâtimens pendant les voyages de mer, doivent être dressés dans les vingt-quatre heures en présence du père, s'il est dans le bâtiment, et de deux témoins pris parmi les officiers du bâtiment, ou à leur défaut parmi les hommes de l'équipage. Dans les bâtimens de l'État,

(*a*) Voyez la loi du 11 germinal an 11, bull. 267, n°. des lois 2614, tom. 8, pag. 83, 3ᵉᵐᵉ. sér.

l'officier d'administration de la marine remplit les fonctions d'officier de l'état civil, et le capitaine, maître, ou patron du navire, remplit ces mêmes fonctions dans les bâtimens appartenant aux armateurs ou négocians. Dans tous les cas, ces actes de naissance sont inscrits à la suite du rôle de l'équipage. (59)

Les actes de naissance dressés en mer doivent être déposés dans les ports français, au bureau de l'inscription maritime; et dans les ports étrangers, où l'on aborde, entre les mains du commissaire des relations commerciales, pour être renvoyés au ministre de la marine, et, par sa médiation, à l'officier civil du domicile du père, ou de la mère si le père est inconnu. (60, 61, 62)

CHAPITRE QUINZE.

Des Actes de mariage.

Les actes de mariage sont relatifs ou aux publications qui doivent le précéder, ou à la célébration elle-même. Nous en parlerons sous l'un et l'autre aspect, en traitant du mariage; et pour ne nous pas répéter, nous observerons seulement ici :

Que le registre particulier destiné à recevoir les actes de publication, et qui n'est tenu qu'en minute simple, doit être déposé, à la fin de chaque année, au greffe du Tribunal d'arrondissement; (63)

Qu'en cas d'opposition formée à un ma-

riage, l'officier de l'état civil doit sans délai
en faire mention sommaire sur le registre
des publications ; et que quand on lui ap-
porte expédition du jugement de main-levée,
il doit aussi en faire mention en marge du
registre où l'opposition est inscrite (67). Il
en est de même de tout autre acte authentique de main-levée volontaire ;

Que l'officier de l'état civil doit se faire
remettre l'acte de naissance de chacun des
futurs époux ; mais en cas d'impossibilité de
faire cette production, elle peut être suppléée en rapportant un acte de notoriété
délivré par-devant le juge de paix du lieu
de la naissance, ou du domicile du futur
époux (70), sur la déclaration faite par sept
témoins de l'un ou l'autre sexe, parens ou
non, portant les nom, prénoms, profession et domicile du futur, ceux de ses père
et mère, s'ils sont connus, le lieu et, autant que possible, l'époque de sa naissance,
et les causes qui empêchent d'en rapporter
l'acte : cet acte de notoriété, signé du juge
de paix et des témoins, ou portant mention
de ceux qui n'auraient pu ou su signer (71),
est présenté au Tribunal d'arrondissement
dans lequel le mariage doit être célébré,
pour, sur les conclusions du procureur impérial, être homologué, ou rejeté, suivant
que le Tribunal trouvera suffisantes ou in-
suffisantes les déclarations des témoins, et
les causes qui empêchent de rapporter l'acte
de naissance du futur époux ; (72)

Que l'officier de l'état civil doit se faire

aussi représenter, 1°. un certificat délivré par l'officier public de chaque commune où le mariage a dû être publié, constatant qu'il n'existe point d'opposition (69); 2°. jugement de main-levée, s'il y a eu opposition formée (68); 3°. l'acte authentique du consentement des père et mère ou aïeuls du futur époux qui en aurait besoin, ou à leur défaut celui de sa famille, lequel acte doit contenir les prénoms, noms, profession et domicile du futur et de tous ceux qui ont concouru à le délivrer, ainsi que leur degré de parenté (73); 4°. les actes respectueux dans les cas où ils sont requis.

Sur quoi il faut observer que, dans le cas où le nom d'un des futurs époux ne serait pas orthographié dans son acte de naissance, comme celui de son père, et dans celui où l'on aurait omis quelques-uns des prénoms de ses parens, le témoignage des père et mère ou aïeuls, assistant au mariage et attestant l'identité, suffit pour passer outre à la célébration; qu'il en est de même si les père et mère ou aïeuls, quoiqu'absens, attestent l'identité par l'acte authentique contenant leur consentement; et qu'en cas de décès des père et mère ou aïeuls, l'identité est valablement attestée, pour les mineurs, par le conseil de famille, ou par le tuteur *ad hoc;* et pour les majeurs, par les quatre témoins de l'acte de mariage. (*a*)

_____

(*a*) Voyez l'avis du Conseil d'état approuvé par S. M. le 30 mars 1808, bull. 188, n°. des lois 3254, tom. 8, pag. 252, 4ᵉᵐᵉ. sér.

CHAPITRE SEIZE.

Des Actes de décès.

L'inhumation ne doit avoir lieu que vingt-quatre heures après la mort; elle ne doit être faite par ceux qui en sont chargés, qu'avec une autorisation par écrit et sur papier libre donné sans frais par l'officier de l'état civil, qui ne peut la délivrer lui-même qu'après s'être transporté auprès de la personne décédée, pour s'assurer du décès (77); et il est défendu à tous ministres des cultes d'aller relever aucun corps pour le conduire à la sépulture (*a*), sans la même autorisation.

Dans les cas ordinaires l'acte de décès est dressé par l'officier civil, sur la déclaration de deux témoins, lesquels doivent, autant que possible, être deux des plus proches parens ou voisins, ou la personne chez laquelle le décès a eu lieu, avec un parent ou autre. (78)

Ici la loi ne distingue plus entre les témoins et les déclarans; il n'y a que deux témoins qui sont en même temps les déclarans, parce que cet acte n'impose à ceux qui le font, d'autre obligation que celle d'attester la vérité.

Cet acte doit contenir les nom, prénoms,

(*a*) Voyez le décret impérial du 4 therm. an 13, bull. 52, n°. des lois 865, tom. 3, pag. 382, 4ème. sér.

âge, profession et domicile de la personne décédée ; les prénoms et nom de l'autre époux, si la personne décédée était mariée ou veuve ; les prénoms, noms, âge, profession et domicile des déclarans ; s'ils sont parens, leur degré de parenté ; et autant qu'on le peut, les prénoms, noms, profession et domicile des père et mère du décédé, et le lieu de sa naissance. (79)

En cas de décès dans les hôpitaux ou maisons publiques, l'officier de l'état civil doit s'y transporter pour s'en assurer, et en dresser l'acte à l'aide des renseignemens qu'il aura recueillis ; duquel il doit envoyer une expédition authentique à l'officier civil du dernier domicile de la personne décédée. (80, 84)

Lorsqu'il y a des indices de mort violente, on ne doit faire l'inhumation qu'après qu'un officier de police, assisté d'un docteur en médecine ou en chirurgie, ont dressé procès-verbal de l'état du cadavre, à vue duquel et des renseignemens y énoncés, l'officier de l'état civil du lieu du décès doit en dresser l'acte et en envoyer expédition à celui du domicile de la personne décédée. (81, 82)

L'acte de décès du condamné est rédigé à vue des renseignemens transmis par le greffier de la Cour de justice criminelle, à l'officier de l'état civil du lieu de l'exécution. Et dans ce cas, comme dans tous ceux de mort violente, l'acte est rédigé suivant les formes ordinaires, sans y énoncer le genre de mort. (83, 85)

Lés actes de décès en voyages de mer sont reçus et déposés conformément à ce que nous avons dit pour les actes de naissance en mer. (86, 87)

CHAPITRE DIX-SEPT.

Des Actes de l'état civil des militaires hors du territoire de l'Empire.

Les militaires en activité de service dans l'intérieur de l'Empire, sont en tout soumis aux règles générales prescrites pour tous les citoyens, relativement aux actes de l'état civil (*a*); mais lorsqu'ils sont en expédition hors du territoire, la loi, pour assurer leur état et constater leur décès, prescrit un mode particulier adapté à leur position (88). Ce mode constitue le droit commun pour eux, sans qu'il soit permis de constater leur décès par de simples certificats. (*b*)

1º. C'est le major qui remplit les fonctions d'officier d'état civil (*c*), lorsque le corps est au moins d'un bataillon ou escadron : dans les autres corps c'est le capitaine commandant ; pour les officiers sans troupes

---

(*a*) Voyez l'avis du Conseil d'état, approuvé par S. M. le 4 complémentaire an 13, bull. 61, n°. des lois 1071, tom. 4, pag. 65, 4ᵉᵐᵉ. sér.

(*b*) Voyez l'avis du Conseil d'état, approuvé par S. M. le 17 germinal an 13, bull. 41, n°. des lois 666, tom. 3, pag. 26, 4ᵉᵐᵉ. sér.

(*c*) Voyez dans Locré, tom. 2, pag. 4.

et les employés de l'armée, c'est l'inspecteur aux revues. (89, 96)

Dans les hôpitaux sédentaires et ambu-
lans, c'est le directeur qui rédige les actes
de décès et les envoie ou au major, ou à
l'inspecteur aux revues, suivant la qualité
de la personne décédée. (97)

2°. Il y a dans chaque corps un registre
pour les hommes qui le composent, et un à
l'état major de l'armée, pour les officiers
sans troupes et les employés (90); le premier
est coté et paraphé par l'officier commandant, le second par le chef de l'état-major
(91) : à la rentrée sur le territoire de l'Empire, ces registres sont déposés aux archives
de la guerre.

3°. Les naissances arrivées à l'armée doivent être déclarées dans les dix jours de
l'accouchement (92); les publications de mariage doivent y être mises, vingt-cinq jours
avant la célébration, à l'ordre du jour du
corps, pour ceux qui tiennent à un corps,
et à celui de l'armée pour les autres; elles
doivent en outre être faites, dans la forme
ordinaire, au dernier domicile des parties. (94)

Les décès sont constatés par trois témoins.
(96)

4°. L'officier chargé de la tenue des registres à l'armée, doit, aussitôt après la célébration d'un mariage, en envoyer une expédition de l'acte à l'officier de l'état civil
du dernier domicile des époux. (95)

Même envoi doit être fait dans les dix jours des actes de décès. (96, 97)

5°. Enfin, l'officier de l'état civil du domicile des parties auquel ces expéditions ont été adressées, est tenu de les transcrire de suite sur ses registres. (98)

CHAPITRE DIX-HUIT.

Des Actes de divorce, adoption et reconnaissance d'enfans naturels.

La loi ne détermine aucune forme spéciale pour ces trois espèces d'acte : cependant leur haute importance exige qu'ils soient au moins revêtus des formes généralement requises pour les autres actes de l'état civil; c'est-à-dire, qu'ils doivent être faits en présence de deux témoins, mâles et majeurs (37), pour en garantir l'authenticité, et avec les énonciations des prénoms, noms, âge, profession et domicile des personnes y dénommées. (34)

Nous observerons de plus que l'acte de reconnaissance d'enfant naturel, inscrit, à sa date, sur le registre de l'état civil, doit être mentionné en marge de son acte de naissance, s'il en existe un. (62)

Que pour l'acte en divorce prononcé pour cause déterminée, le demandeur doit se présenter devant l'officier de l'état civil (264), après y avoir appelé l'époux défendeur (266), et que pour le divorce par consentement mutuel, les deux parties doivent être présentes en personne. (294)

CHAPITRE DIX-NEUF.

Du domicile.

Ce que c'est que le domicile, et ses différentes espèces.

Par quel genre de preuve on peut le constater.

Les personnes qui peuvent acquérir un domicile propre.

Les effets du domicile, soit relativement à la personne, soit relativement à ses négociations.

Comment on perd son premier domicile, pour en acquérir un autre.

Tels sont les différens points que nous avons à examiner.

SECTION Iere.

Ce que c'est que le domicile, et ses différentes espèces.

Le domicile consiste dans la relation morale de l'homme avec le lieu de la résidence où il a fixé le siége administratif de sa fortune, l'établissement de ses affaires.

Nous disons *dans la relation morale,* parce que le domicile ne consiste point dans l'existence physique, ni dans la résidence de fait en un lieu, mais dans l'attachement contracté par la personne au lieu choisi pour le centre de ses négociations.

Le domicile est un quasi-contrat qui rend le domicilié passible des charges publiques et participant des avantages communs dans le lieu où il a voulu attacher les habitudes de sa vie.

Le véritable domicile s'acquiert par l'habitation de fait, par le choix libre et la volonté de s'y fixer; il se conserve par l'habitude et l'intention de retour quand on en sort.

On distingue le domicile d'origine, celui postérieurement acquis, quand on a quitté le premier; le domicile politique, le domicile civil et le domicile d'élection.

1°. L'enfant légitime ou légalement reconnu a, pour domicile d'origine, le domicile même de son père dont il suit la condition.

L'enfant né hors le mariage, qui n'est reconnu que de sa mère, a pour domicile natal celui de la mère dont il suit, en ce cas, la condition.

L'enfant illégitime qui n'est reconnu ni de son père ni de sa mère, n'a d'abord pour domicile que le lieu où il est placé, ensuite celui de son tuteur s'il lui en est donné un, en attendant que, maître de ses droits, il puisse se choisir un domicile propre.

2°. Le domicile postérieurement acquis est celui qui résulte de la nouvelle habitation fixée à perpétuelle demeure, par un majeur ou un mineur émancipé (108) qui a quitté son lieu d'origine pour s'établir ailleurs.

3°. Le domicile civil est celui où tout français exerce les droits attachés à cette qualité (102). C'est à cette espèce de domicile qu'on doit rapporter la définition que nous avons donnée plus haut. Il est acquis du moment qu'on a pris possession de l'habitation volontairement choisie avec l'intention de s'y fixer à perpétuelle demeure (103), et aucune absence de fait n'en opère la perte, tant qu'on conserve l'habitude et l'esprit de retour.

4°. Le domicile politique est celui où la personne exerce ses droits de citoyen.

Ce domicile est acquis par une année de résidence dans une des communes de l'arrondissement. (*a*)

Il est permis aussi à ceux qui composent la liste des six cents plus imposés, ainsi qu'à différens fonctionnaires publics, d'avoir un domicile politique élu dans une autre commune que celle de leur résidence, conformément à ce qui est prescrit par le décret impérial du 17 janvier 1806. (*b*)

5°. Le domicile d'élection est celui qui est stipulé dans un acte par les parties contractantes.

(*a*) Art. 6 de la Constit.
(*b*) Voyez l'avis du Conseil d'état, bull. 225, n°. des lois 2059, tom. 7, pag. 82, 3ème. sér. — Voyez sur-tout le titre 1 du décret impérial précité, bull. 72, n°. des lois 1255, tom. 4, pag. 216, 4ème. sér.

Ce domicile est attributif de juridiction, en sorte que non-seulement les significations, demandes et poursuites qui ont lieu en exécution de l'acte, peuvent être faites au domicile qui y est choisi; mais même le juge de ce domicile devient compétent, *ratione personae*, pour connaître des débats élevés entre les parties. (111)

Le domicile d'élection diffère du domicile civil ordinaire, en ce qu'il n'est que spécial pour la négociation seule dans laquelle il a été choisi, tandis que l'autre est universel : il en diffère encore en ce qu'étant l'effet d'un contrat, il passe aux héritiers, tandis que le domicile ordinaire s'éteint avec la personne.

Section II.

Genre de preuves propres à constater le domicile.

On prouve le domicile par les déclarations que le domicilié peut avoir faites, tant à la municipalité dont il est sorti qu'à celle où il est venu s'établir ensuite; (104)

Par l'inscription du domicilié sur le registre civique de la commune de sa résidence; sur le contrôle de la garde nationale sédentaire; sur les rôles de contributions personnelles et somptuaires; sur celui des charges locales;

Par la vérification du lieu où l'homme a pris sa patente, s'il en a une;

Par les actes dans lesquels il aurait énoncé sa demeure;

Par les actes dans lesquels il aurait satisfait à ses devoirs de religion dans un lieu plutôt que dans un autre, *ubi dies festos celebrat;*

En un mot, par tous les faits propres à indiquer l'habitation effective et l'habitude du retour de sa part.

Section III.

Des personnes qui peuvent acquérir un domicile propre.

Toute personne en naissant a un domicile d'origine, qu'elle conserve jusqu'à ce qu'elle en ait acquis un autre; et comme le domicile est au lieu où l'homme a fixé le siége de son administration, il en résulte que quiconque n'est point administrateur de ses intérêts, ne peut acquérir un domicile propre.

Ainsi, les enfans mineurs non émancipés ne peuvent avoir d'autre domicile que celui de leur père et mère ou tuteur.

Le pupille qui n'est point encore pourvu de tuteur conserve son domicile natal (406); mais dès qu'il a reçu un tuteur, il n'a plus que le domicile de celui-ci : il en est de même du majeur interdit (108), dont le domicile se trouve transféré chez l'administrateur qui lui est donné.

La femme, même séparée de biens, n'a d'autre domicile que celui du mari; mais la femme, après le divorce ou la séparation de corps, comme le mineur, après son émancipation, acquièrent un domicile propre.

SECTION IV.

Des effets du domicile.

La fixation du domicile, comme nous l'avons dit, opère un quasi-contrat entre le nouveau domicilié et les autres habitans, par lequel il s'engage à supporter sa part des charges communales, et acquiert réciproquement le droit de participer aux avantages communs de la cité.

Ce quasi-contrat étend ses effets jusque sur les qualités civiles du nouveau domicilié, en lui donnant les droits de l'incolat, s'il vient d'un pays étranger; en sorte que, par l'effet de son établissement en France, l'état de sa personne se trouve dès-lors régi par les lois françaises, ainsi que nous l'avons établi plus haut.

Quant aux effets du domicile sur les actes et négociations de la personne, les principaux sont :

1°. Que le mariage ne peut être célébré que par-devant l'officier civil des époux ou de l'un d'eux;

2°. Que la personne doit être citée, en matière civile, lorsqu'on agit par action personnelle et principale, par-devant le Tribunal de son domicile; mais s'il est question de mise en cause ordonnée, ou d'intervention demandée, c'est au Tribunal où l'instance était liée, qu'elles doivent avoir lieu, parce que l'accessoire suit le sort du principal; et dans le cas où il y a eu élection de domicile, le demandeur a le choix d'assigner ou devant le Tribunal du domicile élu, ou devant celui du domicile réel du défendeur. (*a*)

3º. En fait de succession, le lieu de son ouverture est déterminé par le domicile du défunt; et s'il s'élève des difficultés entre les parties qui y ont quelques intérêts, c'est par-devant le Tribunal de ce lieu qu'on doit contester, 1º. sur les demandes entre cohéritiers jusqu'à partage inclusivement; 2º. sur les demandes formées par les créanciers du défunt avant le partage; 3º. sur les actions relatives à l'exécution des dispositions à cause de mort (*b*); 4º. sur toutes contestations en licitation d'objets indivis dépendant de la succession; 5º. sur les demandes relatives à la garantie des lots entre copartageans, et celles en rescision de partage. (110, 822)

SECTION V.

Comment on perd son domicile.

Un domicile ne peut être acquis que par

(*a*) Art. 59 du Code de proc.
(*b*) Même art. du Code de proc.

l'habitation réelle jointe à l'intention de s'y fixer; mais une fois que la possession en est prise, on peut le conserver par la seule volonté du retour quand on en est sorti.

Ainsi, lorsqu'un homme a quitté son domicile, sans faire aucune déclaration expresse sur son changement de résidence, et qu'il s'agit de savoir si réellement il a transféré son domicile ailleurs, c'est par la nature des faits qui ont nécessité ou occasioné son éloignement qu'on doit estimer si, avec l'esprit de retour, il conserve son premier domicile.

Choix libre et volontaire, accès corporel, dessein de se fixer, telles sont les conditions dont l'expression tacite doit être le résultat des faits allégués en preuve du nouveau domicile.

C'est d'après ce principe qu'on doit décider, 1°. que l'acceptation de fonctions conférées à vie, emporte de plein droit translation du domicile du fonctionnaire dans le lieu où il va les exercer. (107)

2°. Que le domestique qui va résider chez un maître y transporte aussi son domicile (109), et qu'il en est de même du fermier qui va demeurer dans la ferme d'autrui.

Mais il faut décider autrement :

1°. A l'égard du citoyen appelé à des fonctions temporaires ou révoçables, s'il n'a manifesté, par aucun autre fait, l'intention de transporter son domicile au lieu où il les remplit; (106)

2°. A l'égard de celui qui quitte temporairement sa famille pour faire ses études dans quelques écoles ;

3o. A l'égard des militaires et autres employés dans les armées, qui, pour causes passagères, et sans choix libre de leur part, quittent et changent fréquemment leur demeure ;

4o. A l'égard du prisonnier, du condamné aux travaux publics, ou de l'exilé, qui, n'ayant point quitté volontairement leur domicile, sont censés conserver l'esprit de retour tant qu'il y a possibilité.

Nous terminerons ce chapitre, en observant que, dans le doute sur le changement de domicile, c'est à celui qui allègue ce changement à en fournir la preuve, parce qu'un premier domicile, celui d'origine ou autre, étant avéré, on doit lui conserver tous ses effets, tant qu'il n'est pas prouvé qu'ils ont été anéantis, par l'acquisition d'un autre domicile également certaine.

CHAPITRE VINGT.

Des absens.

Le terme *absent* a, dans l'usage ordinaire, plusieurs significations très-différentes qu'il ne faut pas confondre.

On appelle vulgairement *absent* celui qui se trouve simplement hors de son domicile, quoiqu'on sache positivement où il est.

On donne aussi la dénomination d'*absent* à celui qui, n'ayant point quitté sa résidence, n'est pas présent à une chose dans laquelle il est intéressé : tel est l'héritier qui ne se se trouve point au lieu de l'ouverture d'une succession que la loi l'appelle à recueillir.

Dans l'un et l'autre de ces cas, on ne suppose aucune incertitude sur l'existence de la personne qualifiée *absente*, et qui est simplement *non présente*. (840)

Mais dans le langage propre de la jurisprudence sur les *absens*, cette qualification ne s'applique qu'à celui qui a quitté son domicile, et dont l'existence est devenue incertaine, par la raison qu'on ignore absolument le lieu de sa résidence.

Ainsi, toute personne qui, après avoir quitté son domicile, a donné de ses nouvelles, ou dont l'existence est reconnue, cesse d'appartenir à la classe des *absens* proprement dits.

Au reste, qu'un homme ait disparu tout-à-coup du lieu de sa demeure, ou qu'il ait publiquement quitté son domicile, pour un voyage dont l'objet était connu, même pour le service de l'état, comme un militaire (*a*), peu importe la cause de son départ ou de sa disparition, il suffit que dans son dernier domicile et sa dernière résidence connus, sa famille, ses proches, ses voisins, amis et autres n'aient reçu aucune de ses nouvelles, pour que, sa vie et sa mort se trouvant

_____

(*a*) Voyez l'avis du Conseil d'état du 17 germinal an 13, bull. 41, n°. des lois 666, tom. 3, pag. 27, 4ᵉᵐᵉ. sér.

ainsi au rang des choses incertaines, il mérite la qualification d'*absent* dans le sens
propre que la loi attache à cette expression.

En accordant une protection spéciale aux
absens dont le lieu de retraite est ignoré, la
loi proportionne l'étendue de ses secours sur
les probabilités plus ou moins grandes de
vie ou de mort que fait naître l'absence plus
ou moins prolongée sans nouvelles. Pour
cela, elle a fixé les diverses périodes dont
nous parlerons bientôt. D'abord après la disparition, celui qui a disparu n'est qualifié
que d'*absent présumé*, et les seules mesures
rigoureusement nécessaires à la conservation de ses intérêts sont permises. Ensuite,
quand on a informé sur son sort et qu'il a
gardé le silence, il est mis en déclaration
d'absence, et, dans cette seconde période,
des mesures plus étendues sont prescrites;
mais quoique le doute qui s'élève sur l'existence de l'absent, se fortifie par la suite
des temps, et que la protection de la loi
suive la même progression à son égard, la
définition que nous avons donnée de l'absence proprement dite, n'en est pas moins
également applicable à l'absent présumé qu'à
l'absent déclaré, parce que l'absence de l'un
n'est pas différente de celle de l'autre quant
à l'espèce, mais seulement quant à la durée
et quant au degré de présomption de mort
qui plane plutôt sur celui qui est absent depuis plus long-temps. C'est par cette raison
que nous emploîrons le mot *absent*, même

en parlant de celui qui n'est qu'en présomption d'absence.

Il y a donc, en général, deux espèces d'absences : l'une a rapport à ceux dont l'existence est constante, ou au moins reconnue;
l'autre à ceux dont l'existence devenue incertaine n'est pas reconnue.

Nous terminerons ces explications préliminaires, en observant que la loi a établi
des règles générales qui, d'après ce qu'exigent les circonstances, sont applicables à
toutes espèces d'absences, et d'autres particulières qui ne concernent que les absens
proprement dits.

Les règles générales applicables à tous absens sont retracées au chapitre premier de la
loi sur l'absence, et nous en tirons la preuve
de l'article 131 du Code, portant que, « si
» l'absent reparaît, ou si son existence est
» prouvée pendant l'envoi provisoire, les
» effets du jugement qui aura déclaré l'ab-
» sence, cesseront; *sans préjudice, s'il y a*
» lieu, *des mesures conservatoires pres-*
» *crites au chapitre premier du présent ti-*
» *tre, pour l'administration de ses biens.* »
Ainsi, les précautions prescrites dans ce chapitre, sont, suivant les circonstances, applicables aux *non présens* dont l'existence
est prouvée, comme à l'absent dont l'existence est ignorée, en sorte que les mesures
conservatoires des biens de l'absent présumé
doivent être aussi prises pour la conservation des biens du non présent, lorsqu'elles
sont reconnues nécessaires.

Nous diviserons ce chapitre en six sections; dans la première nous traiterons de la présomption d'absence : dans la seconde, de la déclaration d'absence : dans la troisième, des effets de cette déclaration : dans la quatrième, des droits de l'époux de l'absent : dans la cinquième, de l'envoi en possession définitif : dans la sixième enfin, de la cessation des effets de l'absence.

SECTION Iere.

De la présomption d'absence.

Qu'est-ce qu'un absent présumé, et quel est son état?

Quelles sont les personnes qui peuvent agir pour lui?

A quel Tribunal doit-on recourir?

Quelles mesures sont prescrites pour la conservation de ses droits?

Quelles sont les conséquences qui résultent de son état pour les droits éventuels qui peuvent lui échoir?

§ 1er.

Qu'est-ce qu'un absent présumé, et quel est son état?

L'absent présumé est celui qui a disparu de son domicile et de sa résidence, ou qui les a quittés, sans qu'on sache le lieu de sa demeure actuelle; dont l'existence est devenue par là, incertaine et douteuse, et qui n'a point encore été mis en déclaration d'absence.

9

Toutes ces conditions sont nécessaires pour constituer l'état d'absent présumé ; car dès que l'absent a donné de ses nouvelles, ou qu'on en a reçu indirectement, il n'est plus regardé que comme un non présent, et non pas comme un absent, dans le sens proprement dit.

En effet, on ne peut demander la déclaration d'absence qu'après quatre ans de présomption d'absence ; or, ce délai ne doit être compté que depuis les dernières nouvelles reçues (115) ; d'où il résulte que l'état de présomption d'absence ne pouvant commencer qu'à l'époque où l'on a cessé d'avoir des nouvelles, ne peut pas exister dès qu'on en reçoit.

Ainsi, l'état du présumé absent qui n'a pas encore fourni la plus longue carrière de la vie humaine, est purement incertain, et l'homme, dans cette position, n'est présumé ni vivant ni mort.

Il n'est pas présumé vivant, parce qu'il a cessé de paraître et de donner aucune marque de vie.

Il n'est pas présumé mort, parce qu'il était vivant lors de son départ, et que son décès n'est point prouvé.

§ 2.

Quelles sont les personnes qui peuvent agir pour l'absent présumé ?

Lorsque l'absent a laissé un fondé de pouvoir sur les lieux, c'est à son mandataire seul à agir pour lui, dans tout ce qui n'excède pas les bornes de son mandat, parce que l'administrateur constitué par la volonté de l'homme s'oppose à l'action subsidiaire de la loi pour lui en donner un autre ; mais s'il y a nécessité de pourvoir à l'administration des biens de l'absent présumé qui n'a point laissé de procureur fondé, ou dont la procuration a cessé (122), il doit y être statué par le Tribunal de première instance, sur la demande des *parties intéressées*. (112)

Par ces expressions *parties intéressées*, l'on ne peut entendre que les créanciers ou associés de l'absent; les communiers possédant quelques biens indivis avec lui; le fermier à l'égard du maître, et le maître à l'égard du fermier; en un mot, tous ceux qui peuvent avoir quelques actions à exercer en concours avec l'absent présumé, ou contre lui.

On ne peut appliquer ces expressions ni aux amis qui, sans être réellement intéressés dans les affaires de l'absent, prendraient un intérêt d'affection sur son sort, ni aux parens qui, en qualité d'héritiers, ne peuvent avoir intérêt quand il n'y a encore ni droit de successibilité ouvert à leur profit, ni action pour en provoquer l'ouverture.

Mais comme, d'une part, il est possible qu'aucune partie intéressée ne se présente pour agir au nom de l'absent, et que, d'autre côté, il est possible aussi que ceux qui se présentent, émettent aussitôt des prétentions qui lui soient contraires; dans cette double prévoyance, le législateur a spécialement chargé le ministère public de veiller aux intérêts des absens, et de conclure dans toutes les causes qui les concernent. (114)

§ 3.

Quel est le Tribunal compétent pour statuer sur les questions relatives à la présomption d'absence ?

Avant de pourvoir à l'administration des biens, dit M. Tronchet, il faut juger le fait de la prévention d'absence ; or, il ne peut l'être bien que là où l'individu est connu, c'est-à-dire, au lieu de son domicile. Ce n'est pas au lieu de la situation des biens, dans lequel souvent il n'a jamais paru, qu'on peut décider s'il doit être réputé absent. Il serait scandaleux d'exposer un citoyen qui n'aurait pas quitté sa demeure, à voir ses biens séquestrés dans un autre département. (*a*)

La prévention d'absence est une question d'état qui ne peut être soumise qu'au Tribunal du dernier domicile de l'absent, puisque la règle générale prescrit cette marche pour toutes les questions de cette espèce, et qu'il serait plus particulièrement dangereux de s'en écarter dans ce cas-ci que dans tout autre.

_____

(*a*) Voyez dans Locré, tom. 1, pag. 554.

On doit, à cet effet, présenter au président de ce Tribunal une requête; y joindre les pièces et documens à l'appui; ce magistrat commet un juge pour en faire son rapport au jour indiqué, et le jugement de prévention d'absence est prononcé après avoir entendu le procureur impérial. (*a*)

Mais, lorsqu'il a été déclaré en principe, par ce Tribunal, qu'il y a lieu à prendre quelques mesures conservatoires des intérêts de la personne dont l'absence lui a été dénoncée, c'est plutôt au Tribunal de la situation des biens, qu'on doit s'adresser, pour pourvoir aux simples faits d'administration, parce qu'alors la mesure tient plutôt du possessoire et de l'action réelle, que de l'action purement personnelle.

§. 4.

Mesures prescrites pour la conservation des droits acquis à l'absent.

Les mesures dont nous allons parler sont applicables, ainsi que nous l'avons déjà énoncé, soit aux *absens* proprement dits, soit aux *non présens*, non pas également et dans tous les cas, mais suivant que la position particulière de chacun d'eux peut l'exiger.

Tout absent qui n'est ni déclaré ni dénoncé comme tel, peut être assigné à son

(*a*) Voyez l'art. 859 du Code de proc.

dernier domicile, et l'on procède valablement contre lui par défaut, s'il ne se présente dans les délais prescrits, parce que le créancier ne devant point souffrir d'un fait qui lui est étranger, peut alors faire abstraction de l'absence de son débiteur.

La loi ne doit son intervention qu'à l'égard de l'absent qui est dénoncé comme tel aux organes de la justice, et qui se trouve dans l'impossibilité reconnue de pourvoir lui-même à ses intérêts.

Lorsqu'un homme a été légalement constitué en présomption d'absence, dans les formes indiquées au paragraphe précédent; lorsqu'il est constant et avéré qu'il n'a plus ni domicile ni résidence connus, l'exploit de l'assignation qu'on veut lui notifier doit être affiché à la principale porte de l'auditoire du Tribunal où la demande est portée, et une seconde copie doit être donnée au procureur impérial, spécialement chargé de veiller aux intérêts des absens. (*a*)

S'il existe une succession dans laquelle l'absent présumé ait des intérêts, le Tribunal doit, à requête de la partie la plus diligente, commettre un notaire pour le représenter dans les comptes, liquidations et partages à faire (113); et s'il y avait plusieurs absens, un seul notaire devrait être commis, pour les représenter tous ainsi que les parties défaillantes (*b*). Inventaire du

---

(*a*) Voyez art. 69, § 8 du Code de proc.
(*b*) Voyez art. 928, 931 et 942 du Code de proc.

mobilier doit être fait aussi par-devant notaire (*a*); mais celui qui a été délégué pour
représenter les absens et défaillans, ne peut
instrumenter dans cette opération, ni dans
les autres qui en seraient la suite.

Pour être définitifs, les partages et licitations dans lesquels il y a des absens intéressés, doivent être faits en justice, avec
toutes les formalités requises pour les partages et licitations de biens de mineurs (838,
839 et 840); la part de mobilier échue à
l'absent, doit être, si ses intérêts l'exigent,
vendue pour l'acquit de ses dettes, ou pour
en faire tout autre emploi avantageux.

Telles sont les circonstances seules dans
lesquelles la loi prescrit ce que l'on doit faire
pour l'intérêt des absens. Dans tout autre cas,
s'il y a nécessité de pourvoir à l'administration
de ses biens, en lui nommant un curateur soit
pour gérer quelques affaires urgentes, soit
pour prévenir l'insolvabilité de ses débiteurs
en les poursuivant, ou pour empêcher la prescription de s'accomplir contre lui en faisant
des actes conservatoires; s'il faut pénétrer
dans son domicile, pour y faire quelque recherche; s'il faut recueillir les fruits de ses
héritages, mettre ses denrées hors de péril,
soustraire ses meubles à un dépérissement
imminent, le Tribunal d'arrondissement doit
y statuer après avoir entendu le procureur
impérial, suivant que les circonstances lui
paraîtront l'exiger, sans être astreint par la

_____

(*a*) Voyez art. 943 du Cod. de proc.

loi à adopter aucune autre mesure que celles qui seront jugées absolument nécessaires, parce que les absens peuvent en général être dans des hypothèses si différentes, qu'il aurait été impossible de prévoir ce qui peut être le plus convenable à la position de tous en particulier. (112)

L'un est dit absent par cela seul qu'il n'est pas présent, quoiqu'il existe dans un département voisin, d'où il peut facilement venir ou envoyer un fondé de pouvoirs.

L'autre existe dans les colonies d'où il a donné de ses nouvelles; mais, soit par rapport à son éloignement, soit par rapport à la difficulté des communications, il ne peut être ni promptement ni surement averti, et il se trouve hors d'état de pourvoir lui-même à ses intérêts du moment, et d'envoyer assez promptement une procuration sur les lieux.

Un troisième est absent de son domicile, sans qu'on connaisse le lieu de sa retraite: son existence est même incertaine, quoiqu'elle ne soit pas méconnue, si l'on veut, par les parties intéressées; on ne peut donc avoir aucune relation avec lui; il peut être lui-même dans l'impossibilité absolue d'envoyer une procuration pour se faire représenter.

Enfin, celui-ci a laissé un fondé de pouvoirs sur les lieux, l'autre n'en a point laissé: celui-là n'a que des propriétés indivises, cultivées et administrées par des communiers qui sont en état de lui rendre compte lors de son retour; celui-ci, au contraire, a tout laissé à l'abandon, dans son domicile, et personne n'est chargé de soigner ses biens; un autre n'avait rien quand il est parti, mais dès-lors il lui est échu une succession qu'il faut recueillir et administrer.

On voit par là que ce qui serait sagement ordonné dans un cas, ne pourrait pas convenir à un autre, puisque les circonstances de l'absence varient jusqu'à l'infini, et que c'est uniquement à ce qu'elles exigent que le juge doit se conformer, dans ce qu'il décrète.

Un Tribunal peut ordonner qu'il sera nommé un curateur à l'absent qui se trouve dans l'impossibilité de pourvoir lui-même à l'administration de ses biens; mais cette mesure sagement prise pour un absent dont on ignore la retraite, ou même pour un homme reconnu existant dans les colonies, et dont le patrimoine et les affaires seraient tels qu'il y eût nécessité de les confier aux soins d'un administrateur; cette mesure, disons-nous, ne serait plus qu'illégale et vexatoire à l'égard d'une personne simplement non présente sur les lieux où elle posséderait des propriétés. Il n'y aurait pas seulement de l'injustice, mais de l'absurdité, par exemple, à constituer quelqu'un en curatelle, par la seule raison qu'il lui écherrait une succession dans un département, tandis qu'il résiderait notoirement dans un autre.

§ 5.

Conséquences qui résultent de l'état de l'absent présumé sur les droits éventuels qui peuvent le concerner.

Quoique l'existence d'un absent soit incertaine, si elle est reconnue, son état ne met point obstacle à l'exercice des droits éventuels qui peuvent lui échoir, puisqu'il est considéré comme vivant et par conséquent comme capable de recueillir, par les parties qui auraient intérêt à l'écarter.

Mais lorsqu'il y a incertitude sur la vie, et que l'existence de l'absent présumé n'est pas reconnue, s'il s'agit ou d'exercer contre lui un droit subordonné à la condition de son décès, ou de revendiquer de sa part un droit subordonné à la condition de sa survie, on doit, dans le premier cas, se décider par cette maxime, *in pari causâ possessor potior haberi debet,* et dans le second, par cette autre, *actoris est probare.*

Il résulte de là que si l'absent, lors de son départ, était revêtu d'un droit d'usufruit ou d'un bail à vie, son fondé de pouvoir, son curateur ou ses créanciers devraient être admis à en percevoir les émolumens, tant que le propriétaire du fonds ne prouverait pas la mort de l'absent, parce qu'une fois mis en possession et saisi du droit de jouir, il doit être maintenu jusqu'à ce qu'il soit prouvé que la condition du décès est arrivée.

Par la même raison, le mari dont la femme est absente ne peut être forcé, par les héritiers de celle-ci, à la restitution de la dot, parce qu'ayant un droit acquis de conserver cette jouissance jusqu'au décès de son épouse, ce serait aux héritiers, comme demandeurs, à produire, par la preuve de ce décès, un titre qui fît disparaître celui du mari.

C'est ainsi encore que, dans le cas d'une donation inofficieuse faite par un homme devenu ensuite absent, elle ne pourrait être réduite au préjudice du donataire saisi, sans que le décès du donateur fût prouvé par les héritiers de la réserve. (920)

Mais dans le cas contraire, lorsqu'il s'agit de l'exercice d'un droit subordonné à la condition de survie de l'absent, c'est à celui qui intente la demande en son nom, à prouver qu'il a survécu, parce que quiconque réclame le droit échu à un individu dont l'existence n'est pas reconnue, doit préalablement établir que cet individu existait quand le droit a été ouvert, sans quoi il est non-recevable dans sa demande. (135)

Il résulte de là, que dans le cas où une pension viagère aurait été constituée au profit d'un homme devenu absent ensuite, le fondé de pouvoir qu'il aurait laissé sur les lieux ni ses créanciers ne pourraient demander au débiteur les termes qui auraient couru dès la disparition de l'absent qu'en prouvant son existence à chaque échéance, parce que les droits viagers ne s'ouvrent qu'au profit de celui qui est existant. (1985)

Il en résulte encore que, s'il s'ouvre une succession à laquelle soit appelé même un absent présumé, dont l'existence n'est pas reconnue, elle est exclusivement dévolue à ceux avec lesquels il aurait eu le droit de concourir, ou à ceux qui l'auraient recueillie à son défaut (136); parce que, pour succéder, il faut et survivre au défunt, et vouloir se porter héritier, et que l'une et l'autre de ces conditions manquent à l'égard de celui dont l'existence est aussi incertaine que la volonté.

Un fondé de pouvoirs ne pourrait même l'engager dans une acceptation d'hérédité, sans un mandat spécial, qu'il serait difficile de faire résulter d'une procuration donnée avant l'absence.

Lorsqu'il s'agit de mesures à ordonner sur les biens de l'absent, le Tribunal doit préalablement estimer s'il y a nécessité, et vérifier, d'après les documens qui lui sont fournis, si c'est le cas de considérer l'homme comme en présomption d'absence, parce que ce n'est pas le lendemain de son départ, mais seulement lorsqu'on commence à douter de son retour à temps utile, qu'il est permis de pourvoir à l'administration de ses biens. S'il en était autrement, la protection de la loi serait elle-même nuisible à l'absent, et personne n'oserait quitter sa demeure, s'il pouvait craindre que, sans nécessité, ses secrets domestiques fussent aussitôt violés, en pénétrant dans son domicile, sous prétexte de le servir, et peut-être dans la vue réelle de lui nuire; mais lorsqu'il s'agit de recueillir une succession, ce n'est plus l'intérêt seul de l'absent qu'on doit consulter : l'héritier qui est présent a ses droits à faire valoir, et comme sa vocation est constante, puisqu'elle est dans la loi, il n'a rien à prouver; il lui suffit que l'absent ne se présente pas, parce qu'en matière de succession l'on ne considère que celui qui se présente pour recueillir.

L'absent n'est cependant pas exclu, dans un sens absolu, de toutes successions ouvertes postérieurement à son départ : s'il reparaît ou qu'on prouve sa survie, l'action en pétition d'hérédité lui reste acquise ainsi qu'à ses successeurs ou ayans cause (137), et elle n'est prescrite qu'au bout de trente ans (2262); jusque-là il peut revendiquer les biens de la succession entre les mains de l'héritier qui s'en était emparé, même révoquer les aliénations qui auraient été faites (1599) : mais les remboursemens de créance versés de bonne foi entre les mains de cet héritier seraient valables dans l'intérêt des débiteurs (1240); néanmoins, l'absent ne recouvre pas les fruits perçus de bonne foi par les possesseurs. (138)

Vainement opposerait-on à cette doctrine que l'article 113 du Code, en déclarant que le Tribunal commettra un notaire pour représenter le présumé absent dans *les inventaires, comptes et partages*, paraît supposer que les successions doivent s'ouvrir à son profit, même après sa disparition.

La disposition de cet article reçoit son application pour les partages de successions échues à l'absent avant son départ, ou même pour celles qui seraient ouvertes depuis, si les parties intéressées consentaient à reconnaître l'existence de l'absent.

Mais, dira-t-on encore, ce système de rigueur envers l'absent présumé, peut être d'une injustice extrême, car il en résulterait que si une succession était ouverte dès le lendemain d'un embarquement, ou du départ d'un militaire pour l'armée; les autres héritiers, en méconnaissant son existence, excluraient le militaire ou le marin, et gagneraient au moins les fruits perçus jusqu'à son retour, ou jusqu'à la réception de ses nouvelles.

Sans doute on ne pourrait empêcher les héritiers présens, d'entrer seuls en possession de l'hérédité, jusqu'à ce que l'absent reparaisse ou qu'on ait eu de ses nouvelles; mais il ne résulte pas de là que des parens avides qui se porteraient à méconnaître l'existence de l'absent, sans avoir encore aucun motif raisonnable d'en douter, dussent être considérés, dès l'instant même, comme possesseurs de bonne foi. La question du rapport des fruits et levées, qui est le seul point sur lequel l'absent puisse être lésé, reste donc toute entière dans le domaine du juge.

SECTION II.

De la déclaration d'absence.

Quelles sont les personnes recevables à provoquer la déclaration d'absence?

A quelle époque peut-on la demander?

Quel est le Tribunal compétent pour la prononcer?

Dans quelle forme doit-on y procéder?

§ 1er.

Des personnes recevables à provoquer la déclaration d'absence.

Toutes parties intéressées sont recevables à provoquer la déclaration d'absence d'un citoyen. (115)

Quand il faut prendre des mesures à l'égard de l'absent présumé, les parties recevables à les provoquer, doivent avoir un intérêt précédemment acquis, parce qu'il ne s'agit pas d'intervertir l'ordre de choses qui existe; c'est pourquoi nous avons remarqué que la qualité d'héritier présomptif ne suffit point, en ce cas, pour se dire *partie intéressée*; mais lorsqu'on arrive à la déclaration d'absence, qui doit provisoirement donner lieu à des gains de survie, comme il s'agit d'établir un nouvel ordre de choses, duquel résulteront des droits qui n'existaient point précédemment, ceux-là se trouvent *parties intéressées* au profit desquels ces droits nouveaux seront acquis, parce qu'ils ont intérêt à en provoquer l'ouverture.

Ainsi, l'héritier présomptif de l'absent, son légataire universel ou particulier, son époux, le propriétaire du fonds sur lequel il a un bail à vie ou un droit d'usufruit, et toute autre personne qui aurait à exercer sur ses biens quelques droits subordonnés à la condition de son décès, peuvent demander la déclaration d'absence, comme *parties intéressées.*

§ 2.

A quelle époque peut-on demander la déclaration d'absence?

Lorsque l'absent n'a point laissé de fondé de pouvoir, on peut, au bout de quatre ans (115), à dater de ses dernières nouvelles, commencer la procédure en déclaration d'absence, parce qu'on doit penser qu'il espérait un prompt retour, en omettant la précaution de pourvoir à ses affaires; mais s'il a laissé une procuration, ce n'est qu'après dix années révolues depuis la disparition ou les dernières nouvelles (121), qu'il est permis de former cette demande, lors même que la procuration aurait cessé auparavant (122), soit par la mort ou la renonciation du fondé de pouvoirs, ou autrement, parce qu'au moyen des précautions ainsi prises, l'absent a pu se croire dispensé de donner de ses nouvelles. Et pendant tout cet intervalle, même durant le temps plus ou moins long qu'on peut laisser écouler avant de procéder à la déclaration d'absence, ses biens doivent être administrés, ou par le fondé de pouvoir s'il en existe un, ou à son défaut, de la manière que le Tribunal d'arrondissement l'aura réglé, d'après ce que nous avons dit sur la présomption d'absence.

§ 3.

Quel est le Tribunal compétent pour prononcer la déclaration d'absence?

La déclaration d'absence fait naître un nouvel ordre de choses; elle donne lieu à l'ouverture provisoire de la succession de l'absent; sous ce rapport (110, 822), comme encore parce que c'est une question d'état purement personnelle, elle ne peut être dévolue qu'au Tribunal d'arrondissement du dernier domicile de l'absent. (116)

C'est d'ailleurs là que ses relations de résidence, ses liaisons de parenté et d'alliance, ses rapports d'intérêts, d'amitié et de connaissance, indiquent qu'on peut le plus sûrement informer sur son sort.

§ 4.

Formes de procéder.

On doit d'abord s'adresser au Tribunal en

lui exposant, par requête présentée au président, les faits relatifs à l'absence, et lui
demander la permission de faire enquête,
sur la disparition, le manque de nouvelles
et l'incertitude du sort de l'absent.

Le Tribunal, en statuant sur cette demande, doit avoir égard aux motifs de l'absence, s'ils sont connus, et aux causes qui
ont pu empêcher d'avoir des nouvelles de
l'absent présumé (117), en sorte qu'il devrait déclarer n'y avoir lieu, *quant à présent*, à accueillir la demande, si les circonstances de fait lui fournissaient de justes
motifs de la refuser.

Si, au contraire, il n'existe aucun fait
assez grave pour renvoyer la demande à une
époque plus reculée, le Tribunal doit l'accueillir; mais il ne peut y statuer, sans avoir
ordonné une enquête préalable (116), à
moins qu'il ne résulte de la production de
l'extrait de naissance de l'absent, qu'il s'est
écoulé cent ans depuis qu'il est venu au
monde. (129)

L'enquête doit être faite contradictoirement avec le procureur impérial, c'est-à-
dire, que ce magistrat peut lui-même requérir contr'enquête et faire entendre des témoins de son côté.

Si l'absent avait une résidence différente
de son domicile, située dans un autre arrondissement, on doit aussi faire enquête,
dans les mêmes formes, par-devant le Tribunal de cette résidence, en exécution du

jugement préparatoire rendu par celui du domicile. (116)

Le jugement qui permet de faire enquête doit être aussitôt envoyé, par le procureur impérial, au ministre grand-juge chargé de le rendre public. (118)

Suivant les principes du droit commun, la parenté n'est pas une cause de récusation de témoins dans les questions d'état; c'est pourquoi les témoins qui doivent concourir aux actes de l'état civil, peuvent être indifféremment parens ou étrangers : nous croyons qu'il en doit être de même ici, parce que dans la question d'état d'absence, comme dans toutes les autres, les parens sont toujours les mieux informés; néanmoins il est sensible que ceux qui provoqueraient la déclaration d'absence, ou qui devraient directement en profiter, ne pourraient être témoins dans leur propre cause.

Les enquêtes étant faites, les choses restent en cet état, en attendant que l'absent, averti par la publicité de la procédure, puisse faire connaître son existence; mais s'il continue à garder le silence, et qu'au bout d'une année, à dater du jugement préparatoire, il n'ait point reparu, et qu'on n'en ait point eu de nouvelle, le demandeur se représente par-devant le Tribunal du dernier domicile, qui prononce la déclaration d'absence. (119)

Section III.

Des effets de la déclaration d'absence.

La déclaration d'absence change entièrement l'ordre de choses préexistant : elle opère des effets multipliés, soit relativement à la personne, soit relativement aux biens de l'absent, et à la dévolution qui en est provisoirement faite entre les mains d'autres personnes, ce qui nous donne lieu d'examiner les questions suivantes :

Quel est l'état de l'absent déclaré?

Quelles sont les personnes recevables à demander l'envoi en possession provisoire de ses biens?

Sur quels biens peut porter cet envoi en possession?

Quelles sont les formalités pour y parvenir?

Quels sont les droits et charges des possesseurs?

Quels sont les effets de l'envoi en possession relativement à ceux qui auraient à revendiquer quelques libéralités de l'absent, ou autres droits subordonnés à la condition de son décès?

§ 1er.

État de l'absent déclaré.

Dans la période de présomption d'absence, la vie ou la mort de l'absent sont également incertaines, et aucune n'est plus présumée que l'autre; mais la procédure instruite, pour parvenir à la déclaration d'absence, vient troubler cet équilibre.

Dès que l'absent n'a pas répondu à l'invitation solennelle et publique qui lui a été faite; dès qu'il a gardé le silence; dès qu'il a laissé prononcer sa déclaration d'absence, sans que ni lui, ni autres personnes aient donné des indications sur son sort, la conséquence qui en résulte, c'est qu'on doit cesser de le regarder comme vivant, parce que la présomption de mort domine sur son état; il est donc provisoirement présumé mort.

Il est présumé mort, puisque la loi ouvre sa succession à ses héritiers, et que *non datur viventis haereditas.*

Il est présumé mort, puisqu'on met à exécution les dispositions testamentaires qu'il a voulu lui-même n'avoir d'effet qu'après son décès.

Il est présumé mort, puisque la loi veut que tous ceux qui ont sur ses biens, des droits subordonnés à la condition de son décès, puissent les exercer. (123)

Il est présumé mort, puisqu'il y a lieu à la répétition de la dot, s'il a été marié sous le régime dotal. (124)

Il est présumé mort, puisque la loi ne permet plus de le mettre personnellement en qualité de cause. (134)

Cette présomption n'est cependant que

provisoire, puisqu'elle n'opère que provisoirement les effets dont nous venons de parler.

Elle cesse par le fait, lorsque l'absent vient à reparaître ou à donner de ses nouvelles : elle cesse aussi dans le droit, lorsque l'époux présent et commun en biens, opte pour la continuation de la communauté, parce que cette option, ainsi que nous le verrons plus bas, met obstacle aux divers effets que la loi attache à cette présomption de mort.

Pour saisir la véritable idée qu'on doit avoir de cette présomption, et apprécier avec justesse l'étendue des effets qu'elle opère, il faut observer que, par la déclaration d'absence, le législateur a voulu mettre un terme au délaissement où sont jusque-là les propriétés de l'absent : « Il est nécessaire, dit M. Tronchet, de régler le sort » des biens qui sont là, et qui forment le » patrimoine actuel de l'absent; il faut ou » les déclarer vacans, ou les mettre sous le » séquestre. Il est utile à l'absent que le » séquestre de ses biens soit déféré à ceux » qui ont le plus d'intérêt à les conserver : » c'est pourquoi, après un certain temps, » on accorde l'envoi en possession à ses » héritiers. (*a*) » L'orateur du Gouvernement, M. Bigot-Préameneu, s'explique de

***

(*a*) Voyez dans M. Locré, tom. Ier., pag. 610 et 611, et dans les procès-verbaux du Conseil d'état, tom. Ier., pag. 198.

même dans les motifs exposés au corps législatif : « Lorsque, d'une part, dit-il, les
» biens se trouveront dans l'abandon depuis
» cinq années; lorsque, de l'autre, toutes
» les recherches possibles sur l'existence de
» l'absent auront été faites, et tous les
» moyens de lui transmettre des avis au-
» ront été épuisés, la déclaration d'absence
» ne pourra plus laisser d'inquiétude; elle
» ne saurait être dès-lors, aux yeux du
» public, qu'un acte de conservation fondé
» sur une nécessité constante, et pour l'ab-
» sent lui-même, un acte de protection
» qui a garanti son patrimoine d'une perte
» qui devenait inévitable (*a*). » Le premier
mobile du législateur a donc été de pourvoir, de la manière la plus efficace, à la
conservation et à l'entretien des propriétés
de l'absent qui peuvent être restées incultes
et abandonnées, pendant tout le temps de
la présomption d'absence.

Pour parvenir à ce but, il a considéré que
les héritiers présomptifs, étant plus intéressés à conserver des biens qu'ils peuvent être
appelés à recueillir, devraient préférablement être choisis pour dépositaires-admi-
nistrateurs de ces biens, et par la même
raison, il a voulu que les légataires fussent
aussi préférés, dans le cas où l'absent aurait laissé un testament.

(*a*) Voyez encore dans M. Locré, tom. 1er.,
pag. 613, et dans les procès-verbaux du Conseil
d'état, tom. 2, pag. 475.

Mais cét intérêt éloigné ne lui a pas paru être un motif suffisant pour engager les héritiers et les légataires à se charger du fardeau de l'administration du patrimoine de l'absent, et à pourvoir à son entretien avec assez de soins ; c'est pourquoi il a voulu que cette régie leur fût avantageuse, par la conservation d'une partie des revenus : « L'existence de l'absent,
» qui chaque année devient plus incertaine,
» dit encore M. Bigot-Préameneu ; les mal-
» heurs que les héritiers peuvent éprouver,
» l'accroissement du dépôt, la continuité
» des soins qu'il serait injuste de laisser
» aussi long-temps sans aucune indemnité,
» le refus qui serait fait d'une charge aussi
» pesante ; tous ces motifs ont fait décider,
» qu'après un certain temps, les héritiers
» doivent profiter des revenus. »

Il résulte de là, que la présomption de mort de l'absent déclaré n'opère directement ses effets que dans l'intérêt soit de l'absent, soit de ceux qui sont appelés à recueillir provisoirement ses biens pour les conserver sous le bénéfice d'une partie des revenus, puisque c'est uniquement l'avantage respectif des uns et des autres, que le législateur a eu en vue en prescrivant la déclaration d'absence et décrétant les effets qu'elle opère.

Ces observations ne sont pas sans utilité ; nous en indiquerons l'application dans la suite.

§ 2.

Personnes recevables à demander la possession provisoire des biens de l'absent déclaré.

Lorsqu'un homme a disparu, et que toutes les informations prises sur son existence, ne tendent qu'à faire penser qu'il n'est plus, la présomption de mort qui devient prédominante sur son état, nous reporte nécessairement au moment de la disparition ou des dernières nouvelles, soit parce qu'il n'y a aucune preuve qu'il ait vécu depuis, pour balancer la présomption contraire, soit parce qu'il serait impossible de se rattacher à aucun fait probant, pour fixer une autre époque précise à son décès présumé.

Ce sont donc les héritiers présomptifs au jour de la disparition ou des dernières nouvelles (120), et non ceux qui occuperaient le premier rang de la successibilité au temps de la demande en déclaration d'absence, qui doivent obtenir la possession des biens.

Il résulte de là, que s'il s'agit de parens collatéraux, même à l'égard desquels le droit de représentation n'ait pas lieu, le plus éloigné au temps de la déclaration d'absence, ne doit pas être exclu par les plus proches, lorsque son auteur aurait concouru avec ceux-ci, ou les aurait exclus, si la succession avait été ouverte par le décès arrivé au temps du départ.

Supposons, par exemple, qu'au jour de la disparition les plus près parens de l'absent aient été deux cousins, et que l'un d'eux soit mort depuis laissant des enfans : si l'on considérait la parenté au temps de l'envoi en possession, les enfans du prédécédé seraient exclus, comme étant à un degré plus éloigné; mais en reportant la présomption de mort au temps du départ, leur père est considéré comme ayant été saisi, et leur ayant transmis ses droits.

Il résulte encore de cette rétroactivité qui nous reporte au moment du départ, qu'il n'est pas toujours nécessaire d'être personnellement héritier naturel de l'absent, pour demander l'envoi en possession de ses biens.

Supposons, en effet, qu'au moment de sa disparition, l'absent n'ait laissé qu'un frère pour plus proche héritier présomptif, et que ce frère soit décédé depuis, mais après avoir nommé un étranger pour son légataire universel : dans cette hypothèse, aucuns parens de l'absent ne pourraient demander l'envoi en possession au préjudice du légataire universel de son frère, puisque, d'une part, n'ayant pas eu la qualité d'héritier présomptif au jour de la disparition, qualité à laquelle seule la loi attache le droit de demander la possession, ils seraient non-recevables à y prétendre; tandis que, d'un autre côté, en reportant à cette époque l'ouverture de la succession, le frère qui en aurait été saisi, l'aurait nécessairement transmise à son légataire.

§ 3.

Sur quels biens peut porter l'envoi en possession?

Dès que l'absent est présumé mort au moment de sa disparition ou de ses dernières nouvelles, et qu'on reporte, à cette époque, l'ouverture provisoire de sa succession, il en résulte qu'on n'y peut comprendre que les biens qu'il avait alors, et la loi le prononce ainsi. (120)

Cette vérité nous fournit une nouvelle preuve de ce que nous avons dit plus haut, qu'on ne peut, au nom de celui dont l'existence n'est pas reconnue, ne fût-il qu'en simple présomption d'absence, réclamer aucun droit dans une succession ouverte depuis son départ ou ses dernières nouvelles, soit parce que la présomption du décès se reporte à cet instant, et que les morts ne succèdent pas; soit parce que la loi qui ouvre provisoirement son hérédité, la bornant aux seuls biens qu'il avait au jour de sa disparition, suppose nécessairement qu'aucun droit éventuel n'en a dès-lors augmenté la masse.

Il résulte encore de cette disposition du Code, que si, depuis le départ de l'absent, il s'est ouvert une succession dans le partage de laquelle les parties intéressées aient consenti à l'admettre, le lot qui lui a été dévolu, peut être répété, au moins après la déclaration d'absence, par les héritiers qui avaient consenti à ce qu'il lui fût adjugé, s'ils sont autres que ceux envoyés en possession ; parce que, d'une part, la loi borne les droits de ces derniers aux biens que l'absent avait le jour de sa disparition, et que, d'autre côté, on ne trouverait ni les formes d'une donation dans l'acte de partage, ni l'intention de donner dans les co-partageans, ni la capacité de recevoir dans le mort présumé.

§ 4.

Formes requises pour l'envoi en possession.

Muni du jugement qui a déclaré l'absence, l'héritier présomptif doit se représenter par-devant le Tribunal qui l'a rendu, pour en obtenir un autre qui l'envoie en possession des biens de l'absent.

C'est du même Tribunal que doit émaner ce jugement, soit parce qu'il n'est que comme une suite et une exécution de celui rendu en déclaration d'absence, soit parce qu'il s'agit ici d'une succession provisoire à l'égard de laquelle le dernier domicile du défunt présumé fixe la compétence du juge. (110)

Le jouissant provisoire étant comptable, en cas que l'absent reparaisse, on doit, après avoir obtenu le jugement d'envoi en possession, faire inventaire du mobilier et des titres, en présence du procureur impérial, ou d'un juge de paix qu'il aura requis d'y paraître en son nom. On doit aussi liquider les fruits et revenus échus jusqu'alors, et faire rendre compte au curateur s'il y en a eu un, ou à tout autre administrateur, pour constater le montant du patrimoine mobilier.

A vue de ces inventaires et liquidations, la cause reportée au Tribunal, il ordonne, s'il y a lieu, la vente du mobilier, pour le prix en provenant joint au montant des revenus liquidés, être employé au profit de l'absent, soit en acquittant ses dettes, soit en faisant quelques acquisitions en son nom.

Quant aux immeubles, ceux qui en ont obtenu la possession, peuvent, pour leur propre sureté, requérir que l'état en soit constaté par un expert nommé par le Tribunal, dont le rapport sera homologué contradictoirement avec le procureur impérial (126) : faute de cette expertise, dont les frais pèsent sur les biens de l'absent, le possesseur provisoire serait naturellement censé les avoir reçus en bon état, et chargé de la preuve de leur dégradation au temps de son entrée en jouissance, suivant le plus ou moins grand intervalle qu'elle aurait duré. (1731)

§ 5.

Des droits et charges des possesseurs et héritiers provisoires.

Ceux qui ont obtenu la possession provisoire peuvent être considérés sous deux aspects différens, c'est-à-dire, ou comparativement à l'absent, ou par rapport à des tiers qui auraient quelques droits à exercer sur ses biens.

Comparativement à l'absent, le possesseur provisoire, héritier présomptif ou autre, n'est qu'un dépositaire-administrateur-intéressé (125), qui doit donner caution, pour sureté de son administration (120 et 123), et qui ne peut aliéner ni hypothéquer les immeubles (128), que pour cause de nécessité et en vertu de jugement (2126), comme lorsqu'il s'agit des biens des mineurs ou des interdits.

Si l'absent reparaît avant quinze ans révolus dès le jour de sa disparition, on lui doit compte du cinquième des revenus; s'il ne reparaît qu'après quinze ans, on ne lui doit compte que du dixième des revenus; mais après trente ans on ne lui doit compte que du capital; et dans ce cas tous les fruits ou revenus échus pendant la possession légale, cèdent au possesseur. (127)

Comparativement à des tiers qui auraient des droits à faire valoir sur les biens de l'absent, tout envoyé en possession devient leur contradicteur légitime, et ce n'est plus que contre lui qu'ils peuvent agir (134), dès le moment qu'il y a eu jugement de déclaration d'absence.

L'envoi en possession est l'image de l'hérédité déférée à titre universel; elle comprend donc tout l'actif du patrimoine : ceux

qui l'obtiennent doivent conserver et rendre
compte; ils peuvent donc et doivent même
procurer le recouvrement des créances sur
les débiteurs ou tous administrateurs qui les
auraient précédés; comme c'est contre eux
seuls que les créanciers de l'absent doivent
à l'avenir diriger leurs demandes; les héritiers provisoires ont donc activement et pas-
sivement toutes les actions de l'absent, telles
que celles en partage des biens qu'il aurait
laissés indivis avec d'autres copropriétaires
(817); d'où il résulte que, comparativement
à des tiers, ils ne peuvent plus être considérés comme simples dépositaires, parce que
le dépositaire n'a point les actions du maître.

Néanmoins la qualité de comptables envers l'absent, à quelque époque qu'il reparaisse; cette qualité que les héritiers possesseurs conservent indéfiniment, a une
influence nécessaire sur leurs droits à l'é-
gard des créanciers : il est impossible de leur
appliquer la maxime *semel haeres non desi-
nit esse haeres*, puisqu'ils peuvent toujours
être évincés, même après l'envoi en possession définitif; d'où il résulte que ce n'est
que comme possesseurs, et non comme héritiers, qu'ils peuvent être poursuivis par les
créanciers de l'absent, et qu'en conséquence
ils ne peuvent jamais être tenus *ultra vires*.

D'ailleurs, ce n'est qu'après avoir obtenu
l'envoi en possession, et stipulé avec la justice les obligations qui en dérivent, qu'ils
doivent faire inventaire (126); la loi leur
tendrait donc un piége s'ils pouvaient être

tenus au-delà des forces du patrimoine, par un engagement pris avant d'avoir pu les connaître.

Mais, quelle est la nature de l'action que les créanciers exercent contre l'héritier présomptif envoyé en possession provisoire? est-elle personnelle? est-elle seulement réelle? peut-on le poursuivre personnellement comme un héritier ordinaire? doit-on seulement diriger l'action sur les biens dont il est possesseur?

Il est héritier par provision; il est donc personnellement obligé, tant que dure sa possession, puisqu'il représente l'absent, sous un titre universel; et la loi le suppose ainsi quand elle déclare que toute personne qui aura des droits à exercer *contre l'absent*, ne pourra les poursuivre que *contre ceux* qui auront été envoyés en possession des biens.

Dans les principes de la jurisprudence française, le donataire universel est personnellement tenu des dettes du donateur (*a*), quoiqu'il n'ait point la qualité d'héritier: le possesseur provisoire des biens de l'absent doit, à plus forte raison, être aussi personnellement obligé envers les créanciers, puisque c'est sous la qualité d'héritier présomptif qu'il jouit des biens de l'absent et qu'il le représente.

L'action dont il s'agit a donc le caractère

_____

(*a*) Voyez dans Furgole, sur l'art. 17 de l'ordonnance de 1751, tom. 1, pag. 132.

de celle appelée dans le droit romain *personalis in rem scripta*, et elle ne s'étend pas au-delà des biens possédés par le débiteur provisoire : semblable à l'action *de peculio*, qui est aussi une action personnelle, et qui néanmoins est bornée à la valeur du pécule trouvé entre les mains du débiteur.

Les créanciers peuvent donc agir par action personnelle contre l'envoyé en possession, comme contre un héritier, puisqu'il en a provisoirement la qualité, et de là il résulte que les titres exécutoires contre l'absent doivent être aussi exécutoires contre l'héritier envoyé en possession, et que suivant l'article 877 du Code, ces titres doivent lui être notifiés huit jours avant qu'on ne les mette à exécution.

§ 6.

Des effets de l'envoi en possession provisoire relativement à ceux qui ont à revendiquer sur les biens de l'absent quelques droits subordonnés à la condition de son décès.

L'article 123 du Code Napoléon porte que, « *lorsque les héritiers présomptifs auront obtenu l'envoi en possession provisoire*, le testament, s'il en existe un, sera ouvert à la réquisition des parties intéressées, ou du procureur impérial près le Tribunal; et les légataires, les donataires, ainsi que tous ceux qui avaient

11

» sur les biens de l'absent, des droits su-
» bordonnés à la condition de son décès,
» *pourront les exercer provisoirement*, à la
» charge de donner caution. »

Il résulte de cet article que, si l'absent
était usufruitier, fiduciaire, locataire à vie
de quelques biens lors de son départ, l'envoi en possession donne aussi provisoirement ouverture au fidéicommis et au droit
du propriétaire de rentrer dans la jouissance du fonds grevé d'usufruit ou du bail
à vie. Sauf de la part de celui qui obtient
cette jouissance, l'obligation de restituer à
l'absent le cinquième ou le dixième des revenus, en cas qu'il reparaisse dans les quinze
ou trente ans, comme lorsqu'il s'agit de l'héritier présomptif qui a obtenu la possession
des biens. (127)

Mais l'exercice des droits éventuels dont
nous parlons ici, est-il tellement subordonné à l'envoi en possession provisoire de
l'héritier présomptif, qu'il ne puisse avoir
lieu lors même que cet héritier refuserait de
le demander? Supposons, par exemple, que
l'absent ait institué contractuellement un
héritier dans tous ses biens; ou que, par
un testament public, il ait nommé un légataire universel, l'héritier présomptif qui ne
verrait rien pour lui dans le patrimoine de
l'absent, s'abstiendrait sans doute de demander la possession des biens, parce qu'il
se trouverait obligé de les transmettre de suite
à l'héritier contractuel ou au légataire universel; serait-il donc maître de paralyser

ainsi les actions et les droits de ceux-ci?

Et s'il n'y avait point de parens successibles qui pussent demander l'envoi en possession, faudrait-il que le testament ou la
donation restassent perpétuellement sans
effet?

Nous croyons qu'il faut faire ici une distinction.

S'il s'agit de légataires non universels, ou
mêmed'un légataire universel en concurrence
avec l'héritier de la réserve, lesquels légataires doivent toujours demander la délivrance à l'héritier de la loi (1004 et 1011),
l'exercice de leurs droits est nécessairement
subordonné à l'envoi en possession de celui-
ci; mais alors il n'y a pas lieu de craindre
un refus de sa part, parce qu'on ne peut le
présumer être l'ennemi de ses intérêts.

Si l'absent n'a point d'héritier ayant droit
de réserve, et qu'il ait nommé un légataire
universel, l'héritier présomptif doit encore
être appelé, parce qu'il a intérêt à combattre
le testament; mais s'il n'en contredit pas
les dispositions, il nous paraît que son refus
de demander l'envoi en possession, ne doit
pas être un obstacle à ce que le légataire
universel puisse l'obtenir lui-même.

1°. Il serait difficile de penser que le législateur eût voulu accorder des droits certains à ce légataire universel, et que la loi
souffrît une hypothèse où l'héritier présomptif pût, sans intérêt pour lui-même,
mettre obstacle à leur exercice.

2°. Il est certain que l'envoi en possession

provisoire a été décrété aussi pour l'avantage de l'absent lui-même, afin que ses biens ne dépérissent pas par un abandon trop prolongé, comme nous l'avons prouvé plus haut; on ne doit donc pas accorder à son héritier présomptif la faculté de paralyser arbitrairement cette protection de la loi, pour nuire aux intérêts du légataire universel.

3o. Dès que le jugement en déclaration d'absence est prononcé, l'absent étant présumé mort, ne peut plus être personnellement en qualité de cause; c'est pourquoi tous ceux qui ont des droits à exercer contre lui, ne peuvent plus les poursuivre que contre ceux qui auront été envoyés en possession (134); or, il n'est pas possible d'admettre une hypothèse dans laquelle ses créanciers ne puissent trouver de contradicteur légitime; donc le refus de l'héritier présomptif ne doit point écarter le légataire universel de la possession des biens.

SECTION IV.

Des droits de l'époux de l'absent.

L'époux de l'absent peut être envisagé soit par rapport à son état personnel, soit relativement à ses enfans s'il en a, soit enfin sous le rapport de ses intérêts pécuniaires.

§ 1er.

État personnel de l'époux de l'absent.

L'absence ne porte aucune atteinte aux

liens du mariage qui unit les époux : et comme la bigamie est un crime ; que nulle circonstance sur les probabilités de la mort d'un époux, ne pourrait justifier l'autre de s'exposer à le commettre, il est défendu à l'époux présent de contracter un nouveau mariage, sans avoir la preuve légale du décès de l'absent.

Le mariage ainsi contracté serait nul, si l'absent n'était pas décédé au moment où il aurait été célébré ; mais si l'incertitude de la mort d'un des époux, ne doit jamais suffire pour autoriser l'autre à contracter une nouvelle union, la même incertitude ne doit pas suffire non plus, pour troubler un mariage qui aurait été ainsi contracté ; c'est pourquoi l'époux absent est seul recevable à attaquer ce mariage par lui-même, ou par un fondé de pouvoir muni de la preuve de son existence. (139)

Nous croyons, néanmoins, que cette décision du Code n'est applicable qu'au cas où il y aurait eu déclaration d'absence, avant le second mariage, parce que l'époux présent pourrait alors être de bonne foi, ce qu'il ne serait pas possible de supposer dans le simple état d'absence présumée. D'ailleurs, les auteurs du Code n'ont point confondu la dénomination d'*absent* avec celle d'*absent présumé* ; ils ont toujours soigneusement évité de prendre l'une de ces expressions pour l'autre, et l'on voit qu'ils n'ont limité l'exercice de l'action en nullité dont il s'agit ici, qu'à l'égard de l'*absent* seulement, sans parler du *présumé absent*; d'où il faut conclure que, dans le cas d'un nouveau mariage contracté avant la déclaration d'absence, toutes parties intéressées, et même le procureur impérial (184), pourraient l'attaquer, au moins pendant la présomption d'absence, et avant que la déclaration en eût été prononcée.

L'absence ne changeant point l'état personnel des époux, nous devons en conclure que la femme dont le mari a disparu, ne peut ester en jugement ni contracter sans être autorisée d'office par le juge (222), puisque son état d'incapacité reste le même.

Néanmoins après la déclaration d'absence, soit que la femme, optant pour la continuation de la communauté, obtienne l'administration légale des biens mêmes du mari; soit que, préférant la dissolution provisoire de la communauté, elle se trouve envoyée en possession de ses reprises; dans l'un comme dans l'autre cas, le jugement qui lui confère l'administration de ses propres, ou celle des biens de son mari, l'autorise nécessairement d'une manière générale, à faire tout ce qui est nécessaire pour administrer, comme lorsqu'il s'agit d'une femme séparée de biens; mais elle ne pourrait ester en jugement, aliéner ou hypothéquer, sans autorisation spéciale donnée par le juge en connaissance de cause.

§ 2.

Des enfans de l'absent.

Si le père a disparu laissant des enfans mi-neurs issus d'un commun mariage, la mère *devient leur tutrice provisoire,* dès que le mari est en présomption d'absence ; elle en a la surveillance et exerce tous les droits du père (141), quant à leur éducation et à l'ad-ministration de leurs biens : elle peut même, avec l'autorisation de la justice, engager les biens de la communauté pour leur établis-sement. (1427)

Six mois après la disparition du père, si la mère était décédée lors de cette dispari-tion, ou si elle vient à mourir avant que l'absence du père ait été déclarée, la sur-veillance des enfans doit être déférée, par le conseil de famille, aux ascendans les plus proches, et, à leur défaut, à un tuteur pro-visoire. (142)

Il en est de même dans le cas où l'époux qui a disparu aurait des enfans mineurs issus d'un mariage précédent. (143)

Nous avons dit que la mère devient *tu-trice provisoire* de ses enfans mineurs, dès le moment que le père est constitué en pré-somption d'absence : cette décision est fon-dée sur les deux dispositions du Code que nous avons citées.

La première porte que la mère aura la surveillance des enfans mineurs, et qu'elle exercera *tous les droits du mari quant à leur éducation et à l'administration de leurs biens;* les droits du mari, quant à l'éducation et à l'administration des biens de ses enfans mineurs, constituent la tutelle qu'il exerce sur eux : donc la mère qui est provisoirement chargée de l'exercice de ces mêmes droits, est véritablement une tutrice provisoire.

La seconde veut que, dans le cas où la mère serait morte, le conseil de famille nomme aux enfans un *tuteur provisoire;* elle est donc tutrice provisoire quand elle existe, puisque les fonctions qu'elle remplit sont une tutelle provisoire, lorsqu'à son défaut le conseil de famille les défère à un étranger.

Il résulte de là que, dans l'hypothèse dont nous parlons, c'est à la mère à représenter ses enfans mineurs dans tous les actes civils (450), et à y stipuler pour eux.

Mais a-t-elle besoin de l'autorisation d'office pour les actes dépendant de cette espèce de tutelle?

Lorsqu'il s'agit d'un mandat ordinaire, la femme peut l'accepter seule et le mettre à exécution, soit parce qu'elle n'oblige directement que celui au nom duquel elle traite, soit sur-tout parce que, si son commettant vient à agir contr'elle en vertu du mandat, elle pourra toujours le repousser par l'exception résultant de ce qu'elle n'a pas été autorisée (1990): la négociation renfermée dans le mandat peut donc être très-valablement consommée par la procu-

ratrice, sans que celle-ci reste ni directement ni indirectement obligée; c'est pourquoi il n'est pas nécessaire qu'elle soit autorisée pour mettre à exécution les pouvoirs qui lui ont été donnés par un tiers.

Il n'en est pas ainsi du mandat renfermé
dans la tutelle pour gérer les affaires des
mineurs : la qualité de tuteur entraîne nécessairement l'obligation de rendre compte :
la responsabilité attachée à cette charge, fait
que celui qui l'exerce s'oblige toujours au
moins indirectement lui-même, puisqu'il
est toujours comptable envers ses mineurs;
la mère ne pourrait donc repousser leur
action par l'exception résultant de ce qu'elle
n'aurait pas été autorisée comme dans le
cas d'un mandat ordinaire, d'où il nous
paraît qu'on doit conclure qu'il faut qu'elle
demande l'autorisation d'office, chaque fois
qu'il s'agit de négociations qui ont quelque
importance, et qui sont hors des objets de
détail nécessaires à l'administration et à
l'entretien intérieurs de la famille.

Mais si, en s'adressant au Tribunal pour
faire prononcer la présomption d'absence
contre le mari, la mère s'était en même
temps fait autoriser généralement pour
tout ce qui concerne l'exercice de sa tutelle provisoire, elle pourrait gérer par la
suite sans être obligée de recourir à l'autorisation d'office pour chaque acte d'administration, parce qu'une femme peut recevoir une autorisation générale pour administrer. (223)

La mère a donc provisoirement la tutelle des enfans dont le père est absent ; mais a-t-elle aussi sur eux les droits de la puissance paternelle ?

Nous né le croyons pas, du moins en ce qui touche les intérêts du mari, si ce n'est après la déclaration d'absence.

La tutelle est une charge toute à l'avantage des mineurs : la puissance paternelle, au contraire, est un droit utile sous plusieurs rapports, pour celui qui en est revêtu : l'une n'est donc pas régie par les mêmes principes que l'autre.

Il faut que les enfans ne restent pas abandonnés, sans protuteur pour les représenter et faire valoir leurs droits ; c'est pourquoi la tutelle est aussitôt dévolue à la mère ; mais il n'y a pas la même nécessité de transférer à celle-ci les droits d'usufruit qui n'appartiennent encore qu'au père, en vertu de la puissance paternelle.

Néanmoins, lorsque la déclaration d'absence a été prononcée, et qu'en conséquence tous ceux qui ont à faire valoir sur les biens du mari, des droits subordonnés à la condition de son décès, sont admis à les exercer, nous croyons que la mère peut aussi demander, pour elle, la continuation provisoire de l'usufruit légal qu'il avait, lors de son départ, sur les biens de de leurs enfans âgés de moins de dix-huit ans, puisque la loi lui lègue la survivance de cet usufruit. (384)

§ 3.

Sur les intérêts pécuniaires de l'époux
de l'absent.

L'époux de l'absent ne saurait mettre obstacle à la déclaration d'absence demandée
par ceux qui peuvent y avoir intérêt (115);
mais lorsque l'absence est déclarée, et qu'il
est question de la possession des biens, l'é-
poux présent a des droits qu'il peut faire
valoir sous différens rapports, suivant la
position où il se trouve.

Et d'abord, si l'absent n'a point laissé de
parens successibles lors de sa disparition,
son époux peut demander la possession provisoire de ses biens (140), aux droits et
charges ordinaires, puisqu'il est regardé
comme héritier dans ce cas. (767)

Si l'absent a laissé des parens successibles,
et que son mariage ait été contracté sous le
régime dotal ou sans communauté, la déclaration d'absence le constituant en état de
mort présumée, ses héritiers sont admis à
demander l'envoi en possession de ses biens,
et à liquider ses droits avec l'époux présent.

Mais si le mariage a été contracté sous le
régime communal, la loi accorde à l'époux
présent la faculté d'opter pour la continuation ou la dissolution provisoire de la communauté.

L'option de continuer la communauté fait
que l'absent cesse d'être présumé mort, parce

qu'on ne peut être associé et mort tout-
à-la-fois; en conséquence l'administration
légale de ses biens est dévolue à l'époux
présent, et les choses restent dans le même
état après l'absence déclarée, que dans le
temps de la simple présomption d'absence;
c'est-à-dire, que cette continuation de communauté met obstacle à l'envoi en possession des héritiers et à l'exercice provisoire
de tous les droits subordonnés à la condition
du décès de l'absent (124); d'où il résulte
que ses héritiers ne seraient pas même admis à demander la possession de ceux de
ses biens qui seraient hors de la communauté, puisque l'option de l'époux présent
fait cesser la présomption de mort.

La loi n'accorde qu'à l'époux associé le
droit de maintenir cet ancien état de choses,
parce qu'elle a voulu que sa faveur fût commune aux deux époux, et qu'il n'y a que
le régime communal sous lequel cela puisse
être ainsi; car, pour obtenir l'administration légale préférablement aux héritiers, la
femme ne peut avoir d'autre titre que sa
qualité d'associée; elle ne pourrait donc y
prétendre si elle avait été mariée sans communauté, et dès-lors, en demandant le
maintien des choses comme auparavant,
elle ne solliciterait qu'un état de privation
pour elle-même, puisque sa dot ne devrait
plus lui être restituée.

La femme qui opte pour la continuation de la communauté, conserve le droit
d'y renoncer ensuite (124); elle peut donc

restitúer le depôt aux héritiers du mari, et se soustraire aux dettes contractées par celui-ci, mais non à celles qu'elle aurait elle-même contractées (1494), après s'être fait autoriser en justice (222). Quant au mari, il ne peut jamais, contre les intérêts des créanciers, renoncer à la communauté; mais nous ne voyons aucune raison qui l'oblige à garder le dépôt vis-à-vis des héritiers de la femme absente.

L'époux qui opte pour la continuation de la communauté, ne demandant que la maintenue provisoire d'un droit précédemment acquis, la loi ne l'oblige point à fournir caution (124); néanmoins sa qualité de comptable le soumet aux mêmes formalités pour l'inventaire, la vente et l'emploi du mobilier, que quand c'est l'héritier présomptif qui demande la possession des biens. (126)

Dans les cas ordinaires, le mari administrant la communauté en maître, peut aliéner et hypothéquer les fonds qui en dépendent (1421); mais ici, celui qui a opté pour la continuation de la communauté, ne peut être revêtu d'un pouvoir aussi étendu (128); car, si l'absent ne reparaissait pas, et que sa mort fût reportée au temps de sa disparition, ou prouvée à une époque quelconque, les aliénations d'immeubles faites postérieurement, ne pourraient être frustratoires à l'égard des héritiers qui remonteraient au jour du décès (130), pour demander compte à l'administrateur légal.

L'absent reparaissant, retrouve sa communauté conservée avec les accroissemens de fruits (1401) et émolumens qui peuvent la composer, comme s'il n'y avait point eu d'absence; mais si son décès est prouvé dans les quinze ans depuis la disparition, l'administrateur légal doit le cinquième des revenus à ses héritiers, et le dixième seulement, si c'est après quinze ans mais avant trente que la mort soit prouvée (130): et pareil compte de fruit serait dû à l'absent lui-même, pour ses biens dont le revenu ne tombait point en communauté. (127)

Lorsque l'époux présent préfère la dissolution provisoire de la communauté, elle est liquidée avec les héritiers présomptifs qui sont envoyés en possession, et alors la présomption de mort de l'absent ayant tout son empire, ceux qui ont des droits subordonnés à la condition de son décès, sont admis à les exercer provisoirement.

Dans ce cas, l'époux qui a opté pour la reprise de ses apports et le partage des acquêts, est obligé de donner caution *pour les choses susceptibles de restitution.* (124)

Mais, que doit-on entendre par ces expressions du Code, *pour les choses susceptibles de restitution?*

Cette caution est exigée dans l'intérêt de l'absent, pour le cas de son retour; en conséquence, ces expressions de la loi s'appliquent d'abord directement à tous gains de survie, à toutes libéralités qu'il aurait faites à l'époux présent, et dont le donataire ne devrait jouir qu'après la mort du donateur, parce que la restitution en serait due à l'absent qui reparaîtrait; mais, doit-on faire porter aussi ce cautionnement sur tous les autres effets restés à l'époux présent d'après l'acte de liquidation? Cette question n'est pas sans quelques doutes, jusqu'à ce que la jurisprudence soit établie sur ce point.

1°. Il est difficile de n'accorder à l'époux présent, que la simple qualité de dépositaire, pour des biens qui lui sont propres.

2°. Si le législateur avait voulu que ce cautionnement s'étendît à tous les biens dévolus à l'époux présent, il l'aurait simplement soumis à l'obligation de fournir caution, sans ajouter ces expressions restrictives, *pour les choses susceptibles de restitution.*

3°. Si c'est le mari qui est présent, comment concevoir qu'il se trouve obligé de fournir caution, pour rendre à sa femme, lors du retour de celle-ci, des biens sur lesquels il a une maîtrise entière, quand elle n'est point absente? à moins qu'on ne dise qu'en ce cas les choses ne sont pas susceptibles de restitution, par rapport à la qualité du mari, et qu'on ne fasse par là, entre les deux époux, une distinction qui n'est point dans le texte littéral de la loi.

4°. Si c'est la femme qui est restée présente, et qu'ayant été remplie de ses apports et portions d'acquêts mobiliers, elle les ait dissipés, le mari après son retour ne restera point obligé au remboursement de

la dot; et dans la liquidation de communauté qui aura lieu définitivement, après
la dissolution du mariage, la femme ou ses
héritiers pourront, suivant les circonstances, être tenus à récompense, pour la portion d'acquêts par elle dissipée; d'où il résulte que le défaut de cautionnement sur ces
sortes de biens, ne serait pas ruineux pour
le mari, comme quand il s'agit de la restitution des gains de survie.

Section V.

De l'envoi en possession définitif.

Si l'absence a continué pendant trente
ans depuis l'envoi en possession provisoire,
ou depuis l'administration légale de l'époux
présent, ou s'il s'est écoulé cent ans révolus
depuis la naissance de l'absent, il est définitivement présumé mort.

Par l'effet de cette présomption définitive, si l'absent était marié, sa communauté
est dissoute; l'époux présent qui aurait opté
pour la continuation, ne peut plus, sous ce
nouvel ordre de choses, conserver son administration, et dans tous les cas les cautions fournies sur la possession provisoire
doivent être déchargées, et tous les ayans-
droit peuvent demander au Tribunal d'arrondissement, le partage et l'envoi en possession définitive des biens de l'absent. (129)

Il y a donc deux cas dans lesquels on peut
demander la possession définitive : le pre-

mier, lorsque la provisoire a duré trente ans ; le second, lorsque l'âge de l'absent s'étend à un siècle révolu.

Dans le premier cas, comme il faut que l'absence, sans nouvelles, ait continué; s'il y avait du doute, le procureur impérial serait fondé à demander qu'il fût fait enquête sur la vérification de ce fait.

Dans le second, au contraire, la représentation de l'acte de naissance de l'absent doit être suffisante, parce qu'étant réputé mort après la révolution d'un siècle qui est regardé comme l'extrême de la vie humaine, il n'y a plus d'intérêt pour lui, à former opposition à la demande des héritiers.

Il faut observer encore que, quand l'âge de l'absent s'étend à un siècle révolu, la présomption de mort prend un caractère de gravité qu'elle ne peut avoir dans les autres cas. Au défaut de nouvelles reçues de sa part, se joint le témoignage de la nature qui dépose contre lui : la vie prolongée à un siècle est déjà un accident si rare, qu'on ne peut pas la supposer plus longue sans en avoir la preuve.

Il résulte de là que, dans cette hypothèse, la présomption de mort n'est pas simplement relative aux droits de l'absent comparé avec ses héritiers, mais qu'elle opère ses effets généralement pour tous, puisqu'elle est fondée sur la destinée commune de tous les hommes.

Il n'y a d'exception qu'en ce qui concerne le mariage, parce que l'époux présent ne doit jamais être admis à passer en secondes noces, sans avoir la preuve légale du décès de l'autre.

Par l'effet de l'envoi en possession définitive, les ayans-droit se trouvent revêtus de la propriété des biens, les possèdent à titre de maître, peuvent les hypothéquer (2126), les vendre et aliéner, sauf la restitution du prix si l'absent reparaît, mais sans que les tiers acquéreurs aient à craindre aucune éviction de sa part. (132)

SECTION VI.

De la cessation des effets de l'absence.

Les effets de l'absence dont il est parlé ci-devant peuvent cesser soit par le retour de l'absent, soit par les nouvelles qu'on en aurait reçues, soit par le changement de ses héritiers.

§ 1er.

Retour de l'absent.

Si l'absent reparaît même après l'envoi en possession définitive, l'article 132 du Code porte qu'il recouvrera ses biens *dans l'état où ils se trouveront, le prix de ceux qui auraient été aliénés, ou les biens provenant de l'emploi qui aurait été fait du prix de ces biens vendus.*

Par ces expressions, le législateur nous paraît avoir décrété en principe que l'héritier envoyé en possession définitive, ne doit, lors de la restitution qui lui est prescrite, être soumis à aucune perte, ni conserver aucun avantage provenant des capitaux de l'absent ; d'où il résulterait :

1º. Que cet héritier ne serait pas même tenu de restituer le prix des ventes dont il prouverait qu'il n'a pas profité sans qu'il y eût eu de sa faute, parce que la loi ne l'obligeant à rendre les biens que tels qu'ils se trouvent, rejette sur l'absent toutes pertes arrivées par cas fortuits.

2º. Que si l'aliénation avait été faite de bonne foi, par l'héritier, à titre gratuit, il ne serait point tenu d'en récompenser l'absent, à moins qu'il ne fût censé en être resté plus riche, comme s'il avait constitué en dot à sa fille, un domaine provenant de ce dernier, pour conserver le sien propre.

A quelqu'époque que l'absent reparaisse, il rentre dans les biens qui lui étaient acquis lors de son départ et qu'il retrouve entre les mains de l'héritier, sans que celui-ci puisse lui opposer la prescription, parce que le représentant ne prescrit point contre le représenté.

Il n'en est pas de même des biens échus par l'ouverture d'une succession arrivée pendant l'absence : lorsque l'absent se présente pour agir en pétition d'hérédité, contre les héritiers qui ont recueilli à son défaut, ceux-ci peuvent lui opposer la prescription (137) trentenaire (2262), parce qu'ils n'ont point joui comme représentant l'absent ; qu'ils ont au contraire pris possession, comme ayant personnellement et pour eux-mêmes la vocation de la loi, et ont joui en vertu de ce titre qui leur était propre.

§ 2.

Nouvelles de l'absent.

A quelqu'époque qu'on ait reçu des nouvelles de l'absent, soit qu'on les tienne directement de lui, soit qu'elles proviennent de toutes voies indirectes, les effets du jugement en déclaration d'absence cessent de plein droit; l'absent recouvre tous ses biens, de la manière dont nous venons de l'expliquer dans le paragraphe précédent (132); sauf, s'il y a lieu, à prendre les mesures conservatoires de ses intérêts, telles qu'elles sont prescrites pour les absens présumés (131), s'il n'a point envoyé lui-même de fondé de pouvoirs sur les lieux.

§ 3.

Changement des héritiers de l'absent.

La possession des biens est accordée aux parens successibles lors de la disparition ou des dernières nouvelles, parce que c'est à cette époque qu'on reporte la mort présumée de l'absent; mais il est possible que son décès étant prouvé postérieurement, la loi appelle d'autres parens à lui succéder : dans ce cas, les héritiers présomptifs au jour du décès sont en droit de répéter sa succession, et ceux qui ont joui de ses biens, sont tenus de les leur restituer, sous la réserve des quatre cinquièmes ou neuf dixièmes des fruits (130), suivant que la preuve de ce décès aura été acquise avant ou après quinze années, mais dans les trente ans depuis la disparition.

Ici se présente la question de savoir quelle prescription les possesseurs pourraient opposer à ces nouveaux héritiers?

Si les nouveaux héritiers sont enfans ou descendans directs de l'absent, ils ne peuvent être écartés que par la prescription de trente ans à compter depuis l'envoi définitif.

Si, au contraire, ce sont des collatéraux, la prescription trentenaire aura couru contr'eux, même pendant l'envoi en possession provisoire.

Cette distinction est fondée sur l'art. 133 du Code, portant que les *enfans et descendans directs* de l'absent pourront, dans les trente ans, *à compter de l'envoi définitif*, demander la restitution de ses biens. La conséquence naturelle de cette disposition restrictive et privilégiée, c'est que les collatéraux n'ont pas le même avantage; donc la prescription court contr'eux, même pendant l'envoi en possession provisoire, car s'il en était autrement, ils auraient aussi trente ans depuis l'envoi définitif, pour agir en pétition d'hérédité, ce qu'évidemment la loi leur refuse, puisqu'elle ne prolonge ainsi cette action qu'en faveur des enfans et descendans directs.

Vainement dirait-on que les héritiers envoyés en possession provisoire, ne sont que dépositaires, et que le dépositaire ne prescrit pas; car il faut se rappeler ce que nous avons dit plus haut, que, s'ils sont qualifiés dépositaires, ce n'est que comparativement à l'absent; mais que, comparativement à des tiers, ils ont les actions du maître (817), puisque ce n'est plus que contr'eux qu'on peut agir (134); d'où il résulte que l'imprescriptibilité ne peut être opposée ici que par l'absent lui-même; qu'elle ne peut point être opposée par d'autres héritiers qui sont véritablement des personnes tierces à l'égard des possesseurs; et que, par cette raison, la possession trentenaire exigée, depuis l'envoi définitif, pour exclure les enfans, est déjà un privilége établi en faveur de ceux-ci contre la règle commune.

Il résulte même de là que, pour étendre plus loin ce délai, les enfans et descendans de l'absent ne pourraient exciper de leur minorité; parce que ce n'est point ici une prescription ordinaire, puisqu'elle n'est opérée qu'après soixante ans de possession.

Si, en thèse générale, la prescription ne court pas contre les mineurs (2252), c'est quand elle est soumise aux règles établies par le titre du Code particulièrement décrété sur cette matière : mais lorsqu'il s'agit de prescriptions sur d'autres choses que celles mentionnées dans ce titre, elles ne sont soumises qu'aux règles spécialement établies dans les titres qui statuent sur leur objet (2264) : on ne doit donc consulter ici que la loi sur l'absence, laquelle décide généralement et dans tous les cas, que les descendans de l'absent ne peuvent agir que pendant trente ans à dater de l'envoi en possession définitif, sans faire aucune distinction entre ceux qui seraient majeurs ou mineurs.

Nous terminerons ce chapitre par l'examen de quelques-unes des nombreuses questions que présente la matière.

1ere. QUESTION. Quel est le caractère du mandat dont le procureur impérial est revêtu dans les causes des absens? peut-il agir par voie d'action, ou n'a-t-il que la voie de réquisition? peut-il directement conclure dans l'intérêt de l'absent, ou peut-il seulement requérir l'application de la loi sur les conclusions prises par les parties qui sont nominativement en cause?

En thèse générale, le ministère public n'a que la voie de réquisition : il n'a celle d'action que quand la loi la lui attribue spécialement, comme, par exemple, pour poursuivre les amendes et peines encourues par l'officier de l'état civil qui a délinqué dans ses fonctions (53); pour proposer les nullités de mariage en certains cas (184); pour faire ordonner que les enfans des personnes divorcées seront placés de la manière la plus avantageuse à leur éducation (302); pour provoquer l'interdiction d'un furieux (491); pour faire déclarer un grevé de substitution déchu du bénéfice de la disposition faite à son profit, lorsqu'il a négligé de provoquer la nomination d'un tuteur à la substitution (1057), etc. etc.; nous avons donc à examiner si telles sont les dispositions du Code en matière d'absence, qu'elles attribuent au ministère public ce pouvoir qui sort de la règle commune.

Sans doute, lorsqu'il s'agit simplement d'un *défaillant* ou d'un *non présent*, ou même d'un *absent* représenté par quelqu'un, comme par un fondé de pouvoirs qu'il aurait nommé, ou par un curateur qui lui aurait été décerné, le ministère public n'a point la voie d'action, parce qu'il n'y a point nécessité de la lui accorder; mais lorsqu'un homme a disparu, que son existence est devenue incertaine, qu'ayant été dénoncé à la justice sous ce rapport, il est constitué en état de présomption d'absence proprement dite, et qu'il s'agit de prendre des mesures pour la conservation de ses intérêts, nous croyons que le procureur impérial a la voie d'action, s'il y a nécessité qu'il agisse lui-même.

Observons d'abord qu'il ne faut pas confondre la classe des absens, avec celle des mineurs ou des femmes mariées, relativement à la protection particulière que la loi accorde aux uns et aux autres.

Les mineurs sont défendus par leurs tuteurs, et les femmes par elles-mêmes; il suffit donc de les soutenir et protéger dans leur défense, sans agir pour eux; mais on doit agir pour l'absent qui n'a point de représentant et qui ne peut rien par lui-même, autrement la protection de la loi serait nulle ou du moins imparfaite à son égard.

Suivant l'article 113 du Code Napoléon, le Tribunal doit, à la requête de la partie la plus diligente, commettre un notaire pour représenter les présumés absens, dans les inventaires, comptes, partages et liquidations dans lesquels ils sont intéressés.

Telle est la seule mesure spécialement prescrite à leur égard ; à quoi l'article 114 ajoute :

Que le ministère public est *spécialement chargé* de veiller aux intérêts des personnes présumées absentes ;

Et qu'il *sera entendu* sur toutes les demandes qui les concernent.

Voilà deux dispositions différemment exprimées : on ne doit pas supposer que la seconde n'est que la répétition de la première : ces deux dispositions sont donc distinctes l'une de l'autre dans ce qu'elles prescrivent ; d'où il résulte que, par la première, le ministère public est chargé d'agir quand il est nécessaire ; et que, par la seconde, il est chargé de requérir dans tous les cas.

S'il y a nécessité de pourvoir à l'administration des biens de l'absent présumé, l'article 112 veut qu'il y soit statué par le Tribunal, sur la demande *des parties intéressées*, tels que des associés, des communiers, des créanciers ; mais s'il n'existe point de parties intéressées, qui est-ce qui aura l'action, si ce n'est le ministère public *spécialement chargé de veiller aux intérêts des personnes présumées absentes?*

Si ceux qui ont été d'abord admis à agir se trouvent ensuite en opposition d'intérêts avec l'absent, qui est-ce qui pourra le défendre, si ce n'est encore le ministère public *spécialement chargé* de veiller à la conservation de ses biens? et n'est-ce pas, parce qu'il peut défendre comme contradicteur légitime au nom de l'absent, que l'article 69, § 8 du Code de procédure, veut qu'on notifie au procureur impérial l'exploit d'assignation donné contre celui dont le lieu de la résidence est inconnu?

L'enquête ordonnée par l'article 116, pour procéder à la déclaration d'absence, doit être faite *contradictoirement* avec le procureur impérial; donc il a droit d'agir par contr'enquêtes, puisqu'il est chargé de contredire et combattre l'enquête des demandeurs; donc il est le contradicteur légitime pour défendre au nom de l'absent attaqué.

Lorsque l'absence a été déclarée, le testament de l'absent doit être ouvert à la réquisition des parties intéressées ou *du procureur impérial* près le Tribunal (123); donc il a la même voie d'action que les parties intéressées, pour procurer l'exécution des volontés de l'absent déclaré; donc il l'a, à plus forte raison, pour la conservation des intérêts de l'absent présumé, puisque la loi l'en charge spécialement.

Quand il s'agit de faire inventaire du mobilier de l'absent, c'est en présence du procureur impérial qu'on doit y procéder, ou d'un juge de paix par lui délégué; le pouvoir de surveillance dont ce magistrat est revêtu, ne se borne donc point à requérir l'application de la loi dans les causes qui seraient appelées au Tribunal près lequel il remplit ses fonctions, puisqu'il a le droit de représenter l'absent dans les opérations de l'inventaire, comme le ferait un curateur décerné à celui-ci.

Les héritiers présomptifs qui sont envoyés en possession provisoire doivent fournir caution; mais cette sureté décrétée en faveur de l'absent ne serait-elle pas une vaine formalité, si le ministère public n'avait pas le droit de contester sur la solvabilité de la caution? et comment la loi pourrait-elle le charger spécialement de veiller aux intérêts de l'absent, sans lui accorder le droit de contredire alors un cautionnement illusoire?

Il faut néanmoins observer sur cette question, que l'intervention du ministère public ne doit avoir lieu que dans l'exercice des actions directement intentées contre l'absent; telles que la demande formée pour constituer quelqu'un en présomption d'absence et régler l'administration de ses biens, celle qui tendrait à provoquer la déclaration d'absence, celle qui aurait pour but l'envoi en possession provisoire ou définitif, celle qui serait relative à la prestation et réception des cautions que doivent fournir les héritiers provisoires, etc., etc., parce que, dans tous ces cas, c'est contre l'absent seul que l'action est dirigée, et qu'il se trouverait sans défense, si le ministère public était étranger à sa cause.

Mais après l'envoi en possession, même provisoire, l'état des choses change de face, pour toutes les actions intentées par des tiers, sur les biens de l'absent : les héritiers qui ont obtenu la possession ont personnellement les actions du maître, ainsi que nous l'avons prouvé plus haut : ils sont contradicteurs légitimes pour défendre sur toutes les demandes formées par des personnes tierces : ils sont présens et figurent personnellement en qualité de cause : alors il ne s'agit plus d'absent, et le ministère public chargé de veiller aux intérêts *des personnes présumées absentes,* et de conclure sur toutes les demandes *qui les concernent* (114), parce qu'il n'y a encore point de contradicteur légitime pour elles, n'a plus ici de fonctions à remplir dans la cause des héritiers envoyés en possession ; c'est pourquoi, d'après l'article 83, § 7 du Code de procédure, il n'y a que les causes concernant ou intéressant *les personnes présumées absentes,* qui doivent lui être communiquées.

2ᶜ. QUESTION. Quelle est l'étendue du pouvoir déféré à un notaire commis pour représenter une personne présumée absente, dans un inventaire, un compte, un partage ou une liquidation de succession? peut-il consentir amiablement le compte ou le partage? peut-il transiger au nom de l'absent? peut-il contester pour lui et le représenter en qualité de cause?

Le mandat du notaire délégué pour représenter une personne présumée absente, est contenu dans le jugement qui l'a nommé: c'est là qu'on doit recourir en premier lieu, pour apprécier l'étendue des pouvoirs qui lui sont confiés sur tout ce qui est nécessaire à l'opération pour laquelle il est député.

Nous observerons seulement que les liquidations et partages dans lesquels les présumés absens sont intéressés, comme ceux qui concernent les mineurs, doivent être faits et homologués en justice (838), et qu'en conséquence le notaire qui représente un absent, dans quelques actes de cette espèce, ne peut pas volontairement les consentir pour lui;

Qu'il faut un mandat spécial pour pouvoir aliéner ou hypothéquer (1988), ce qui est toute autre chose que la commission donnée à un notaire pour paraître à une liquidation ou à un inventaire;

Qu'un tuteur n'aurait pas même le pouvoir de transiger pour son mineur (2045), sans l'intervention de la justice (467), et qu'à plus forte raison il en doit être ainsi du notaire délégué pour veiller à la conservation et non pour disposer des intérêts de l'absent;

Que la loi veut qu'on appelle à la levée du scellé et à l'inventaire, un notaire nommé d'office par le président du Tribunal, pour représenter, non-seulement les personnes présumées absentes, mais même toutes parties intéressées demeurant hors de la distance de cinq myriamètres (*a*); d'où il résulte que cette commission ne suppose dans le notaire auquel elle est confiée, ni le pouvoir de transiger, ni celui d'intenter une action et de paraître en jugement pour contester au nom de l'absent présumé, puisqu'il ne pourrait le faire pour les non-présens, à l'égard desquels il a reçu le même mandat.

Ses pouvoirs se bornent donc naturellement aux actes purement conservatoires et à tout ce que la prudence peut lui suggérer pour l'exécution matérielle de l'opération à laquelle il est député, sauf à recourir au Tribunal pour tout ce qui n'en serait pas la suite nécessaire.

3e. QUESTION. La prescription ne court pas contre les mineurs (2252); mais elle court contre les majeurs : supposons qu'un absent soit majeur, et que conséquemment la prescription doive courir contre lui; mais que l'héritier envoyé en possession provisoire de ses biens soit mineur, *aut vice versâ*, la prescription courra-t-elle au profit du tiers possesseur d'un fonds provenant de l'absent ?

_____

(*a*) Art. 931 du Code de proc.

Celui qui acquiert de bonne foi et par juste titre un immeuble, en prescrit la propriété par dix ans, si le véritable propriétaire habite dans le ressort de la Cour d'appel dans l'étendue duquel l'immeuble est situé, et par vingt ans, s'il est domicilié hors dudit ressort (2265); faudra-t-il au possesseur d'un fonds provenant d'un absent, vingt ans pour prescrire, même dans le cas où l'héritier présomptif serait présent et envoyé en possession des biens de l'absent ?

Le principe de la solution de toutes ces questions repose sur la qualité de la personne qui agit en revendication de l'héritage.

Si c'est l'absent qui après son retour répète le fonds possédé par un tiers, on doit appliquer la règle relative soit à son absence, soit à son état personnel de majorité ou de minorité : il faudra donc vingt ans avec un titre juste pour que la prescription soit opérée contre lui, par rapport à son éloignement, et encore cette prescription n'aura cours qu'en le supposant majeur.

Mais lorsque l'absent n'a pas reparu, et qu'après la déclaration d'absence il est présumé mort dès le jour de sa disparition, on ne peut plus, dès cette époque, s'attacher qu'à la qualité de l'héritier envoyé en possession, pour juger si la prescription a couru ou non, puisque cet héritier exerce alors les actions du maître.

Ainsi, dans ce cas, la prescription aura

eu son cours si l'héritier envoyé en possession est majeur dès le moment de la disparition ou des dernières nouvelles de l'absent,
puisque c'est à cette époque qu'on reporte
l'ouverture de ses droits, et elle aura été
suspendue si l'héritier a été mineur ; comme
elle sera acquise par dix ou vingt ans avec
juste titre, si cet héritier habite ou n'habite
pas dans le ressort de la Cour d'appel de la
situation de l'immeuble.

4e. QUESTION. Peut-on être admis à succéder, par droit de représentation, aux
lieu et place d'un absent, lorsque son existence n'est pas reconnue ?

Pour l'intelligence de cette question,
supposons qu'un absent ait laissé des enfans présens au domicile qu'il a quitté ;
que l'absence soit déclarée, et que les enfans soient envoyés en possession provisoire des biens de leur père ?

Que l'absent ait laissé aussi deux frères
vivans lors de son départ, et qu'un de ces
frères vienne à mourir ensuite ; l'autre frère
présent aura-t-il toute la succession, à l'ex-
clusion des enfans de l'absent, ses neveux ;
ou bien ceux-ci concourront-ils au partage
de l'hérédité du défunt leur oncle avec
leur autre oncle survivant ?

Pour établir leur droit au partage, les
enfans de l'absent pourraient proposer ce
dilemme à leur oncle :

« Ou l'absent notre père est mort, ou il
» est vivant ; vous ne pouvez le supposer
» que dans l'un ou l'autre de ces cas, choi-
» sissez.

» Si vous le réputez vivant, vous êtes
» sans titre pour demander la moitié de
» biens qui lui est dévolue, puisque la loi
» ne vous accorde que l'autre moitié : nous
» avons au contraire un titre incontesta-
» ble pour exiger la délivrance de sa por-
» tion, puisque nous sommes envoyés en
» possession provisoire de tous ses droits.

» Si vous voulez qu'il soit mort, cette
» même moitié de succession de notre on-
» cle nous revient, puisque nous représen-
» tons notre père décédé.

» Ainsi, dans tous les cas, vous ne pou-
» vez avoir que l'autre moitié. »

Quelque spécieux que ce raisonnement
paroisse au premier coup d'œil, il n'est pas
sans réplique. Il faut, pour succéder, et la
vocation de la loi et la volonté de recueillir : il ne suffirait pas de supposer que l'absent fût encore en vie, pour conclure de
là qu'on doit lui laisser une portion dans
l'hérédité ; il faudrait de plus qu'il eût la
volonté d'accepter, et que cette intention
fût manifestée et prouvée de sa part, parce
qu'on peut être vivant sans vouloir être
héritier : il pourrait être présent, et ne pas
s'immiscer dans la succession ou la refuser ;
et dans ce cas ses enfans n'y auraient aucune part ; or il est censé la refuser dès qu'il
ne la demande pas, parce qu'en justice
on ne reconnaît d'héritiers que ceux qui
se présentent pour recueillir.

D'autre côté, ce n'est pas sur la supposition d'un décès non prouvé, qu'on pour-

rait priver l'oncle de ses droits, en admettant ses neveux à représenter leur père, parce que la vocation de l'oncle est incontestable, son droit est certain, et que ce n'est pas par une simple présomption, qu'on peut anéantir l'exercice d'un droit certain.

Si l'absent déclaré est présumé mort, c'est dans l'intérêt de ceux qui ont à faire valoir, sur ses biens, des droits subordonnés à la condition de son décès; cette présomption est donc étrangère à la cause du frère qui demande à recueillir seul la succession d'un tiers, puisqu'il ne s'agit point ici de droits à faire valoir sur les biens de l'absent même.

Ainsi, les enfans de l'absent ne pourraient exercer la pétition d'hérédité, ni au nom de leur père, parce qu'on ne peut pas se porter héritier pour un autre; ni en leur nom propre et comme venant par droit de représentation, parce que la mort de leur père n'est pas prouvée, et qu'on ne peut représenter quelqu'un qu'autant qu'il est décédé. (744)

Telle est aussi la décision qui paraît sortir de l'article 136 du Code Napoléon, portant que : « S'il s'ouvre une succession à laquelle » soit appelé un individu dont l'existence » n'est pas reconnue, elle sera dévolue *ex-* » *clusivement à ceux* avec lesquels il au- » rait eu le droit de concourir, *ou à ceux* » qui l'auraient recueillie à son défaut. »

La vocation des enfans de l'absent n'est

donc point simultanée avec celle de leur
oncle, puisque la loi n'appelle que l'un exclusivement en premier ordre, ou les autres dans un sens disjonctif, c'est-à-dire
en second ordre.

Pour que les enfans de l'absent fussent
appelés à recueillir avec leur oncle, il faudrait nécessairement que la mort de leur père
fût prouvée, parce qu'en principe de successibilité, une hérédité n'est jamais dévolue au degré suivant que quand le premier
héritier qui ne recueille pas, est seul : dans
tout autre cas, sa part accroît à ses cohéritiers. (786)

Cette explication paraît d'autant plus certaine que ce texte parle généralement de
tout individu dont l'existence n'est pas reconnue, par conséquent de l'absent présumé comme de l'absent déclaré ; or, il serait impossible de prétendre au droit de
représenter celui qui n'est encore qu'en
présomption d'absence, puisqu'il n'est pas
présumé mort ; donc on ne doit point être
admis non plus à représenter celui-là même
qui est en déclaration d'absence, puisque
la loi statue à l'égard de l'un comme à l'é-
gard de l'autre, sans aucune espèce de distinction.

Néanmoins, si depuis la naissance de l'absent jusqu'à l'ouverture de la succession de
son frère, il s'était écoulé un siècle, nous
croyons qu'on devrait admettre ses enfans à
recueillir eux-mêmes, par droit de représentation, la moitié de l'hérédité de leur

oncle, parce qu'alors la preuve du décès de l'absent résulterait de celle de sa naissance même, ou du moins ce décès serait tellement présumé qu'on ne devrait plus admettre la supposition de sa vie, sans en administrer la preuve.

Il ne faut pas confondre cette hypothèse avec celle où la présomption de mort de l'absent résulte simplement de ce qu'il n'a point donné de ses nouvelles : une foule d'accidens, étrangers au décès de l'homme, peuvent l'empêcher de manifester son existence : l'intérêt de ceux qui profitent de son éloignement, peut les porter à tenir secrètes les nouvelles qu'ils en auraient reçues : mais lorsque nous sommes parvenus à la révolution d'un siècle depuis la naissance de l'absent, la nature même dépose contre lui, pour attester sa mort : ce n'est plus ici une preuve purement négative résultant de son silence : ce n'est plus une présomption du droit positif fondée sur des circonstances équivoques : ce n'est point une présomption inventée pour que des champs ne restent pas sans culture, ou pour que le droit de propriété cesse d'être en suspens : ce n'est point une présomption décrétée dans l'intérêt de ceux qui ont à faire valoir, sur les biens de l'absent, des droits subordonnés à la condition de son décès : c'est, comme nous l'avons déjà dit dans la cinquième section, une présomption fondée sur la commune destinée des hommes, laquelle doit, en conséquence, produire ses effets dans tous les cas où l'on n'administrerait pas la preuve contraire.

MAIS, dans le cas où les enfans ne sont pas admis à venir par représentation, faute par eux de prouver le décès de leur père, les créanciers de l'absent ne seraient-ils pas fondés, à exercer ses droits, pour obtenir leurs paiemens, sur sa part de succession?

Suivant l'article 788 du Code, les créanciers de celui qui renonce à une hérédité, au préjudice de leurs droits, peuvent se faire autoriser en justice, à accepter la succession du chef de leur débiteur, en son lieu et place; il en doit être de même lorsque, sans renoncer formellement, le débiteur ne se présente pas pour recueillir, parce que dans un cas, comme dans l'autre, le droit des créanciers est également sacré.

Supposons donc que le frère qui a recueilli toute la succession de son frère décédé, en ait écarté ses neveux en leur opposant qu'ils ne peuvent jouir du droit de représentation, sans prouver le décès de leur père; dans cette hypothèse, les créanciers de l'absent ne pourront-ils pas se présenter et dire à cet héritier :

« Vous n'avez pu exclure les enfans de
» notre débiteur, qu'en supposant que leur
» père fût encore en vie; car, si on l'avait
» supposé mort, vous auriez été forcé de
» les admettre en son lieu et place, par
» droit de représentation; mais, s'il est vi-
» vant, la moitié de la succession lui est dé-
» férée, et si la moitié de la succession lui
» est dévolue, la loi nous autorise à deman-
» der l'exercice de ses droits, pour obtenir

» sur cette portion, le paiement de ce qui » nous est dû. » Les créanciers de l'absent seraient-ils fondés à faire cette demande?

Nous estimons encore que non : l'art. 135 du Code la repousse, en décidant que quiconque réclame un droit échu à un individu dont l'existence n'est pas reconnue, doit prouver que cet individu existait quand le droit a été ouvert, et que jusqu'à cette preuve il sera non-recevable dans sa demande.

Ainsi, le frère de l'absent, après avoir opposé à ses neveux qu'ils ne peuvent être héritiers, par droit de représentation, sans prouver la mort de leur père, peut écarter encore les créanciers de l'absent, en leur opposant qu'ils ne sont point admissibles à demander l'exercice de ses droits, sans prouver qu'il a survécu au défunt.

Les créanciers ne peuvent être admis à exercer les droits de l'absent qu'en le supposant en vie : d'autre côté, ses enfans ne peuvent le représenter qu'en le supposant mort. Ce conflit de deux suppositions diamétralement opposées et également dénuées de preuves, les rend également non-recevables les uns et les autres, parce qu'il faut un titre certain pour être admis à recueillir une succession, et qu'il n'y a ici de certain que la vocation du frère de l'absent. *In totum omnia quae animi destinatione agenda sunt, non nisi verâ et certâ scientiâ perfici possunt. (a)*

_____

(a) L. 76, ff. de *regul. jur.*

5e. QUESTION. L'héritier envoyé en possession provisoire a-t-il l'exercice des actions rescindantes et rescisoires de l'absent, s'il n'en est pas fait mention dans le jugement d'envoi? Si l'absent traitant en minorité a été lésé, ou si étant majeur il a souffert une lésion suffisante pour autoriser le majeur à réclamer, mais qu'il ait gardé le silence, l'héritier qui est envoyé en possession de ses biens pourra-t-il lui-même intenter l'action en rescision, s'il se trouve encore dans le délai utile?

En thèse générale, une personne qui a acquis les droits d'un autre, n'a pas l'exercice des actions rescindantes et rescisoires, si la cession n'en est nominativement exprimée dans son acte (*a*), et cela pour deux raisons:

La première; parce que celui auquel la loi civile accorde le droit de proposer les actions de cette espèce, peut avoir des motifs de délicatesse et d'honneur pour s'en abstenir, et qu'en conséquence on ne présume pas qu'il en ait cédé l'exercice, lorsqu'il n'a pas formellement exprimé sa volonté à ce sujet.

La seconde; parce que céder l'exercice d'une action de cette nature, c'est faire la cession d'un procès, ce qui est odieux en jurisprudence, et ce que conséquemment on ne doit pas présumer non plus, quand on a gardé le silence à ce sujet.

_____

(*a*) Voyez dans Rousseau de Lacombe, au mot *transport*, n°. 6.

Mais aucun de ces motifs ne peut atteindre l'héritier présomptif de l'absent qui a été envoyé en possession, et ses droits sont régis par d'autres principes.

Les actions rescindantes et rescisoires sont dans le patrimoine de l'homme comme tous autres droits ; s'il ne les a point exercées lui-même, et qu'il décède lorsqu'elles ne sont point encore prescrites, elles font partie de sa succession ; il les transmet à ses héritiers qui peuvent les exercer après lui ; elles doivent donc aussi faire partie de l'hérédité provisoire qui a lieu dans le cas de l'absence ; d'où il résulte que celui qui est envoyé en possession de cette hérédité, peut incontestablement les exercer.

6e. QUESTION. Les héritiers présomptifs envoyés en possession provisoire des biens de l'absent, ne lui doivent que la restitution du cinquième des fruits, s'il reparaît dans les quinze ans, et celle du dixième s'il reparaît après quinze ans, mais avant trente ans dès la disparition : dans le premier cas ils gagnent les quatre cinquièmes, et dans le second, les neuf dixièmes des revenus de l'absent : ce profit peut-il être revendiqué par ceux qui auraient été, avant la promulgation du Code, envoyés en possession des biens d'un absent dont le retour n'aurait lieu que plus ou moins de temps après cette promulgation ?

Si la loi nouvelle accorde ce bénéfice aux héritiers envoyés en possession provisoire, ce n'est que parce qu'elle suppose qu'ils

Des absens. 201

auront rempli toutes les formalités qu'elle prescrit pour obtenir la déclaration d'absence; ceux qui ont obtenu la possession d'après les formes anciennes ne doivent donc pas avoir le même avantage, puisqu'ils n'ont point satisfait aux conditions à l'accomplissement desquelles le Code l'a attaché.

7e. QUESTION. La loi déclare que la propriété d'un trésor appartient à celui qui le trouve dans son propre fonds : que si le trésor est trouvé dans le fonds d'autrui, il appartient pour moitié à celui qui l'a découvert, et pour l'autre moitié au propriétaire du fonds (716); à qui doit appartenir celui qui aurait été trouvé dans le fonds d'un absent?

Il ne saurait y avoir de doute que sur la moitié de trésor attribuée au propriétaire du fonds, parce que l'absent ne peut être l'inventeur.

Durant la présomption d'absence, cette moitié ne peut être dévolue qu'à l'absent, puisque nul autre n'a encore de droit acquis sur ses biens.

Il en est de même pendant l'envoi en possession provisoire, puisque l'héritier présomptif qui l'a obtenue, n'est qu'administrateur-dépositaire comparativement à l'absent : ce possesseur, s'il n'est l'inventeur lui-même, pourra donc revendiquer la moitié du trésor pour en jouir, comme des autres biens de l'absent; mais il sera obligé d'en faire la restitution, le cas arrivant.

Après l'envoi en possession définitive,

l'héritier cesse d'être dépositaire, puisqu'il n'est plus obligé de conserver : il cesse d'être administrateur du bien d'autrui, puisqu'il n'a plus de compte à rendre des revenus : il est propriétaire, puisqu'il peut irrévocablement aliéner le fonds. Le trésor trouvé après cette époque doit donc lui appartenir.

Peu importe que cette propriété ne soit pas incommutablement acquise, parce qu'elle peut être révoquée par le retour de l'absent; il suffit que le droit en existe lors de la découverte du trésor.

CHAPITRE VINGT-UN.

De la parenté et de ses effets.

La parenté consiste dans les rapports naturels et civils qui unissent spécialement les personnes qui descendent les unes des autres, ou qui tirent leur origine d'une source commune.

L'alliance ou l'affinité consiste dans les liens civils qui unissent, par le mariage, les époux entr'eux, et chacun d'eux avec les parens de l'autre.

Nous disons *les liens civils ;* car, quoique l'union conjugale soit fondée dans le droit naturel, la nature ne fait cependant pas le mariage, c'est l'homme en société qui le contracte.

Les liens d'affinité sont fondés sur ce que, dans le mariage, ce n'est pas seulement un des époux qui stipule avec l'autre, mais encore chacun d'eux avec la famille entière de celui qui accepte son alliance. Cette adoption mutuelle, qui les rend spécialement chers les uns aux autres, en unissant leur service respectif, associe aussi, par une conséquence nécessaire, leurs obligations et leurs devoirs : la loi ne peut donc plus les regarder comme étrangers et indifférens les uns aux autres; la faveur qu'on doit au mariage ainsi que la bienséance des mœurs exigent également que leurs qualités civiles et leurs droits reçoivent l'empreinte de leur association.

La parenté et l'alliance font donc une partie essentielle de l'état civil des personnes, puisque la loi attribue à l'homme différentes qualités et des droits divers suivant le rang qu'il occupe dans la famille; et comme il en est question dans presque toutes les parties du droit, il nous a paru convenable de donner ici des notions générales sur cette matière.

Ce qui forme l'objet de ce chapitre peut être rapporté à trois questions principales :

Comment distingue-t-on les lignes et les degrés de parenté ou d'alliance?

Quelles sont les principales obligations et les devoirs réciproques qui naissent de la parenté ou de l'alliance?

Quels sont les obstacles ou empêchemens qu'elles peuvent produire, soit relativement à l'exercice des droits publics ou privés du citoyen, soit relativement à ses transactions sociales?

§ 1er.

Sur la manière de distinguer les lignes, et de compter les degrés de parenté et d'alliance.

On distingue deux lignes de parenté : l'une directe et l'autre collatérale.

La ligne directe comprend la collection des personnes qui descendent successivement les unes des autres, tels que l'aïeul, le fils et le petit-fils.

Cette ligne est appelée ligne directe descendante, quand on la considère en tant qu'elle lie le chef avec ceux qui descendent de lui.

Elle est appelée ligne directe ascendante, lorsqu'on la considère en tant qu'elle lie une personne avec les auteurs dont elle descend. (736)

La ligne collatérale réunit ceux qui ne descendent pas les uns des autres, mais dont l'origine va se confondre dans une source commune : tels sont les frères, les oncles et neveux ; les cousins ou autres parens plus éloignés qui, en remontant chacun leur ligne ascendante, arrivent de part et d'autre à un auteur commun.

Dans le langage de la jurisprudence, on donne aux frères différentes dénominations, suivant qu'ils sont parens ou non par le double lien de père et de mère.

On appelle *frères germains* ceux qui sont issus du même père et de la même mère ;

Frères consanguins ceux qui sont issus du même père et non de la même mère ;

Frères utérins ceux qui reconnaissent la même mère, mais qui ont des pères différens.

On appelle *cousins-germains* les enfans de deux frères, ou de deux sœurs, ou d'un frère et d'une sœur.

On nomme *cousins issus de germains* les enfans des cousins-germains.

Dans l'une et l'autre ligne les degrés de parenté se comptent par le nombre des générations (735), lequel est toujours égal au nombre des personnes, en retranchant celle du premier auteur où l'on fait aboutir la ligne.

Ainsi, en ligne directe, le père et le fils sont au premier degré, parce qu'il y a deux personnes, et qu'en retranchant celle du père il n'en reste qu'une. Le petit-fils est parent au deuxième degré avec le grand-père ou l'aïeul, parce qu'il y a ici trois personnes, c'est-à-dire, celles du petit-fils, du père et du grand-père, et qu'en retranchant celle de l'aïeul, il n'en reste que deux qui sont les deux degrés de descendance. Par la même raison l'arrière-petit-fils est au troisième degré avec son bisaïeul, et ainsi de suite.

Lorsqu'il est question de supputer les degrés de proximité des parens collatéraux, on compte de même le nombre des personnes de chacune des lignes, en retranchant la souche commune ; on les ajoute ensemble, et le nombre total donne celui des degrés.

Ainsi les deux frères sont parens au second degré; l'oncle et le neveu au troisième; les cousins au quatrième; les cousins issus de germains au sixième, ainsi de suite; parce qu'en retranchant la souche commune, la somme des personnes qui forment les lignes, est de deux pour les frères, de trois pour l'oncle et le neveu, de quatre pour les cousins, et de six pour les cousins issus de germains.

La loi n'attache plus d'effet à la parenté au-delà du douzième degré. (755)

Quoique l'affinité n'ait, à proprement parler, aucuns degrés naturels, puisqu'on ne peut réellement la rapporter aux différentes générations comme en ayant été la source, néanmoins on compte les degrés civils d'alliance de la même manière que ceux de la parenté naturelle : en sorte que chacun des époux est allié avec les membres de la famille de l'autre au même degré que celui-ci leur est parent.

Ainsi la femme du fils est alliée en ligne directe au premier degré avec le père, et au second degré avec le grand-père de son mari : et par la même raison, elle est alliée en collatérale, au second degré avec le frère, au troisième avec l'oncle, et au quatrième avec les cousins de son époux.

Mais il faut remarquer que, comme l'affinité n'est établie par la loi, qu'entre chacun des époux et les consanguins de l'au-

tre, il en résulte que les alliés des mêmes
parens ne sont pas, pour cela, alliés entre
eux : par exemple, la femme d'un frère n'est
pas l'alliée de l'épouse de l'autre frère.

§ 2.

Des devoirs généraux et des obligations réciproques qui naissent de la parenté et de l'alliance.

Le vœu de la nature est que l'homme vive
heureux jusqu'à ce qu'il ait atteint le terme
de sa carrière ; et comme elle le fait naître
faible et dénué de forces dans son enfance,
et que souvent, dans le cours de sa vie, il
se trouve incapable de satisfaire à ses propres besoins, nécessairement elle charge
ceux qui lui ont donné le jour de pourvoir
à sa subsistance, et lui-même, par un juste
retour, de soutenir les pas chancelans de
ceux dont il a reçu la vie. Le droit naturel
oblige donc les pères et mères, et à leur défaut, les autres ascendans, à fournir des
alimens à leurs enfans, et ceux-ci à leurs
ascendans ; et la loi positive, qui ne peut
voir que d'un œil d'indignation celui qui
devient, en quelque façon, le meurtrier de
sa postérité ou de son père, en lui refusant
le nécessaire à la vie, accorde à l'indigent
un recours à l'autorité publique, pour vain-
cre l'obstination du père dénaturé ou du
fils ingrat.

Mais, pour ne pas tomber dans d'inutiles

répétitions, nous renvoyons au chapitre du mariage ce qui concerne cette action que la loi civile accorde aux ascendans et descendans, et même à certains alliés, pour obtenir des alimens les uns des autres.

La personne des pères et mères est sacrée pour les enfans; l'obligation de les honorer ne finit qu'avec leur vie (371) : tel est le respect que les enfans doivent aux pères et mères, qu'en tous temps ils sont non-recevables à intenter contr'eux aucune action infamante, ou qui pourrait jeter du blâme sur leur conduite ou la régularité de leurs mœurs; et qu'ils sont obligés de subir avec déférence la correction qu'ils peuvent en recevoir, sans être admissibles à s'en plaindre par-devant les Tribunaux; parce que les parens, étant chargés de l'éducation de leurs enfans, non-seulement sont en droit, mais même il est de leur devoir d'y employer les moyens de correction jugés convenables ou nécessaires : les parens doivent néanmoins user modérément de cette faculté; et comme le droit cesse toujours là, où l'excès commence, s'ils y mettaient trop de rigueur, les enfans seraient fondés à invoquer l'autorité des magistrats, pour les soustraire à un pouvoir que, contre le vœu de la nature, on aurait fait dégénérer en tyrannie.

Une autre obligation qui dérive de la parenté, est de pourvoir à la nomination des tuteurs aux pupilles délaissés par la mort de leurs pères et mères, suivant les règles que nous expliquerons en traitant de la tutelle.

Enfin, un des droits principaux qui naissent de la parenté, est celui de la successibilité des uns à l'égard des autres, comme nous l'expliquerons également au chapitre des successions.

§ 3.

Des obstacles ou empêchemens qui peuvent naître de la parenté ou de l'alliance.

La parenté est souvent un motif de suspicion dans l'administration de la justice, et elle produit quelquefois un empêchement à l'exercice des fonctions publiques.

Suivant la loi du 11 septembre 1790, il y avait incompatibilité entre les cousins issus de germains, pour être simultanément juges dans le même Tribunal : l'article 207 de la Constitution de l'an 3 avait restreint cette incompatibilité entre les cousins-germains seulement : on ne retrouve point la même disposition dans nos Constitutions actuelles, et la loi du 27 ventôse an 8, régulatrice de l'ordre judiciaire, est silencieuse à ce sujet : mais par un avis du Conseil d'état, approuvé de Sa Majesté le 23 avril 1807, il est décidé qu'on ne doit présenter aucun candidat, pour les places de juge, suppléant, procureur général, procureur impérial et substitut, greffier ou commis-greffier dans les Cours et Tribunaux de justice civile, criminelle ou spéciale, sans s'être assuré qu'il n'a, parmi les

membres du Tribunal, ni parent ni allié
jusqu'au degré de cousin-germain inclusivement, pour en faire mention dans la
présentation; et si Sa Majesté juge à propos de nommer le candidat qui a quelque
parent dans le même Tribunal, elle est censée dispenser, au besoin, de toute incompatibilité résultant de la parenté.

Le même avis porte que si plusieurs parens ou alliés jusqu'au degré de cousin-
germain inclusivement, se trouvent simultanément juges et opinent dans la même
cause, leurs voix ne doivent compter que
pour une, s'ils sont de même avis, comme
on l'observait anciennement. (*a*)

L'intérêt de la vérité ne permet pas de
l'exposer au choc des passions domestiques:
on ne doit pas placer l'homme entre ses
affections naturelles et le devoir de sa conscience, en l'appelant à prononcer dans la
cause de ses proches; en conséquence:

Les juges de paix sont récusables, s'ils sont
parens ou alliés des parties ou de l'une d'elles
jusqu'au degré de cousin-germain inclusivement, et les juges des tribunaux jusqu'au
degré de cousins issus de germains, aussi
inclusivement. (*b*)

Nul ne peut être assigné comme témoin
en matière civile, s'il est parent ou allié
de l'une ou l'autre des parties, ou son con-

___

(*a*) Voyez le bull. 144, n°. des lois 2333, tom.
6, pag. 201, 4ᵉᵐᵉ. sér.
(*b*) Art. 44 et 378 du Code de proc.

joint, même divorcé (*a*), et en collatérale les parens ou alliés produits comme témoins peuvent être reprochés jusqu'au degré de cousins issus de germains inclusivement. (*b*)

Les mêmes règles s'observent à l'égard des experts nommés d'office. (*c*)

On doit néanmoins excepter de ces règles le cas où il s'agirait de prouver l'âge des personnes, ou de suppléer au défaut des registres publics constatant l'état civil des citoyens. Dans l'ancien ordre de choses, la parenté seule n'était point un motif pour écarter du témoignage sur ces objets, et nous croyons que la même jurisprudence doit être admise aujourd'hui, soit parce que les parens peuvent être témoins dans les actes civils, ainsi que nous l'avons vu précédemment, soit parce que personne ne peut être aussi bien instruit qu'eux pour révéler ce qui a rapport à l'état de leur famille.

Les parens ou alliés des légataires, jusqu'au quatrième degré inclusivement, ne peuvent être témoins dans le testament fait par acte public. (975)

Les notaires ne peuvent recevoir des actes dans lesquels leurs parens ou alliés, en ligne directe à tous les degrés, et en collatérale jusqu'au degré d'oncle et de neveu inclusivement, sont parties, ou qui con-

---

(*a*) Art. 268 du Code de proc.
(*b*) Art. 283 du Code de proc.
(*c*) Art. 308 et 310 du Code de proc.

tiennent quelques dispositions en leur faveur; et deux notaires parens ou alliés entr'eux, dans les degrés dont on vient de parler, ne peuvent concourir au même acte.

Les parens ou alliés, dans les mêmes degrés, soit du notaire, soit des parties contractantes, ne peuvent être témoins des actes entre-vifs. (*a*)

En matière criminelle, on ne peut recevoir la déposition des ascendans ou descendans, des frères et sœurs, des alliés aux mêmes degrés, du mari ou de la femme, même divorcé, de l'accusé ou de l'un des co-accusés présens et soumis aux mêmes débats. (*b*)

L'huissier ne peut instrumenter pour ses parens et alliés et ceux de sa femme en ligne directe à l'infini, ni pour ses parens et alliés collatéraux, jusqu'au degré de cousins issus de germains inclusivement, à peine de nullité. (*c*)

Lorsque la loi défend aux époux de faire, au profit l'un de l'autre, des libéralités inofficieuses, au préjudice de leurs enfans, elle déclare nulles, comme faites indirectement et par personnes interposées, les donations de l'un au profit des enfans de l'autre, issus d'un autre mariage, ainsi que celles qui seroient faites par le donateur aux parens

---

(*a*) Voyez les art. 8 et 10 de la loi du 25 ventôse an 11, sur l'organisation du notariat, bull. 258, n°. 2440, tom. 7, pag. 593, 3.me sér.

(*b*) Art. 322 du Code d'instruction criminelle.

(*c*) Art. 66 du Code de proc.

dont l'autre époux seroit héritier présomptif au jour de la donation. (1100.)

Lorsqu'une personne est déclarée incapable de recevoir une libéralité, la disposition qui serait faite au profit de ses père
et mère ainsi que de ses descendans ou de
son époux, serait nulle, comme faite sous
le nom de personnes réputées par la loi
interposées pour recevoir dans l'intérêt de
l'incapable. (911)

Enfin, il est conforme à la morale, comme
il est favorable à la politique, que les affections sociales se multiplient; que les générations se croisent; que l'homme tienne à
sa patrie par un plus grand nombre de liens;
c'est pourquoi la parenté opère différens
empêchemens de mariage dont nous parlerons dans le chapitre suivant.

CHAPITRE VINGT-DEUX.

Du mariage.

Qu'est-ce que le mariage, et quelles sont
les qualités requises pour être capable de
le contracter?

Quelles sont les formalités qui doivent
précéder la célébration du mariage?

Quelles sont les formalités qui doivent
accompagner la célébration du mariage?

Quels sont les empêchemens qui peuvent
y mettre obstacle?

Quels sont ceux des empêchemens dont
il est permis d'obtenir dispense?

Quand et comment peut-on former opposition au mariage de quelqu'un?

Quels sont les divers genres de nullités dont un mariage peut être affecté, et par qui peuvent-elles être proposées?

Quelles sont les obligations qui naissent du mariage?

Quels sont les devoirs que le mariage impose aux époux?

Enfin, quand et comment le mariage peut-il être dissous?

SECTION Iere.

Ce que c'est que le mariage : principales qualités requises pour le contracter.

Le mariage est une association légitimement contractée entre l'homme et la femme, emportant tradition mutuelle de leurs facultés naturelles, avec promesse d'assistance et de fidélité réciproques.

Nous ne considérons ici le mariage que dans le contrat qui en constitue l'essence, et par rapport aux effets civils qui en résultent : au surplus, chacun est libre d'y associer les bénédictions religieuses dépendantes du culte qu'il exerce; mais les rites de cette espèce, faisant partie du domaine de la conscience, sont du choix libre des contractans; la loi les protége tous, sans en prescrire aucun.

Institué par la nature pour la propagation du genre humain, le mariage est le fondement de la société et appartient au droit naturel.

Accueilli et respecté chez tous les peuples policés, il appartient au droit des gens.

C'est le mariage qui fonde les familles, comme ce sont les familles qui constituent l'état; en conséquence, chaque Gouvernement a établi des formes d'où dépend sa validité : sous ce rapport, il fait partie de l'organisation sociale et appartient au droit public.

Considéré dans les engagemens qu'il produit entre les époux, le mariage est bien différent des autres contrats : les conventions ordinaires ne portent que sur des intérêts passagers; ici au contraire les époux stipulent sur leur propre existence; c'est pourquoi le mariage, quoique dissoluble, est essentiellement perpétuel dans sa fin.

Quant aux qualités naturellement requises pour s'engager dans les liens du mariage, puisque c'est un contrat, et que l'essence de toute convention réside dans le consentement des parties, il est nécessaire que les époux soient capables de discernement et qu'ils puissent manifester leur volonté; d'où il résulte que l'enfant en bas âge, l'imbécille, l'insensé, le furieux et l'interdit pour cause de démence, sont naturellement inhabiles au mariage.

Il en est de même de celui qui, pour quelqu'accident que ce soit, se trouve dans l'impossibilité de faire connaître avec certitude et intelligiblement sa volonté.

SECTION II.

Formalités qui doivent précéder la célébration du mariage.

Le mariage doit être précédé de deux publications faites par l'officier de l'état civil, à huit jours d'intervalle, le dimanche, devant la porte de la maison-commune, à la municipalité du lieu où chacune des parties contractantes a son domicile. (63 et 166)

Ces deux publications sont consignées sur un registre particulier dont l'extrait doit rester affiché à la porte de la maison-commune, pendant la huitaine qui s'écoule de l'une à l'autre ; et le mariage ne peut être célébré ni avant le troisième jour depuis et non compris celui de la seconde (64), ni après une année de l'expiration de ce délai sans le publier de nouveau (65), dans les mêmes formes.

Si le domicile actuel des parties n'est acquis que depuis six mois ou moins, à l'époque des publications de leur mariage, on doit en outre le faire publier à la municipalité de leur dernier domicile. (167)

Lorsque les parties contractantes ou l'une d'elles sont, relativement au mariage, sous la puissance d'autrui, les publications doivent encore être faites à la municipalité du domicile de ceux sous la puissance desquels elles se trouvent. (168)

Ainsi, quoique le fils âgé de vingt-un

ans ait un domicile propre , puisqu'il est émancipé par la loi, néanmoins comme il reste encore en puissance de ses père et mère ou aïeuls, pour le fait du mariage, jusqu'à vingt-cinq ans (148, 149 et 150), on doit en faire les publications au domicile de ceux-ci , parce qu'étant intéressés au contrat qu'on se propose de former, il faut qu'ils en soient avertis pour pouvoir s'y opposer.

A l'égard du mineur qui n'a plus d'ascendans, nous ne croyons pas qu'il doive faire publier son mariage au lieu de la tenue du conseil de famille dont le consentement est requis, ni aux domiciles des parens appelés à le composer, soit parce que ce mineur n'est point sous la puissance de chacun des membres du conseil individuellement pris; soit parce que ce conseil n'ayant pas de domicile, le législateur n'a pu l'avoir en vue, quand il a décrété que les publications seraient faites au domicile de ceux sous la puissance desquels le futur époux se trouve constitué.

Lorsqu'il s'agit d'un enfant ayant père ou mère ou aïeuls (151), ou d'un enfant illégitime mais légalement reconnu (158), quoiqu'il soit parvenu à l'âge où la loi le rend maître de contracter seul son mariage, néanmoins, s'il n'a le consentement de ses ascendans, il doit préalablement leur demander leur conseil par un acte respectueux; savoir l'enfant légitime à ses père et mère ou à ses aïeuls, si les père et mère sont décédés, ou dans l'impossibilité de manifester leur consentement; et l'enfant naturel, à ses père et mère ou à celui d'entre eux qui l'a légalement reconnu.

Depuis l'âge de vingt-cinq jusqu'à trente ans pour le fils, et depuis vingt-un jusqu'à vingt-cinq pour la fille, l'acte respectueux doit être renouvelé deux fois de mois en mois, et ce n'est qu'un mois après le troisième qu'il est permis de passer outre, si les ascendans persistent à refuser leur consentement; mais après trente ans pour le fils, et vingt-cinq ans pour la fille, un seul acte respectueux suffit, et un mois après on peut célébrer le mariage. (152 et 153)

L'acte respectueux doit être notifié par deux notaires, ou par un notaire et deux témoins; il en est dressé procès-verbal portant mention de la réponse faite par les ascendans. (154)

En cas d'absence, le jugement qui en a prononcé la déclaration, ou seulement celui qui a permis de faire enquête, ou même un certificat (155) de notoriété signé de quatre témoins appelés d'office par le juge de paix du lieu où l'ascendant avait son dernier domicile, ou plus simplement encore la déclaration des quatre témoins qui assistent au mariage, consignée dans l'acte de célébration (*a*), suffisent pour passer outre, sans acte respectueux.

_____

(*a*) Voyez l'avis du Conseil d'état du 4 thermidor an 13, bull. 51, n°. des lois 858, tom. 3, pag. 357, 4ᵉᵐᵉ. sér.

SECTION III.

Formalités qui doivent accompagner la célé-
bration du mariage.

Dans l'ancien ordre de choses, lorsque les
mariages étaient célébrés en face de l'église,
le curé des parties contractantes, ou de l'une
d'elles, était tout-à-la-fois ministre du sacre-
ment et témoin nécessaire du contrat : aujourd'hui c'est devant l'officier de l'état civil
que les époux doivent former leur union,
et il est défendu aux ministres du culte, de
donner la bénédiction nuptiale à ceux qui
ne justifieraient pas en bonnes formes, avoir
déjà contracté le mariage devant l'officier
civil. (*a*)

Pour être compétent, l'officier civil doit
être celui du domicile des deux parties ou de
l'une d'elles (165), et ce domicile, quant au
mariage, ne s'établit que par six mois d'habitation (*b*) continuée dans la même commune. (74)

_____

(*a*) Voyez l'article 54 de la loi du 18 germinal
an 10, bull. 172, n°. des lois 1344, tom. 6, pág. 24,
3ème. sér.

(*b*) Voyez l'avis du Conseil d'état, approuvé de
S. M. le 4 compl. an 13, bull. 61, n°. des lois 1071,
tom. 4, pag. 65, 4ème. sér., où il est décidé que, conformément à l'article 165 du Code, les militaires,
dans l'intérieur de l'Empire, doivent se marier devant
l'officier de l'état civil des communes où ils ont résidé
six mois sans interruption; d'où il résulte qu'il n'est
pas toujours nécessaire d'avoir un domicile proprement
dit, dans un lieu; mais que la résidence de fait pendant six mois peut suffire pour rendre compétent l'officier public du lieu.

Régulièrement le mariage doit être célébré dans la maison commune (75); néanmoins, comme les mariages *in extremis* ne sont point prohibés par le Code Napoléon, il n'est pas défendu à l'officier de l'état civil de se transporter dans une habitation particulière, pour y célébrer un mariage, si des circonstances assez graves exigent ce déplacement de sa part; mais il ne doit point sortir du territoire de sa commune. (74)

On doit constater à l'officier civil que toutes les formalités préalables ont été remplies, lui remettre les extraits de naissance des futurs époux, ou à leur défaut, l'acte de notoriété dont nous avons parlé au chapitre 15; produire la preuve du consentement des ascendans, s'ils ne sont pas présens, ou l'extrait des registres constatant leur décès, s'ils sont morts; mais il suffit que le décès des pères et mères des futurs époux soit attesté par les aïeuls ou aïeules présens; et si les pères et mères, aïeuls ou aïeules dont le consentement ou le conseil est requis, sont décédés ou absens, et qu'on ne puisse prouver leur décès, ou constater leur absence faute de connaître leur dernier domicile, il suffit que ces faits soient attestés par la déclaration assermentée des époux s'ils sont majeurs, et celle des quatre témoins qui assistent au mariage. (*a*)

_____

(*a*) Voyez l'avis du Conseil d'état, approuvé de S. M. le 4 therm., bull. 51, n°. 858, tom. 3, pag. 367, 4ème. sér.

Tous ces préliminaires remplis, le mariage doit être célébré en présence de quatre témoins parens ou non parens, par-devant lesquels l'officier public doit lire aux
parties, 1°. les pièces produites relatives à
leur état et aux formalités de leur mariage;
2°. le chapitre 6 du Code Napoléon, au titre
du mariage, *sur les droits et devoirs respectifs des époux*. Il doit recevoir leurs
déclarations, prononcer leur union, et en
dresser acte de suite. (75)

L'acte de célébration doit énoncer :

1°. Les prénoms, noms, professions,
âges, lieux de naissance et domiciles des
époux;

2°. S'ils sont majeurs ou mineurs;

3°. Les prénoms, noms, professions, domiciles des pères et mères;

4°. Le consentement des ascendans et du
conseil de famille quand il est requis;

5°. Les actes respectueux, s'il en a été
fait;

6°. Les déclarations assermentées sur le
décès ou l'absence des ascendans, mentionnées ci-dessus;

7°. Les publications faites dans les divers domiciles;

8°. Les oppositions et actes de main-levée, ou mention qu'il n'y a point eu d'oppositions;

9°. Les déclarations des contractans de
se prendre pour époux, et le prononcé de
leur union par l'officier public;

10°. Les prénoms, noms, âges, professions et domiciles des témoins, leurs déclarations s'ils sont parens ou alliés des parties, de quel côté et à quel degré. (76)

SECTION IV.

Des empêchemens de mariage.

On entend par empêchement de mariage tout obstacle qui s'oppose, ou pour un temps, ou pour toujours, à ce que deux personnes se marient ensemble.

Il y a deux espèces générales d'empêchemens de mariage, les uns simplement prohibitifs, qui ne contiennent que la défense, sans emporter la nullité du mariage; les autres dirimans, qui en opèrent la nullité.

§ 1er.

Empêchemens prohibitifs.

Les empêchemens prohibitifs prononcés par les lois, sont au nombre de quatre :

1º. Le cas d'opposition formée au mariage, au préjudice de laquelle il est défendu à l'officier civil de passer outre avant qu'on lui ait remis le jugement de main-levée (68), lors même qu'elle serait mal-fondée, parce qu'il ne lui appartient pas d'en connaître.

2º. Le défaut d'actes respectueux voulus par la loi, lorsque les ascendans refusent leur consentement au mariage de la fille âgée de plus de vingt-un ans, ou du fils âgé de plus de vingt-cinq. (157)

3°. Le défaut d'accomplissement intégral et parfait de toutes les publications prescrites pour le mariage, lors même que les contraventions ne seraient pas jugées suffisantes pour en faire prononcer la nullité. (193)

4°. Il est défendu aux officiers militaires, soit de terre, soit de mer, même à ceux qui seraient réformés avec pension de retraite, aux commissaires des guerres et officiers de santé attachés aux armées, de se marier sans avoir obtenu la permission du ministre de la guerre ou de la marine; et à tous sous-officiers, soldats ou marins, en activité de service, sans avoir obtenu celle du conseil d'administration de leur corps. (*a*)

§ 2.

Empêchemens dirimans.

Les empêchemens prohibitifs ne dépendent que du droit civil : il n'en est pas de même des empêchemens dirimans, dont les uns sont fondés dans le droit naturel, et les autres établis seulement par la loi positive. Les empêchemens dirimans peuvent dériver, 1°. du défaut de puberté; 2°. du défaut de consentement; 3°. d'un premier mariage

---

(*a*) Voy. les décrets impériaux des 16 juin, 3 et 28 août 1808, et l'avis du Conseil d'état du 21 décembre suivant, tom. 8, pag. 358, et tom. 9, pag. 34, 72 et 294, 4ᵉᵐᵉ. sér.

subsistant; 4º. de la parenté naturelle; 5º.
de la parenté purement civile; 6º. des dix
mois de viduité; 7º. du divorce; 8º. enfin,
de la clandestinité pour violation de formes.
C'est dans cet ordre que nous allons successivement exposer ce qui concerne chacun de
ces empêchemens.

1º. *Sur le défaut de puberté.*

Le droit romain avait déterminé la puberté à douze ans pour les filles, et à quatorze pour les garçons : le décret du 20 septembre 1792 l'avait reportée à treize ans
pour les filles, et à quinze pour les hommes : mais enfin le Code Napoléon l'a fixée
à quinze révolus pour les filles, et à dix-
huit ans révolus pour les mâles (144). Avant
cet âge la loi ne présume dans les époux ni
la capacité de remplir les devoirs du mariage, ni celle d'apprécier les obligations
importantes qu'il impose.

2º. *Sur le défaut de consentement.*

Le mariage peut être nul, soit par défaut de consentement des époux, soit par
défaut de celui de leurs ascendans ou du
conseil de famille quand il est requis.

Le consentement des parties contractantes
doit être exempt de contrainte grave et d'erreur substantielle. (180)

LA VIOLENCE, pour opérer la nullité du
mariage, doit être le résultat de menaces

injustes et capables d'inspirer à un homme raisonnable la crainte de voir exposer sa personne ou sa fortune, ou d'être en butte à un mal considérable et présent. (1112)

Peu importe que la violence soit exercée par l'une des parties contractantes envers l'autre, ou par un tiers, parce que, dans l'un comme dans l'autre cas, ses effets sont les mêmes. (1111)

Mais la simple crainte révérencielle envers les père et mère ou autres ascendans, ne suffirait point pour rendre un mariage nul, si elle n'était accompagnée d'aucuns faits de violence. (1114)

L'ERREUR est de deux espèces : l'une accidentelle, qui ne porte que sur les qualités ; l'autre substantielle, qui porte sur la personne.

Elle ne porte que sur les qualités, lorsque, par exemple, on épouse une femme pauvre, croyant qu'elle est riche ; une femme débauchée, la croyant vertueuse ; une veuve qu'on croyait fille.

Cette espèce d'erreur ne vicie point le mariage, parce que le contrat a toujours pour objet principal ce que les parties ont voulu.

Il n'en est pas de même dans le cas où l'erreur porte sur la personne : celui qui a l'intention de se marier avec une personne, ne peut avoir la volonté d'en épouser une autre : si donc il arrive que, par une volonté étrangère, un autre objet soit substitué à l'objet voulu, il n'y a plus de consente-

15

ment, et par conséquent plus de contrat.

L'erreur sur la personne peut être envisagée sous deux aspects différens, ou en tant qu'elle porterait sur l'individu physique, ou en tant qu'elle frapperait sur la personne civile.

Il y aurait erreur sur l'individu physique, si un homme, connaissant distinctement la fille aînée de quelqu'un, croyait l'épouser, et que la cadette, cachée sous un voile, se trouvât substituée au lieu de sa sœur, devant l'officier civil où les parties contractantes paraîtraient pour prononcer leur union.

Les précautions dont la loi entoure la solennité des mariages rendent cette substitution si difficile, qu'on ne doit pas croire que le législateur n'ait porté sa pensée que sur un cas aussi extraordinaire, lorsqu'il a voulu décréter que l'erreur serait une cause de nullité de mariage.

Il y aurait erreur sur la personne civile, si, par exemple, quelqu'un, à l'aide de faux titres et sur des rapports mensongers, usurpait, dans un pays éloigné, le nom et l'état d'un homme déterminé et distinctement connu, pour obtenir en mariage une femme qui croirait faire une alliance honorable, tandis que, dans le fait, elle serait abusée par un faussaire et un aventurier.

La loi voulant que l'époux trompé puisse proposer la nullité de son mariage pendant six mois à dater, non du jour de sa célébration, mais *depuis que l'erreur a été par lui reconnue* (181), suppose que le législateur a entendu parler principalement de l'erreur sur la personne civile, parce qu'il ne faudrait qu'un instant pour reconnaître la supposition physique d'un individu au lieu d'un autre.

Mais le mariage serait-il nul aussi pour erreur sur l'état civil de la personne? Supposons qu'une fille ait toujours joui de l'état d'enfant légitime; qu'elle ait vécu et se soit mariée en paisible possession de cet état; et qu'une action en supposition de part, intentée après son mariage, la dépouille de son état de famille et de tous les droits y attachés : l'erreur où aurait été le mari sur l'état civil de son épouse, l'autoriserait-elle à proposer la nullité de son mariage?

Nous ne le croyons pas. L'identité de la personne qu'on a voulu épouser est constante par la possession d'état dont elle jouissait au moment du mariage : la loi n'admet, comme moyen de nullité, que l'erreur sur la personne même, et ici l'erreur ne porterait directement que sur les droits de la personne; le consentement des époux n'est d'ailleurs pas tel qu'il suppose pour condition, la garantie des droits dont ils jouissent au moment de leur union.

Ce dernier cas est donc bien différent des deux précédens, dans lesquels l'erreur qui porterait sur la personne même, serait en outre l'effet de la fraude pratiquée envers l'époux trompé.

Le consentement des personnes sous la

puissance desquelles les futurs époux sont
constitués relativement au mariage, est aussi
nécessaire à sa validité, ainsi que celui du
conseil de famille pour les mineurs.

Et d'abord aucun prince ni princesse de
la maison impériale, ne peut se marier sans
l'autorisation de l'Empereur. (*a*)

Tout homme qui n'a point ses vingt-cinq
ans, et toute femme qui n'a pas ses vingt-
un ans accomplis, ne peuvent se marier sans
le consentement de leurs père et mère : néanmoins, en cas de partage, le consentement
du père suffit, et si l'un d'eux est mort ou
dans l'impossibilité de manifester sa volonté,
celle de l'autre fait la loi. (148 et 149)

A défaut de père et mère, ou s'ils sont dans
l'impossibilité de manifester leur volonté,
les aïeuls et aïeules les remplacent, de sorte
néanmoins que le consentement du grand-
père paternel ou maternel est suffisant,
parce qu'il emporte le consentement de sa
ligne, et que le partage entre les deux lignes suffit pour autoriser le mariage. (150)

Les enfans naturels sont soumis aux mêmes règles envers les père et mère qui les
ont légalement reconnus (158); mais non
envers leurs aïeuls naturels auxquels la loi
civile n'impose aucun devoir à leur égard.

Mais, que doit-on entendre par le cas
d'impossibilité où la loi suppose qu'un as-

(*a*) Voyez l'article 12 du s.-c. du 28 floréal an 12,
et sur-tout l'article 4 des statuts du 30 mars 1806,
bull. 84, n°. des lois 1432, tom. 4, pag. 370, 4ᵉᵐᵉ. sér.

cendant peut se trouver de manifester sa volonté?

Un ascendant est réputé dans l'impossibilité de manifester sa volonté, 1°. s'il est mort civilement; 2°. s'il est absent, et qu'on ignore le lieu de sa retraite; 3°. s'il est en état d'interdiction; 4°. si étant condamné par contumace, il se trouve privé de l'exercice de ses droits civils. (28)

A défaut de père et mère et d'aïeul ou aïeule, le mineur de vingt-un ans ne peut se marier sans le consentement d'un conseil de famille (160); et s'il est enfant illégitime sans père et mère qui l'aient reconnu, il faut qu'il obtienne le consentement d'un tuteur *ad hoc* qui doit lui être décerné. (159)

3°. *Un premier mariage subsistant.*

La polygamie est placée par les lois françaises au nombre des crimes destructeurs de la morale publique.

Par le mariage, les époux se donnent l'un à l'autre sans réserve : sous l'un et l'autre de ces aspects, un premier mariage subsistant s'oppose invinciblement à ce qu'on puisse être admis à en contracter un second. (147)

Néanmoins si, par quelques erreurs ou quelques surprises, un époux déjà engagé par une union précédente en contractait une nouvelle; que le second mariage fût attaqué, et que pour le soutenir on alléguât la nullité du premier, c'est la nullité ou la validité de celui-ci qui devrait être examinée et jugée, avant de prononcer sur le sort du second. (189)

4°. *Sur la parenté naturelle et civile.*

La morale et la politique proscrivent également les mariages entre proches parens.

En conséquence, en ligne directe, le mariage est prohibé entre tous les ascendans et descendans, légitimes ou naturels, et les alliés dans la même ligne. (161)

En collatérale, le mariage est prohibé entre le frère et la sœur légitimes ou naturels, et les alliés au même degré. (162)

Il est encore prohibé entre l'oncle et la nièce, la tante et le neveu (163); et d'après un avis du Conseil d'état approuvé de S. M. le 7 mai 1808, cette prohibition doit être étendue au grand-oncle à l'égard de la petite-nièce. (*a*)

5°. *Sur la parenté purement civile.*

Par les mêmes raisons de décence et d'ordre public, le mariage est prohibé :

Entre l'adoptant, l'adopté et ses descendans;

Entre les enfans adoptifs du même individu;

Entre l'adopté et les enfans qui pourraient survenir à l'adoptant;

(*a*) Voyez bull. 191, n°. des lois 3308, tom. 8, pag. 296, 4ème. sér.

Entre l'adopté et le conjoint de l'adoptant, et réciproquement entre l'adoptant et
le conjoint de l'adopté. (348)

6°. *Sur les dix mois de viduité.*

Lorsque le mariage est dissous par la
mort naturelle ou civile du mari (228), ou
par le divorce prononcé pour cause déterminée (296), la femme, suivant la dispo-
tion du Code, *ne peut contracter* un nouveau mariage qu'après dix mois révolus depuis la dissolution du premier.

Par ces expressions *ne peut contracter*, la
loi ôtant à la femme le pouvoir de convoler
pendant ce délai, il en résulte qu'un second
mariage, qu'elle aurait voulu former au mépris de cet empêchement, serait nul.

Cette prohibition est fondée tant sur ce
qu'exige la décence publique de la part de
la veuve, que sur le danger de troubler la
tranquillité des familles, par l'incertitude
où l'on pourrait être de distinguer, entre
les deux maris, le véritable père de l'enfant
qui serait né par suite d'un mariage trop pré-
cipité après la dissolution d'un autre.

7°. *Sur le divorce.*

Le divorce produit trois empêchemens
particuliers :

Le premier relatif aux époux entr'eux
seulement, qui ne peuvent plus se réunir
par un nouveau mariage, quelle qu'ait été
la cause de leur divorce. (295)

Le second absolu, mais temporaire, qui rend les époux divorcés incapables de contracter un nouveau mariage pendant trois ans, lorsque le divorce a été prononcé pour consentement mutuel. (297)

Le troisième relatif et perpétuel qui, dans le cas du divorce prononcé pour cause d'adultère, prive l'époux coupable de la faculté de se marier jamais avec son complice. (298)

8°. *Sur la clandestinité.*

Le mariage est nul pour clandestinité, lorsqu'on a violé les formes établies pour en rendre la célébration publique et l'existence notoire.

La notoriété du mariage repose d'abord sur la compétence de l'officier civil qui doit être celui du domicile des époux ou de l'un d'eux (165), à peine de nullité (191), parce que c'est à ce fonctionnaire qu'on pourrait le moins dérober les fraudes qu'on voudrait commettre, et que tout autre, étant moins à portée de connaître les parties contractantes, serait plus sujet à être trompé sur leurs qualités.

La notoriété du mariage se compose encore soit des publications qui doivent en être préalablement faites, soit de la publicité avec laquelle on doit procéder à l'acte même de sa célébration.

« Ou il faut, dit M. Portalis, renoncer » à toute législation sur les mariages, ou

» il faut proscrire la clandestinité; car,
» d'après la définition des jurisconsultes,
» les mariages clandestins sont ceux que la
» société n'a jamais connus, qui n'ont été cé-
» lébrés devant aucun officier public, et qui
» ont constamment été ensevelis dans le
» mystère et dans les ténèbres. Cette espèce
» de mariages clandestins n'est pas la seule;
» elle est la plus criminelle. On place en-
» core parmi les mariages clandestins ceux
» *qui n'ont point été précédés des publica-*
» *tions requises,* ou qui n'ont point été cé-
» lébrés devant l'officier civil que la loi in-
» diquait aux époux...... La nullité des
» mariages clandestins est évidente. »

Un mariage serait donc nul, s'il n'avait
été précédé d'*aucune des publications prescrites* (170); mais comme cette formalité
est susceptible de plus ou de moins, puisque souvent elle doit être remplie en plusieurs endroits, qu'elle doit avoir lieu deux
fois, et qu'on peut être dispensé de la seconde, le vice de clandestinité n'est attaché
qu'au défaut absolu de toutes et non au
manque de quelques-unes; en sorte qu'un
mariage ne serait point nul pour n'avoir *pas
été précédé* cumulativement *des deux publications requises;* mais l'officier civil serait passible d'une amende. (192)

Enfin le mariage doit être *contracté publiquement* (191), à peine de nullité.

On comprend, comme nous l'avons déjà
dit, que la publicité prescrite, à peine de
nullité, par ces expressions de la loi, se

compose en partie des publications faites précédemment, parce qu'on ne doit préalablement publier un acte que pour empêcher qu'il ne soit fait d'une manière clandestine et pour assurer au contraire qu'il est fait publiquement; mais il nous paraît que par ces mots *contracté publiquement,* le Code indique encore autre chose que les publications précédentes, et que pour remplir son vœu, il faut qu'il y ait publicité dans l'acte même de célébration : ce que nous croyons devoir être rapporté à la présence des témoins exigés par la loi, parce qu'on dit qu'un acte est clandestin, quand on a voulu le faire sans témoins, tandis qu'au contraire une chose est faite par acte public, quand elle a eu lieu sous les yeux des témoins voulus par la loi pour en garantir l'authenticité et en rendre témoignage à la société au nom de laquelle ils y ont paru.

Incompétence de l'officier civil; défaut absolu de publications; défaut de publicité dans l'acte du mariage : tels sont donc les trois vices dont il peut être affecté sous le rapport de la forme, outre ce que nous avons dit précédemment.

SECTION V.

Dispense des empêchemens.

On peut obtenir la dispense de trois empêchemens de mariage :

Le premier est celui qui a rapport à l'âge;
(145)

Le second est celui qui prohibe le mariage entre l'oncle et la nièce, ou la tante et le neveu.; (164)

Le troisième est celui de la seconde publication des bans.

Dans les deux premiers cas, on doit s'adresser au ministre grand-juge chargé d'en faire son rapport à Sa Majesté impériale de qui l'on doit obtenir la dispense; mais il faut commencer par remettre la pétition au procureur impérial près le Tribunal d'arrondissement où l'on se propose de célébrer le mariage, s'il est question de degrés prohibés; ou à celui de l'arrondissement dans lequel l'impétrant est domicilié, s'il s'agit de dispense d'âge; pour que ce fonctionnaire, comme premier organe du Gouvernement, mette son avis au bas du mémoire.

Le décret impérial portant la dispense d'âge ou de parenté, doit être, en vertu d'ordonnance du président et sur la réquisition du procureur impérial, enregistré au greffe du Tribunal d'arrondissement dans lequel on veut célébrer le mariage; et une expédition mentionnant cet enregistrement, doit être annexée à l'acte de célébration.

Les dispenses de seconde publication, étant moins importantes, sont accordées au nom du Gouvernement, par le procureur impérial près le Tribunal de première instance dans le ressort duquel le mariage doit être célébré, à charge par ce fonctionnaire d'en rendre compte au ministre grand-juge.

Cet acte de dispense est déposé au secré-

tariat de la commune où le mariage est célébré, et une expédition délivrée par le se-
crétaire, mentionnant ce dépôt, doit rester
annexée à l'acte de célébration. (*a*)

Section VI.

Des oppositions aux mariages.

Qui est-ce qui peut former opposition au
mariage de quelqu'un?
A qui l'opposition doit-elle être signifiée?
Dans quelles formes doit-elle être notifiée?
Comment doit-on procédér sur la main-
levée?

§ 1er.

Qui est-ce qui peut former opposition au mariage de quelqu'un?

La loi charge l'officier civil de vérifier soigneusement si les parties contractantes ont
rempli toutes les conditions nécessaires pour
que leur mariage soit valable et licite : elle
lui impose ce devoir, et elle le punit quand
il y manque.

On a dû prévoir qu'il serait possible qu'il
fût trompé; mais on n'a pas dû penser que
sa vigilance fût inutile.

En conséquence, après cette précaution

(*a*) Voyez l'arrêté du 20 prairial an 11, bull. 285,
n°. 2792, tom. 8, pag. 495, 3ème. sér.

généralement prise pour tous les mariages,
le législateur n'a pas voulu qu'on pût arbitrairement et sans motifs troubler la paix
des familles qui se livrent aux plus doux
sentimens de la nature, dans l'espoir d'une
union prochaine ; c'est pourquoi l'action en
opposition n'est ici accordée qu'à ceux dont
les droits ou l'autorité seraient méconnus,
ou à ceux qui doivent naturellement être
présumés n'agir que par des sentimens loua-
bles.

C'est d'après ces principes que le droit de
former opposition à un mariage n'est expli-
citement accordé par le Code qu'aux personnes suivantes :

1º. A celle qui serait engagée par un mariage précédent avec l'une ou l'autre des
parties contractantes (172); parce qu'ayant
un droit acquis, il doit lui être permis de
mettre obstacle à tout ce qui y est contraire.

Comme la bigamie est un crime qu'il
importe à l'ordre public de prévenir, plutôt
que de le laisser commettre, et que la tentative en pourrait déjà être punissable, nous
croyons que, d'après les principes de droit
commun, le procureur impérial serait aussi
en droit de former opposition au mariage
dans ce cas; mais tout autre, si ce n'est les
ascendans, n'aurait que la voie de la dénon-
ciation au ministère public.

2º. Aux père et mère et, à leur défaut,
aux aïeuls et aïeules, parce qu'ils ont droit
de s'opposer à tout acte contraire à leur autorité : ils ont même cette faculté, lorsque le

futur époux n'est plus en puissance (173), parce que la loi présume assez de leur tendresse, pour qu'on ne doive pas craindre l'abus du pouvoir qu'elle leur confie.

3°. Le conseil de famille, dont le consentement est nécessaire au mariage d'un mineur, peut délibérer d'y former opposition, et charger le tuteur ou le curateur de la poursuite : mais le tuteur ni le curateur ne peuvent, de leur autorité propre, former cette opposition. (175)

4°. A défaut d'aucun ascendant (174), les frères et sœurs, oncles et tantes, cousins et cousines germains majeurs, sont recevables à former opposition; mais dans deux cas seulement : le premier, lorsque le consentement du conseil de famille est nécessaire, et n'a point été obtenu; le second, lorsque l'opposition est fondée sur la démence, et alors l'opposant doit, pour être accueilli dans sa demande, se soumettre à provoquer l'interdiction de son parent. (490)

On voit, par cette énumération des personnes auxquelles la loi accorde ici la faculté de l'opposition, qu'elle n'autorise ni les descendans à s'opposer au mariage de leurs ascendans, ni les neveux et nièces à celui de leurs oncles ou tantes, par rapport au respect que les enfans doivent à leurs ascendans, ou à ceux qui leur en tiennent lieu.

§ 2.

A qui l'opposition doit-elle être signifiée ?

L'acte d'opposition à un mariage doit être signé sur l'original et la copie par l'opposant, ou par son fondé de procuration spéciale et authentique ; il doit être signifié avec la copie de la procuration, à la personne ou au domicile *des parties*, et à l'*officier* de l'état civil qui doit mettre son *visa* sur l'original. (66)

Ainsi, lorsqu'un père forme opposition au mariage de son fils, il est obligé de la notifier non-seulement à ce fils, mais encore à la future épouse, puisqu'elle doit être signifiée *aux parties.*

L'officier de l'état civil auquel cette notification doit être faite, n'est pas nécessairement celui devant lequel les parties contractantes doivent se présenter pour célébrer leur mariage ; c'est celui du domicile de l'opposant qu'on doit entendre ici : l'opposition formée de cette manière est suffisante, parce que l'officier civil du domicile des futurs époux, s'il est différent, ne peut passer outre, qu'autant qu'on lui aura remis un certificat de l'autre, constatant qu'il n'y a point d'opposition. (69)

§ 3.

Dans quelles formes l'opposition doit-elle être notifiée ?

Tout acte d'opposition doit énoncer la

qualité qui donne à l'opposant le droit de la former : il doit contenir les motifs de l'opposition, à moins qu'il ne soit fait à requête d'un ascendant : enfin, il doit contenir élection de domicile *au lieu où le mariage devra être célébré* : le tout à peine de nullité et d'interdiction de l'officier ministériel qui a signé l'acte d'opposition. (176)

Mais comment doit-on remplir l'obligation imposée à l'opposant de faire élection de domicile dans le lieu *où le mariage devra être célébré?* Supposons, par exemple, que le père qui veut former opposition au mariage de son fils, soit domicilié à Paris; que ce fils soit domicilié à Mayence, et que la future épouse demeure à Bruxelles : le mariage pourra également être célébré ou à Bruxelles ou à Mayence (74, 165); faudra-t-il que le père fasse une double élection de domicile dans l'une et l'autre de ces deux villes?

L'élection de domicile est attributive de juridiction (111); elle n'est prescrite ici que pour empêcher celui au mariage duquel on s'oppose, d'être distrait de son ressort, afin qu'en sa qualité de demandeur en mainlevée, il ne soit pas obligé d'aller plaider devant le Tribunal du domicile de l'opposant : c'est donc à Mayence seulement que le père dont il s'agit devrait faire son élection de domicile, puisque celle qu'il aurait faite à Bruxelles ne remplirait pas le vœu de la loi.

§ 4.

Comment doit-on procéder sur la demande en main-levée ?

L'article 67 du Code impose à l'officier de l'état civil, l'obligation d'inscrire sur son registre les oppositions formées aux mariages, et de mentionner ensuite, en marge de cette inscription, les *expéditions* des jugemens ou *actes* de main-levée : ce texte suppose évidemment que la main-levée d'une opposition au mariage ne doit pas nécessairement être le résultat d'un jugement; mais qu'elle peut être aussi donnée par un acte authentique volontairement consenti.

L'on ne voit rien qui empêche l'opposant de donner main-levée, par acte volontaire, quand l'opposition n'a été faite que dans son intérêt privé, comme s'il s'agit d'un père qui, changeant d'avis, peut donner un consentement qu'il avait d'abord refusé : mais si l'opposition était fondée sur une cause d'ordre public, comme lorsqu'elle est formée par une personne engagée dans les liens d'un mariage précédent avec l'un ou l'autre des futurs époux, l'officier de l'état civil ne pourrait avoir égard à une main-levée donnée par acte volontaire, parce que ce serait aux Tribunaux, et non à lui, à décider si le premier mariage doit être réputé valable, et s'il peut être permis à celui qui s'y était engagé, d'en contracter un second.

16

Il peut donc y avoir, en cette matière, des cas où la main-levée, donnée par acte volontaire, serait suffisante, et d'autres où la décision de la justice serait nécessaire.

Il serait même possible qu'un acte d'opposition dût être déclaré nul, pour n'être pas revêtu des formalités requises, et qu'on dût néanmoins, par des motifs d'ordre public, défendre à l'officier de l'état civil, de passer outre à la célébration du mariage.

Le demandeur en main-levée peut, à son choix, porter la cause ou au Tribunal du domicile de l'opposant, ou à celui du domicile élu dans l'acte d'opposition (*a*), et nous ne croyons pas qu'il soit nécessaire de citer d'abord en conciliation, même dans les cas où la main-levée volontaire pourrait être donnée par l'opposant, parce que le Code civil classe ces sortes d'instances au nombre des causes urgentes, et que celui de la procédure (*b*) dispense du préliminaire de la conciliation les demandes qui requièrent célérité.

La loi oblige le Tribunal de première instance de statuer dans les dix jours (177); ce qui doit être entendu non pas en ce sens que le fond doive toujours être décidé dans ce bref délai, parce qu'il est possible que la cause n'en soit pas susceptible : mais qu'on doit au moins statuer préparatoirement, quand on ne peut pas encore pro-

---

(*a*) Art. 59 du Code de proc.
(*b*) Art. 49 du Code de proc.

noncer au fond, comme lorsqu'il s'agit d'une opposition formée à cause de la démence du futur époux, pour l'admission ou le rejet de laquelle il peut être nécessaire de procéder en préalable sur son interdiction, si les faits posés à ce sujet sont trouvés pertinens. (174)

S'il y a appel, la Cour doit statuer dans les dix jours de la citation par-devant elle (178); et dans tous les cas, lorsque l'opposition est rejetée, les opposans, autres que les ascendans, peuvent être condamnés à des dommages et intérêts. (179)

Section VII.

Des actions en nullités de mariage.

Le mariage appartenant au droit public, les nullités dont il peut être affecté sont régulièrement proposables par toutes parties intéressées, à moins que la loi n'en ait restreint l'action en faveur de quelques personnes seulement.

Un principe fondamental en matière d'actions, c'est qu'elles sont la mesure de nos intérêts : ainsi quiconque n'a point d'intérêt à une chose, ne peut être recevable à intenter une action pour la demander.

La nullité d'un mariage intéresse les époux eux-mêmes; elle peut intéresser aussi leurs parens et le ministère public.

Elle intéresse en premier lieu les époux, parce que l'état de la personne est, pour tout

citoyen, ce qu'il y a de plus important dans
la vie civile.

Elle peut intéresser les parens des époux
sous deux aspects différens ; soit par rapport
aux ascendans ou au conseil de famille dont
les droits auraient été lésés par la célébration d'un mariage faite sans leur consentement, dans les cas où il est nécessaire ;
soit par rapport aux effets des conventions
matrimoniales, ou aux droits de successibilité, desquels il peut être important, même
pour les collatéraux, d'écarter le donataire,
ou les enfans issus d'un mariage nul.

Enfin elle intéresse le ministère public,
parce que rien n'est plus contraire aux bonnes
mœurs et au repos des familles que la violation des lois sur le mariage.

Mais quoiqu'en thèse générale, les époux,
leurs ascendans, leurs descendans, leurs
collatéraux et le ministère public, puissent
avoir qualité pour proposer la nullité d'un
mariage, tous n'y sont pas également recevables dans tous les cas ; parce que, d'une
part, tous n'ont pas simultanément le même
intérêt, et que, d'autre côté, la diversité
des causes d'où peuvent provenir les nullités, influe essentiellement sur le choix des
personnes qui peuvent les proposer.

Nous avons donc à examiner ici quel doit
être l'intérêt des parties, pour qu'il leur soit
permis d'agir, et quelles sont les causes de
nullités qui limitent plus ou moins l'exercice de l'action.

Sous le rapport de l'intérêt, il est, comme

nous venons de le dire, la mesure de nos actions : il faut donc avoir un intérêt pour pouvoir agir ; et par la même raison, il faut avoir un intérêt né et actuel, pour pouvoir agir actuellement, parce que l'effet ne peut précéder la cause.

Ce principe nous conduit à faire une distinction essentielle entre la condition des ascendans et celle des collatéraux.

Les ascendans, comme chefs de leurs familles, sont chargés d'y maintenir la paix et le bon ordre ; ils ont donc le droit de s'opposer à tout ce qui serait capable d'y apporter du trouble.

La loi les a revêtus d'une autorité sur leurs enfans ; ils ont donc le droit de faire respecter leur magistrature domestique, et de réprimer les atteintes qu'on y aurait portées.

Il existe entre les ascendans et leur postérité, un devoir réciproque de se fournir les uns aux autres, des alimens dans le besoin ; les ascendans ont donc le droit, et de surveiller la garantie de cette ressource pour eux-mêmes, et d'empêcher que cette obligation, en ce qui les concerne, ne soit pas injustement étendue hors de ses bornes, en mettant à leur charge une postérité désavouée par la loi.

Enfin, dans tous les cas, ils sont en droit de conserver leur patrimoine, pour le transmettre à des donataires de leur choix ou aux héritiers de la loi, et le garantir de toute invasion de la part d'une descendance illégitime.

Il résulte de là que les ascendans ont toujours un intérêt né et actuel, et qu'ils peuvent agir sans délai, chaque fois que l'action en nullité de mariage leur appartient contre leurs descendans.

Il n'en est pas de même des collatéraux : tous les droits comme tous les devoirs dont nous venons de parler, leur sont étrangers : ils n'ont donc pas toujours un intérêt né et actuel. Ce n'est que comme héritiers qu'ils peuvent agir, soit pour faire déclarer nulles quelques libéralités matrimoniales, soit pour écarter d'une succession des enfans illégitimes qui se présenteraient pour la recueillir à leur préjudice; il faut donc qu'ils attendent l'ouverture des droits éventuels qui doivent servir de fondement à leur action.

La condition des ascendans diffère encore de celle des collatéraux, en ce que leurs droits se rattachent à des principes de morale et d'ordre public, tandis que ces derniers n'agissent que dans leur intérêt propre : d'où il résulte que l'action des ascendans est plus favorable que celle des collatéraux; c'est pourquoi ceux-ci sont plus souvent exposés à se voir écartés par fin de non-recevoir.

Quant aux enfans, il ne suffit pas toujours qu'ils aient un droit ouvert; il faut encore que le respect qu'ils doivent à leurs père et mère, ne les condamne pas au silence.

Nous avons dit que la diversité des causes

d'où peuvent provenir les nullités de mariage, influe aussi sur le choix des personnes qui peuvent les proposer, parce qu'il y a des nullités dont nul autre ne peut avoir la conscience que celui qui a été personnellement offensé.

Pour appliquer les règles qui conviennent à chaque genre de nullités, nous les distinguerons en trois classes : la première comprendra les nullités qui peuvent naître du défaut de consentement; la seconde, celles qui peuvent affecter le mariage dans les cas où il est prohibé entre les époux; la troisième enfin, celles qui peuvent résulter de la violation des formes.

§ 1er.

De l'action en nullité pour défaut de consentement.

Le défaut de consentement peut être relatif aux époux qui n'auraient agi que par erreur ou violence, et aux ascendans ou au conseil de famille dont l'assentiment n'aurait pas été obtenu.

Lorsque le mariage a été contracté sans le consentement libre et éclairé de l'un ou l'autre des époux, la nullité n'est proposable que par celui d'entr'eux qui a souffert la violence, ou qui a été induit en erreur (180), parce que nul autre que lui ne peut être juge de son erreur ou de sa contrainte.

Cette action n'est plus recevable après six mois de cohabitation depuis la cessation de la contrainte, ou la découverte de l'erreur (181), parce qu'alors la ratification tacite du contrat est censée intervenue.

La nullité qui naît du défaut de consentement des ascendans ou du conseil de famille, n'est proposable que de la part de ceux dont ce consentement était requis, et de la part de l'époux qui en avait besoin (182); parce que, s'ils n'agissent ni les uns ni les autres, ils sont censés ou avoir voulu dans le temps, ou avoir ratifié après.

Cette action est prescrite, et toute réclamation est interdite soit aux époux, soit aux parens, si le mariage a été approuvé expressément ou tacitement par ceux-ci, ou si, depuis qu'ils en ont eu connaissance, il s'est écoulé une année sans réclamation de leur part. (183)

Elle est prescrite encore à l'égard de l'époux, lorsque, sans réclamer, il a laissé écouler une année depuis l'âge compétent pour consentir par lui-même au mariage; d'où il résulte que la fin de non-recevoir peut être acquise contre l'époux après le délai d'un an, depuis sa majorité, tandis qu'elle ne le serait pas contre les parens auxquels on aurait dérobé plus long-temps la connaissance du mariage.

Nous terminerons ce paragraphe en observant que la loi ne limitant l'action en nullité pour défaut de consentement, que par rapport à la ratification postérieure qu'elle veut qu'on présume au besoin, il faudrait décider autrement, et dire que la nullité serait perpétuelle, s'il s'agissait du mariage d'un interdit pour cause d'imbécillité ou de démence, parce que, dans cet état, il aurait été aussi incapable de ratifier après coup, que de consentir dès le principe.

§ 2.

De l'action en nullité de mariage dans les cas prohibés par la loi.

Ces cas se rapportent à trois hypothèses générales : la première, si le mariage a été contracté avant l'âge requis ; la seconde, s'il a été célébré au préjudice d'un premier encore subsistant ; la troisième, s'il a été célébré en degrés prohibés.

·1°. Lorsqu'il est question d'un mariage contracté avant l'âge de puberté fixé par le Code, l'action en nullité appartient soit aux époux, soit au ministère public, soit à tous ceux qui y ont un intérêt né et actuel (184), sous la seule exception des ascendans qui auraient consenti au mariage (186), parce qu'il ne faut pas qu'ils puissent encore se jouer de la foi du mariage, après s'être joués des lois.

Mais cette action est généralement prescrite pour tous, dans deux cas :

Le premier, si, avant que la nullité ait été proposée, il s'est écoulé six mois depuis la puberté acquise par les époux ou celui

d'entr'eux qui n'avait pas l'âge, parce que
la capacité survenue, jointe à une cohabitation paisible pendant ce délai, font présumer la ratification en temps habile. (185)

Le second, lorsque c'est la femme qui
s'est mariée avant l'âge prescrit, et qu'elle
est devenue mère ou a conçu, avant l'é-
chéance des six mois depuis sa puberté acquise, parce que, dit M. Portalis, il ne serait pas raisonnable d'exciper du défaut
d'âge, quand une grossesse survient dans
le ménage, avant l'échéance des six mois
donnés pour exercer l'action en nullité;
la loi ne doit pas aspirer au droit d'être
plus sage que la nature. (185)

2°. Lorsqu'il est question d'un second mariage célébré avant la dissolution d'un premier, hors le cas d'absence dont nous avons
traité ailleurs, l'action en nullité appartient
aux époux eux-mêmes (184); à l'époux qui
était engagé dans les liens du premier mariage, avec l'une des parties (188); au ministère public (190); aux enfans nés du premier lit; aux ascendans et collatéraux successibles (184); mais tous n'ont pas qualité
en même temps.

Les époux peuvent agir sans délai, puisqu'il est question de leur état.

Il en est de même de celui qui est engagé
par un premier mariage avec l'une ou l'autre des parties, parce qu'il a un droit actuel.

Les ascendans peuvent également agir de
suite, comme ayant toujours un intérêt né.

Le procureur impérial peut aussi et doit

même agir sans délai, parce que l'action en répression d'un délit ne doit point être ajournée.

Quant aux enfans du premier mariage, et aux collatéraux des époux, toute réclamation leur est interdite du vivant de ceux-ci.

L'action est interdite aux enfans, parce qu'étant obligés d'honorer et respecter leurs père et mère, ils ne peuvent être recevables à les flétrir par l'exercice d'une action infamante.

Elle est interdite à tout collatéral successible, parce qu'on ne peut ouvrir une action en qualité d'héritier, quand il n'y a encore point d'hérédité ouverte. (187)

3°. Lorsque le mariage a été contracté dans un degré de parenté ou d'alliance prohibé, l'action en nullité appartient aux époux eux-mêmes (184); aux pères et mères ou ascendans; à tous ceux qui y ont un intérêt né et actuel (187), et au ministère public qui doit agir sans délai. (190)

§ 3.

De l'action en nullité pour violation des formes.

Incompétence de l'officier civil, défaut de publicité dans l'acte de célébration, défaut absolu des publications du mariage : tels sont les trois vices de formes qui peuvent ici donner lieu à l'action en nullité.

Cette action peut être intentée par les

époux eux-mêmes, par leurs ascendans, par tous ceux qui y auraient un intérêt né et actuel, ainsi que par le ministère public (191); mais la cause du ministère public, ni celle des époux, ne sont point ici les mêmes que dans les autres genres de nullités dont nous avons parlé plus haut.

Lorsque la nullité du mariage dérive de l'incapacité des époux, ou du degré prohibé où ils sont entr'eux, la loi impose au ministère public le devoir impérieux d'agir pour faire cesser une union scandaleuse; mais quand il s'agit de simples nullités de formes dont la violation peut être plus ou moins grossière, et qui toujours peuvent être réparées par la réhabilitation d'un mariage dont les époux sont capables entr'eux, le ministère public a droit d'agir, sans y être obligé.

Quant aux époux, l'art. 196 du Code porte que, s'il y a possession d'état, et que l'acte de célébration du mariage devant l'*officier de l'état civil*, soit représenté, ils sont respectivement non-recevables à demander la nullité de cet acte.

Par ces expressions, l'*officier de l'état civil*, il nous paraît qu'on ne doit entendre que l'officier compétent, parce qu'autre chose est de dire, l'*officier de l'état civil*, autre chose est de dire seulement, *un officier de l'état civil*: nous estimons en conséquence que la possession publique d'état de la part des époux, ne peut, à leur égard, suppléer qu'au défaut de publications et à celui de publicité dans l'acte de célébration de leur mariage ; mais non pas à celui de compétence dans l'officier de l'état civil.

Il résulte de là, que les époux qui n'ont pas la possession publique de leur état acquise, peuvent toujours proposer contre leur mariage, les nullités pour violation de formes ; qu'il en est de même quand ils ont la possession d'état, et que l'acte de célébration de leur mariage n'est pas représenté ; mais que la possession d'état, jointe à la représentation de cet acte, les rendent non-recevables à proposer toute autre nullité de formes que celle qui dériverait de l'incompétence de l'officier civil.

SECTION VIII.

Des obligations qui naissent du mariage.

Les obligations qui naissent du mariage, peuvent être relatives ou aux époux entre eux, ou à leurs familles ou alliés.

Celles qui concernent les époux entr'eux, feront la matière de la section suivante.

Celles qui règlent les rapports des époux avec leurs familles et leurs alliés, et dont nous avons à parler ici, se rapportent aux alimens que les proches parens doivent se fournir mutuellement dans le besoin ; sur quoi nous avons à examiner :

1°. Quelles sont les personnes qui se doivent des alimens ?

2º. Quelle est la nature particulière de cette dette?

3º. Quelle est son étendue?

4º. Quand elle cesse?

§ 1er.

Des personnes qui se doivent des alimens.

Suivant le droit naturel, comme suivant la loi positive, le mariage produit une obligation réciproque (207), entre les parens et leur postérité, en vertu de laquelle les père et mère (203), et à leur défaut, les autres ascendans, sont tenus de fournir des alimens à leurs enfans et descendans légitimes, et ceux-ci à leurs ascendans qui seraient dans le besoin. (205)

D'après les dispositions du Code, la même obligation existe réciproquement (207), entre les gendres et les belles-filles d'une part, et leurs beaux-pères et belles-mères d'autre part (206); c'est-à-dire, que le mari doit des alimens au père et à la mère de son épouse, comme la femme en doit au père et à la mère de son mari; et que d'autre part, les père et mère de la fille ou du fils en doivent au mari de leur fille ou à la femme de leur fils : et comme il n'est pas permis d'étendre la loi positive au-delà de ses expressions, il faut en conclure que cette prestation n'est point exigible entre un des époux et les aïeuls de l'autre, ni entre les enfans et la femme en secondes noces de leur père, ou le mari en secondes noces de leur mère.

Ce devoir imposé au gendre ou à la belle-fille et à la belle-mère de se fournir des alimens, cesse dès que la belle-mère convole en seconde noces, parce qu'alors elle entre dans une autre famille, suit la condition et partage le sort d'un nouveau mari, chargé de l'entretenir, comme étant son épouse.

Cette obligation réciproque entre les gendres et belles-filles d'une part, et les beaux-pères et belles-mères d'autre part, n'étant attachée qu'au lien d'affinité qui les unit, cesse quand l'affinité elle-même est dissoute, par le décès de l'époux qui la produisait et celui des enfans nés de son mariage. (206)

§ 2.

Nature particulière de la dette d'alimens.

Les alimens sont destinés à faire subsister celui auquel on les fournit : l'obligation du débiteur est donc corrélative à la vie du créancier ; mais comme la vie est indivisible ; comme on ne peut faire vivre ou subsister quelqu'un à demi, il en résulte que l'obligation de fournir des alimens est elle-même indivisible dans sa substance, et que conséquemment, si elle pèse sur plusieurs, tous doivent être considérés comme solidairement tenus.

Ainsi lorsqu'un père pauvre a deux fils, et

que l'un d'eux devient insolvable, l'autre
doit payer toute la pension alimentaire due
à son père.

Mais, que devrait-on décider dans le cas
où le grand-père serait opulent, le fils pauvre, et la petite-fille riche? celle-ci et le
grand-père seraient-ils conjointement et solidairement tenus à payer la pension alimentaire, ou l'un d'eux en serait-il passible
en premier ordre et préférablement à l'autre?

Si, au lieu d'être pauvre, comme nous le
supposons, le fils était riche et venait à
mourir, laissant une succession opulente,
c'est sa fille, et non son père, qui la recueil-
lerait : il paraît donc équitable que, par réciprocité, la fille qui succéderait seule, et
non le père qui serait exclu de la succession,
reste seule aussi chargée de la pension alimentaire; et tel est le sentiment de plusieurs
auteurs.

§ 3.

Étendue de l'obligation.

La simple dette des alimens ne comprend
que ce qui est nécessaire à la vie, c'est-à-
dire, la nourriture, le vêtement et le loge-
ment fournis dans la proportion d'un honnête entretien, ou en nature, ou en somme
équivalente.

Mais les père et mère doivent quelque
chose de plus à leurs enfans : il ne leur suffirait pas de fournir aux alimens et à l'en-

tretien destinés à la conservation de l'individu : ils doivent aussi pourvoir à l'éducation destinée à l'avantage moral de la personne, parce que la loi les charge d'élever leurs enfans et d'en faire des citoyens. (203)

Du reste, l'enfant n'a point d'action contre ses père et mère pour obtenir une dot à raison de son établissement. (204)

Avant la révolution, cette action était admise dans les pays de droit écrit; mais elle a été abolie par le Code pour compenser, en faveur des père et mère, les effets de la puissance paternelle qui n'a plus la même étendue que lui donnait la loi romaine.

Puisque les ascendans et les descendans, ainsi que les gendres ou belles-filles, les beaux-pères et belles-mères, se doivent mutuellement des alimens, il en résulte que si l'un est créancier de l'autre, et que, pour obtenir paiement de sa créance, il en vienne à la discussion des biens de son débiteur, il se trouve obligé de laisser à celui-ci ce qui lui est nécessaire pour vivre, en sorte que le débiteur peut s'opposer à ce que le créancier l'exproprie entièrement, et c'est ce qu'on appelle en droit, le bénéfice de compétence.

§ 4.

Quand cesse l'obligation des alimens?

Les alimens ne sont dus qu'à ceux qui se

17

trouvent dans le besoin (2o5) : ils ne sont
dus que dans la proportion du besoin de
celui qui les réclame, et de la fortune de
celui qui les doit. (2o8)

Il résulte de là, 1°. que l'opulence survenue dans la personne du créancier, comme la pauvreté survenue dans celle du débiteur, font également cesser la dette alimentaire ;

2°. Que les besoins de l'un étant dimi-
nués, ou les ressources de l'autre affaiblies,
la prestation doit être réduite dans la même
proportion. (2o9)

Sur la question de savoir si celui qui doit
une pension alimentaire peut demander à
en être déchargé, en se soumettant à recevoir le pensionnaire chez lui, pour y être
logé et entretenu, il faut faire une distinction entre les ascendans et les enfans.

Quand c'est un ascendant qui fait cette
soumission envers son fils ou petit-fils, elle
doit plus facilement être admise, soit parce
que, régulièrement parlant, il n'est pas permis à l'enfant de quitter la maison paternelle sans la permission de son père, soit
parce qu'il serait contraire au respect qu'il
doit à ses auteurs, de refuser l'hospitalité
qui lui est offerte.

Quand c'est au contraire un fils ou petit-
fils qui fait cette soumission envers son père
ou son grand-père, les égards dus à la
vieillesse, l'inconvenance de replacer, sans
nécessité, l'ascendant sous la dépendance
du fils ou petit-fils, et peut-être même sous

celle d'une belle-fille peu affectionnée pour lui, doivent rendre les Tribunaux plus difficiles à accueillir une telle demande.

Néanmoins, dans l'une comme dans l'autre hypothèse, si la personne qui doit fournir des alimens justifie qu'elle ne peut payer la pension alimentaire, que de cette manière, les juges, en connaissance de cause, peuvent ordonner qu'elle recevra dans sa demeure, y nourrira et entretiendra celui auquel elle doit des alimens. (210 et 211)

SECTION IX.

Des droits et devoirs respectifs des époux.

Les époux se doivent mutuellement fidélité, secours et assistance. (212)

Ils se doivent la fidélité, parce qu'ils se sont donnés l'un à l'autre sans réserve.

Ils se doivent secours de leur fortune, dans leurs besoins mutuels, parce qu'ils ont voulu associer leurs jouissances.

Ils se doivent assistance de leurs soins personnels, dans le malheur, parce qu'unissant leur destinée qui peut se trouver composée de revers comme de succès, ils doivent supporter les uns comme ils ont droit de partager les autres ensemble.

Le mari doit protection à la femme, et la femme obéissance au mari. (213)

Il résulte de ces principes que la femme est obligée d'habiter avec le mari et de le suivre par-tout où il juge à propos de résider, et que le mari de son côté est obligé de recevoir sa femme et de lui fournir, suivant ses facultés, tout ce qui est nécessaire à un honnête entretien. (214)

Mais un mari qui voudrait quitter sa patrie pour s'établir en un autre pays, serait-il donc en droit d'obliger sa femme à le suivre et à souffrir la perte de ses droits civils?

L'affirmative paraît incontestable, puisque la loi veut que la femme suive son mari par-tout où il juge à propos de résider: qu'elle lui impose ce devoir dans le sens le plus absolu et sans restriction, et que la femme se l'est imposé elle-même, en souscrivant l'engagement solennel qui emporte pour elle, aliénation de ses facultés physiques et morales.

Il faut néanmoins excepter le cas où l'émigration serait défendue par des lois politiques, parce que les intérêts du corps social doivent l'emporter sur ceux du mari; et encore, parce qu'il est impossible que la loi impose alors à la femme l'obligation de se rendre complice d'une action qu'elle déclare illicite.

De ce que le mari doit protection à la femme, et la femme obéissance au mari, résulte encore la nécessité de l'autorisation pour la femme qui veut contracter ou ester en jugement, parce que l'autorisation est tout-à-la-fois un acte de protection de la part du mari, et de subordination de la part de son épouse.

Le principe de l'autorisation est donc

fondé sur la condition personnelle des époux dont l'un est constitué, par la loi, sous le pouvoir tutélaire de l'autre.

Il dérive aussi de la raison naturelle qui veut que, dans toute association, le moins éclairé soit dirigé par le plus clair-voyant.

Enfin il est fondé sur l'intérêt commun de la femme et du mari, lequel serait blessé si le sort de leur association était livré à l'imprévoyance et à la légéreté de l'associé le moins propre à gouverner, et que, par caractère, la nature appelle à la subordination.

La puissance maritale appartient donc et au droit naturel sur lequel elle est fondée, et au droit civil qui en règle les effets.

Pour traiter avec le plus de clarté qu'il nous sera possible ce qui concerne l'autorisation du mari à l'égard de la femme, nous examinerons :

1°. Dans quelles négociations l'autorisation du mari est nécessaire à la femme;

2°. Dans quels actes elle n'est point requise;

3°. Quelle est la forme sous laquelle elle doit être donnée;

4°. Quand et comment elle peut être suppléée par la justice;

5°. Les effets qu'elle produit soit envers la femme, soit envers le mari;

6°. Enfin, quel est le genre de nullité qui résulte du défaut d'autorisation.

§ 1er.

Dans quelles négociations l'autorisation du mari est nécessaire à la femme.

L'autorisation du mari est nécessaire à la femme pour ester en jugement, en toute matière civile, tant en demandant qu'en défendant, lors même qu'elle serait marchande publique, non commune ou séparée de biens. (215)

Elle lui est nécessaire, quand même elle est marchande publique ou séparée de biens, parce que l'action de plaider n'est ni un fait de commerce, ni un acte d'administration.

Cette autorisation est nécessaire, même dans les procédures en séparation de corps (*a*), ou de biens (*b*), parce que la séparation des époux n'opérant point la dissolution de leur mariage, ne relève pas la femme de son incapacité.

La femme, même non commune ou séparée de biens, ne peut donner, aliéner, hypothéquer, acquérir à titre gratuit ou onéreux, sans le concours du mari dans l'acte, ou son consentement par écrit. (217)

Elle ne peut faire seule d'acquisition immobilière à titre onéreux, parce qu'il serait dangereux qu'on abusât de sa faiblesse, en lui faisant souscrire des marchés ruineux.

_____

(*a*) Art. 878 du Code de proc.
(*b*) Art. 865 du Code de proc.

Elle ne peut acquérir seule en acceptant une succession (776), parce que l'adition d'hérédité entraîne des charges importantes et souvent difficiles à apercevoir.

Elle ne peut acquérir seule à titre purement lucratif, en acceptant une donation, soit parce que souvent les actes de cette espèce imposent des devoirs à remplir par le donataire, soit parce que la bienséance ne permet pas que la femme puisse recevoir même une libéralité pure, à l'insçu de son mari.

Dans l'ancienne jurisprudence, les donations faites à la femme pour lui tenir lieu de bien paraphernal, pouvaient être par elle acceptées, en certaines provinces, sans autorisation (*a*); mais le Code Napoléon ne faisant ici aucune distinction, il en faut conclure que la femme doit être autorisée même pour accepter les donations de cette espèce.

Enfin la femme ne peut adopter (344), par acte entre-vifs (366), sans le consentement du mari, comme le mari ne le pourrait lui-même sans le consentement de son épouse.

§ 2.

En quel cas l'autorisation n'est pas nécessaire.

Quelqu'importante que soit l'autorité du mari, quelque rigoureuse que soit la néces-

_____
(*a*) Voyez l'art. 9 de l'ordonnance de 1731.

sité de son autorisation, il ne faut pas perdre de vue que sa puissance fut aussi insti-
tuée pour protéger la femme, et qu'en conséquence elle ne doit point dégénérer en tyrannie; d'où il résulte que, sans autorisation maritale, l'épouse peut valablement,
pour l'administration intérieure de sa famille, acheter ce qui est nécessaire à son
honnête entretien et à celui de ses enfans, et
que l'excès seul mettrait le mari en droit de
se refuser au paiement.

L'autorisation du mari n'est point nécessaire à la femme pour paraître en justice,
lorsqu'elle est poursuivie en matière criminelle ou de police (216), parce que le mari
ne peut arrêter l'action de la loi, et que la
nécessité de la défense dispense la femme
de toutes formalités; et alors les condamnations prononcées contr'elle pour amendes ou
dommages et intérêts, ne peuvent s'exécuter
que sur la nue propriété de ses biens personnels. (1424)

Si, au lieu d'être accusée, la femme était
partie poursuivante pour ses dommages et
intérêts, elle resterait soumise à la règle
commune, parce qu'il n'y a pas nécessité
d'accuser, comme il y a nécessité de se défendre.

La femme peut, sans aucune autorisation,
disposer par testament (226 et 905), parce
que le testament n'ayant d'effet qu'après
la mort, ne peut blesser en rien les droits du
mari.

Elle peut seule procurer la transcription

d'une donation entre-vifs faite à son profit (940), parce qu'ayant été autorisée à l'accepter, elle est censée l'être aussi pour en assurer les droits par la transcription, et elle s'oblige alors valablement à payer les frais nécessaires à l'accomplissement de cette formalité.

Elle peut aussi requérir seule l'inscription de ses créances sur les immeubles de son mari (2139 et 2194), et par là obliger celui-ci à en payer les frais au bureau du conservateur. (2155)

La femme peut, sans autorisation, révoquer les donations qu'elle aurait faites à son mari, pendant le mariage (1096), parce que les actes de cette espèce étant essentiellement révocables, il faut que celle qui les a faits soit maîtresse de les anéantir.

L'autorisation n'est point nécessaire à la femme dans les procédures en divorce, parce qu'il y aurait de la contradiction à exiger le concours de l'autorité maritale pour une chose destinée à la détruire.

La femme, marchande publique, contracte valablement seule pour tout ce qui concerne son négoce (220), et elle oblige même son mari s'il y a communauté entr'eux.

Elle peut même alors engager, hypothéquer et aliéner ses immeubles non soumis au régime dotal; mais elle n'est considérée comme marchande publique que lorsqu'elle exerce un commerce séparé, du consentement de son époux; et elle n'a point cette qualité, si elle ne fait que détailler les marchandises du commerce de son mari. (*a*)

La femme séparée, soit de corps et de biens, soit de biens seulement, est capable de tous les actes qui appartiennent à l'administration; elle peut amodier ses immeubles, toucher ses revenus et en donner valable quittance ; elle peut disposer de son mobilier et l'aliéner : mais elle ne peut aliéner ses immeubles sans le consentement du mari, ou l'autorisation de la justice (1449 et 1538.) Et les mêmes droits appartiennent à celle qui s'est réservé ses biens en paraphernaux. (1576)

La femme peut être constituée procuratrice *ad negotia*, et valablement exécuter, dans l'intérêt de son commettant, le mandat qu'elle a reçu, sans autorisation de son mari (1990), parce qu'en traitant pour et au nom d'autrui, elle ne s'oblige point elle-même ; et que si le mandant vient à agir contr'elle, en vertu du mandat, elle pourra lui opposer l'exception résultant du défaut d'autorisation.

Suivant l'article 935 du Code, les père et mère du mineur peuvent accepter pour lui la donation qui lui est faite : dans ce cas, si c'est la mère qui accepte, a-t-elle besoin de l'autorisation du mari ?

Il nous paraît que non, parce qu'agissant uniquement dans l'intérêt de son fils mineur, elle ne s'oblige pas elle-même : ce

(*a*) Voyez les articles 4, 5 et 7 du Code de commerce.

n'est point elle qui contracte; c'est l'enfant pour lequel elle accepte en vertu du pouvoir que la loi lui délègue. En accordant à la mère comme au père la faculté d'accepter, la loi ne suppose point qu'elle doive être autorisée; car, s'il fallait le concours du mari, le pouvoir donné à la femme serait inutile. C'est ainsi qu'on entendait, dans l'ancienne jurisprudence, l'article 7 de l'ordonnance de 1731, qui contient une disposition semblable à celle du Code Napoléon. (*a*)

S. 3.

Dans quelles formes l'autorisation doit être donnée.

1°. L'autorisation doit-elle être spéciale, et quels sont les effets d'une autorisation générale?

Lorsqu'il s'agit d'ester en jugement, l'autorisation doit être spéciale pour chaque procès; comme s'il faut s'engager par adition d'hérédités, elle doit être particulière pour chaque succession; et lorsqu'il est question d'aliéner, d'hypothéquer ou d'acquérir à quelque titre que ce soit, elle doit encore être spécialement donnée à chaque acte (1538) : il n'y a d'exception que pour les actes que la femme, marchande publi-

(*a*) Voyez dans Furgole sur cet article et sur l'article 9, tom. I, pag. 52 et 60.

que, contracte à raison de son négoce : ici l'autorisation tacite et générale, qu'elle est censée avoir reçue de son mari qui permet l'établissement de ce commerce, est suffisante ; la célérité avec laquelle se traitent les affaires de commerce l'exige ainsi.

Mais lorsqu'il s'agit d'administration, l'autorisation peut être générale : il n'est pas nécessaire de la renouveler pour chaque acte en particulier, parce qu'ils sont, de leur nature, moins importans et plus fréquens.

Ainsi, toute autorisation générale donnée à la femme, même par contrat de mariage (223 et 1508), pour aliéner ou hypothéquer ses immeubles, est nulle sous ce rapport, et ne peut valoir que pour les actes d'administration seulement. (1988)

2º. L'autorisation doit-elle être expresse, ou peut-elle être tacite ?

La femme, marchande publique, contracte pour fait de son commerce, sans autorisation expresse : dans les cas ordinaires, la loi (217) n'exige que le concours du mari dans l'acte ; d'où il résulte que l'autorisation peut être tacite ; qu'il suffit que le mari présent à l'acte le signe, sans déclarer en termes exprès, qu'il autorise son épouse.

3º. L'autorisation peut-elle être donnée par mandat antérieur, ou faut-il l'intervention du mari dans l'acte même ?

Il est incontestable que le mari peut autoriser par mandat antérieur, et qu'il n'est point nécessaire qu'il soit présent, puisqu'il suffit d'avoir son consentement par écrit. (217, 223 et 1538.)

4°. L'autorisation peut-elle être suppléée par ratification postérieure ?

La loi ne permettant qu'à la femme et au mari, ou à leurs héritiers, d'opposer le défaut d'autorisation (223), suppose par là même que ce défaut peut être réparé par ratification postérieure, parce que nous pouvons toujours renoncer à une exception qui n'est établie que pour nous-mêmes.

Mais il faut que la ratification intervienne tandis que les choses sont encore entières, c'est-à-dire, tandis que le consentement de la femme subsiste ; car, si elle l'avait rétracté, il n'y aurait plus d'acte susceptible de ratification de la part du mari.

On devrait également considérer la ratification du mari comme tardive, si elle n'était donnée qu'après la mort de la femme, parce qu'alors il n'y a plus d'autorité maritale à exercer, et que les héritiers de la femme ont le droit acquis d'opposer l'exception de nullité que la loi leur accorde, sans que le mari qui n'a aucun pouvoir à exercer sur eux, puisse les en priver.

§ 4.

Comment l'autorisation peut et doit être suppléée par la justice ?

L'exercice de l'autorité maritale est une émanation du droit civil qui en règle les effets : le mari n'est que le délégué de la loi dans l'usage du pouvoir dont elle l'a revêtu : la puissance publique qui absorbe tous les pouvoirs particuliers qu'elle délègue, peut, à plus forte raison, les suppléer : ainsi, dans le cas de refus ou d'impossibilité d'agir de la part du mari, la femme est en droit d'en appeler au juge dépositaire de l'autorité publique, pour suppléer l'autorisation maritale ; mais quel est ici le juge compétent, et comment doit-on recourir à lui ?

Lorsqu'il s'agit d'autoriser la femme à ester en jugement pour défendre, c'est au juge ou au Tribunal devant lequel la contestation est portée, à accorder l'autorisation d'office (218), parce que l'accessoire doit suivre le sort du principal ; mais c'est au Tribunal d'arrondissement du domicile marital qu'on doit s'adresser s'il est question d'actes extrajudiciaires (219), ou de poursuites à intenter de la part de la femme, en qualité de demanderesse. (*a*)

On doit recourir à l'autorisation d'office, si le mari refuse, s'il est dans l'impossibilité, s'il est incapable d'autoriser lui-même.

Si le mari assigné conjointement avec son épouse, et requis d'autoriser celle-ci pour ester en jugement comme défenderesse, refuse de l'assister, le juge peut, sans autres formalités, donner l'autorisa-

_____

(*a*) Art. 861 du Code de proc.

tion d'office, parce qu'il y a nécessité de le faire pour régulariser la procédure; mais lorsqu'il s'agit d'ouvrir une action (*a*), ou de passer un acte de la part de la femme, elle doit, après avoir donné une sommation à son mari, présenter requête au président du Tribunal pour obtenir ordonnance permettant de le citer, à l'effet de déduire les motifs de son refus; et le Tribunal, réuni en la chambre du conseil, donne ou refuse l'autorisation en connaissance de cause, après que le mari a été entendu ou dûment appelé.

Le mari est dans l'impossibilité d'autoriser son épouse, s'il est absent; et dans ce cas, l'on ne doit pas priver la femme du bénéfice de recourir à l'autorisation d'office, jusqu'à ce qu'il ait été mis en déclaration d'absence; ce serait l'exposer à perdre ses droits, si on la soumettait à une si longue attente : la loi s'en rapporte au Tribunal qui ne prononce qu'en connaissance de cause, sur la requête présentée par la femme. (*b*)

Enfin le mari est incapable d'autoriser son épouse, s'il est mineur (224), s'il est interdit (222), et s'il a été condamné, même par contumace, à une peine afflictive ou infamante (221.) Dans tous ces cas, on doit recourir au juge qui, en connaissance de cause, accorde ou refuse l'autorisation, sur la requête présentée de la part de la femme. (*c*)

_____

(*a*) Art. 861 du Code de proc.
(*b*) Art. 873 du Code de proc.
(*c*) Art. 864 du Code de proc.

§ 5.

Des effets de l'autorisation.

L'autorisation donnée par le mari, ou suppléée par la justice, ont cela de commun que l'une et l'autre suffisent dans l'intérêt de la femme pour l'obliger personnellement ; mais elles n'ont pas les mêmes effets en ce qui concerne les intérêts de la communauté ou les biens propres du mari.

Le créancier qui n'a que la femme pour obligée sans autorisation du mari, ne peut être pourvu que sur la nue propriété des biens de la femme dont le mari a la jouissance, parce que celui-ci ne doit pas souffrir d'un acte qui lui est absolument étranger. (1413, 1417 et 1424.)

Les actes faits par la femme avec la simple autorisation en justice, n'engagent donc ni les revenus de ses propres dont le mari a la jouissance, ni les biens du mari, ni ceux de la communauté (1426), à moins qu'il ne s'agisse de tirer le mari de prison, ou de pourvoir, en son absence, à l'établissement de leurs enfans (1427) communs seulement (1469, 1555), cas auxquels la femme autorisée d'office, oblige valablement et ses propres et les biens de la communauté, mais non ceux du mari.

Mais les obligations contractées par la femme avec le consentement du mari, pèsent tant sur les biens de la communauté que sur ceux du mari et de la femme, sauf récom-

pense s'il y a lieu (1419); d'où il faut conclure que quand le mari autorise sa femme
à ester en jugement, s'il y a des condamnations pécuniaires prononcées contr'elle,
le créancier peut en poursuivre le recouvrement et sur les biens de la communauté,
et sur les propres des deux époux; parce
que la comparution en justice opère un
quasi-contrat qui est alors formé avec le
consentement du mari, pour le paiement de
tous les adjugés qui peuvent avoir lieu en
définitive.

La loi veut donc que les créanciers puissent diriger leurs actions contre les biens
de la communauté et ceux du mari, lors
même que celui-ci n'a fait qu'autoriser sa
femme à traiter avec eux; parce qu'un associé qui contracte avec le consentement de
l'autre, oblige toute la société : il en est de
même des négociations faites par la femme,
marchande publique, laquelle oblige aussi
son mari, s'il y a communauté entr'eux
(220), parce qu'elle est censée généralement autorisée pour tous les faits de son
commerce; mais il faut observer que dans
ces cas, si les obligations directement contractées par la femme tombent aussi à la
charge du mari, ce n'est que par rapport
à sa qualité de sociétaire, d'où l'on doit
conclure que si la femme avait souscrit des
actes emportant contrainte par corps, le
mari ne serait pas passible de l'emprisonnement.

§ 6.

De la nullité qui dérive du défaut d'autorisation.

La nullité qui dérive du manque d'autorisation, n'est prononcée par la loi, que dans l'intérêt des époux et de leurs héritiers (225); elle n'est en conséquence qu'une nullité de droit privé et non pas de droit public, puisqu'eux seuls peuvent la proposer.

Ainsi, celui qui, étant capable de s'engager, a traité avec une femme non autorisée, ne peut opposer l'incapacité de celle-ci (1125), pour se dégager lui-même des obligations qu'il a souscrites envers elle; tandis qu'au contraire, la femme et le mari, ou leurs héritiers, sont maîtres de discéder du contrat.

Il y a plus; si la femme a reçu, pendant le mariage, quelques sommes par suite de l'acte contre lequel l'action en nullité est proposée; ou même si elle a reçu d'autres paiemens, pour quelque cause que ce soit; mais sans autorisation, dans les cas où elle lui est nécessaire, on ne peut exiger la restitution des sommes qu'elle a touchées, ni faire valoir les paiemens versés entre ses mains, à moins qu'il ne soit prouvé que ce qu'elle a reçu a tourné à son profit (1312); et c'est à celui qui a fait de semblables nantissemens, à faire cette preuve (1241), pour

être admis à en demander le remboursement.

La loi qui veut que la femme ne puisse
seule s'engager, ne lui ôte donc pas jusqu'au pouvoir de rendre sa condition meil-
leure ; mais cette règle doit-elle être appli-
quée même au cas d'une donation entre-vifs
acceptée par la femme sans autorisation?
peut-on dire que, dans cet état de choses,
le donateur soit lié et qu'il ne puisse révoquer?

Nous estimons que la donation entre-vifs
doit être exceptée de la règle commune, et
que le donateur peut révoquer celle qu'il
aurait faite à une femme non autorisée,
tant que le mari n'aurait pas, par acte reçu
de notaire, ratifié l'acceptation de son épouse,
et que cet acte de ratification n'aurait pas
été notifié à l'auteur de la donation.

Il est constant en droit que la donation
entre-vifs n'engage le donateur que du jour
où elle a été acceptée en termes exprès (932);
il est constant également que la femme mariée ne peut accepter aucune donation sans
être autorisée (934); donc l'acceptation
qu'elle aurait faite seule, serait dans l'intérêt du donateur, comme si elle n'existait
pas; donc celui-ci pourrait révoquer, puisque la loi l'autorise à révoquer à l'égard de
tout donataire, sans distinction.

Enfin, la loi veut que les femmes mariées
ne soient point restituables contre le défaut
d'acceptation ou de transcription des donations (942); donc on peut leur opposer la

nullité qui résulte du défaut d'acceptation régulière, comme on peut leur opposer celle qui résulte du défaut de transcription.

Ainsi, lorsqu'on dit que le défaut d'autorisation ne produit qu'une nullité relative proposable seulement par la femme et le mari ou leurs héritiers, cette décision ne doit être entendue que des conventions ordinaires et non pas des donations entre-vifs.

La raison de cette différence entre la donation et les autres contrats, dérive de ce que les conventions ordinaires n'exigent que le simple consentement des parties; dès que ce consentement est constant, les conventions sont parfaites, sans qu'il soit nécessaire de les revêtir d'aucunes formes substantielles : dans la donation, au contraire, le simple consentement du donataire ne suffit pas; il faut une acceptation expresse de sa part; l'expression littérale de cette acceptation est requise à peine de nullité; elle fait donc partie de la forme extérieure et substantielle de l'acte; or, tout ce qui tient à la forme des actes appartient au droit public, d'où il résulte que quand la forme a été violée, ou, ce qui est la même chose, lorsqu'elle n'a pas été remplie par celui qui en avait le pouvoir, la nullité qui affecte l'acte, n'est plus une nullité de droit privé, mais bien de droit public, et conséquemment proposable par toutes parties intéressées.

SECTION X.

Comment le mariage se dissout.

Le mariage se dissout :

1º. Par la mort naturelle de l'un des époux, parce que la mort est le terme de tous les droits personnels de l'homme.

2º. Par la mort civile de l'un des époux, parce que le mariage n'appartient pas seulement au droit naturel; il appartient aussi au droit civil qui en règle les conditions et les effets, d'où il résulte que celui qui ne peut plus participer aux institutions du droit civil, ne peut plus revendiquer aucun des effets que la loi civile attache au mariage.

3º. Enfin, le mariage se dissout par le divorce légalement prononcé entre les époux.

Nous avons déjà dit que la loi ne voit, dans le mariage, que le contrat; c'est sous ce rapport qu'elle le considère en le déclarant dissous, soit par la mort civile, soit par le divorce; et c'est en l'envisageant de même, que nous allons présenter quelques réflexions sur la dissolubilité du mariage, d'après les principes du droit naturel.

Le mariage est un contrat destiné à être perpétuel dans sa durée :

1º. Parce qu'il a été institué pour la perpétuité du genre humain, et qu'il est incontestable que le mariage est plus favorable à la population et sur-tout à l'éducation des enfans, que le concubinage;

2º. Parce que, dans le mariage, les époux stipulent sur leur propre existence, et qu'ils se promettent indéfiniment secours et assistance mutuels.

Mais il ne faut pas conclure de là que le mariage soit essentiellement indissoluble : l'aliénation d'un fonds faite à perpétuité, par exemple, est un contrat perpétuel de sa nature ; néanmoins l'engagement qu'il renferme n'est ni irrévocable, ni indissoluble.

Pour fixer nos idées sur la dissolubilité du mariage, nous le considérerons :

1º. Dans la nature du contrat qui en forme l'essence ;

2º. Dans les qualités qui en font l'objet matériel ;

3º. Dans les droits mutuellement acquis aux époux ;

4º. Dans la fin pour laquelle il fut institué.

1º. *Sous le rapport du contrat*, le mariage est un engagement purement naturel, soumis par conséquent aux règles ordinaires des autres contrats : avec cette seule différence, qu'étant le plus important de tous, il est aussi celui qui doit être le plus respecté, et dont l'infraction est la plus dangereuse.

L'institution du mariage est aussi ancienne que le monde : elle est antérieure à l'établissement de tous cultes, aux rits et aux bénédictions de toutes espèces de religions ; elle ne peut par conséquent en dériver, puisqu'elle les précède dans son existence. Le contrat de mariage ne peut donc dépendre, dans son mode, ses conditions et sa durée, que de la volonté de la loi, qui, suivant le droit naturel des sociétés, doit régler tous les engagemens des membres de chaque corps politique.

2°. *Considéré dans son objet matériel,* le contrat de mariage embrasse l'aliénation réciproque des facultés naturelles des deux époux : aliénation en vertu de laquelle chacun d'eux acquiert le droit exclusif de cohabitation avec l'autre, et les conséquences qui en dérivent, soit pour les secours mutuels qu'ils se doivent, soit pour l'usage des moyens destinés, par la nature, à la génération.

Mais cette aliénation, dans ses conditions et sa durée, ne peut être qu'essentiellement dépendante de la volonté du souverain.

Il est certain que tout citoyen d'un état appartient par sa naissance, avec toutes ses facultés physiques et morales, au corps politique dont il est membre.

La patrie peut lever des impôts sur la fortune de ses enfans; mettre leur industrie personnelle à contribution, et les forcer à tout genre de travail nécessaire ou utile pour son salut et sa conservation, ou pour le bien général. Elle a droit de les appeler à son secours; de leur faire prendre les armes pour la défense commune : elle peut exiger de celui qu'elle a enrôlé sous ses drapeaux, de lui faire jusqu'au sacrifice de sa vie, dans un poste périlleux dont elle juge la garde nécessaire au salut de l'armée, soit pour prévenir une surprise, soit pour favoriser une retraite; enfin, la souveraineté nationale sur les individus, est telle qu'elle emporte droit de vie et de mort sur ceux dont l'existence dangereuse, serait inconciliable avec le repos public.

C'est par une suite de ce principe constitutionnel de l'état social des hommes, que le suicide et la mutilation de son propre corps sont défendus par le droit naturel, parce que nul ne peut disposer de ce qui n'est pas uniquement à lui, et priver le corps social dont il est membre, des droits qui appartiennent essentiellement au souverain, sur sa vie et l'usage de ses facultés; que l'homme ne peut se vendre, ni même engager ses services à perpétuité, sans la ratification de l'autorité publique; et comme l'état a les mêmes droits sur toutes les facultés et sur chaque partie de l'individu, que sur le tout qu'elles composent, il en résulte, avec la même évidence, que le citoyen ne peut, par aucune convention privée, contre la volonté publique, aliéner irrévocablement aucune faculté, aucune dépendance de son être.

D'où nous sommes en droit de conclure, que dans le mariage, où l'homme stipule, au nom de la société, à la reproduction de laquelle il fut institué; où il stipule sur sa propre existence qui appartient à cette même société, il ne pourrait, contre la volonté nationale, s'imposer un engagement indissoluble, comme il ne lui est pas libre de le rompre de sa propre autorité, parce qu'autrement le mandataire et le subordonné pourraient, contre le gré du mandant et du maître, disposer de ce qui ne leur appartient pas.

3°. *Sous le rapport des droits acquis aux deux contractans :* ou leur séparation est demandée par consentement mutuel, où elle est poursuivie par l'une des parties contre la volonté de l'autre.

Dans le premier cas, si l'autorité publique ne résiste point à leurs vœux, alors le droit naturel n'a rien qui s'y oppose, parce qu'il est dans la nature des choses, que tout engagement puisse se dissoudre de la même manière dont il a été contracté, c'est-à-dire, par le consentement mutuel de toutes les parties intéressées : que les époux, ainsi que le corps social, étant unanimes, sont, chacun en ce qui les concerne, maîtres de renoncer à leurs droits et intérêts respectifs, sans qu'il soit permis à personne de s'en plaindre, puisqu'ils ne disposent que de ce qui leur appartient, et n'attentent point au bien d'autrui.

Dans le second cas, c'est-à-dire, lorsqu'un des époux poursuit et obtient le divorce contre le gré de l'autre, pour une cause déterminée par la loi, il est encore un principe de droit naturel, qui veut que dans tout contrat synallagmatique, tel que le mariage, une des parties ne soit jamais obligée, que sous la condition expresse de réciprocité et d'exécution de la part de l'autre. Qu'il nous soit permis de faire ici une comparaison : dans la vente, par exemple, l'acheteur n'est tenu au paiement du prix, qu'à condition qu'on lui livrera la chose vendue, en valeur et espèces convenues, sur-tout quand le vendeur peut la livrer.

Si donc, pour faire l'application de ce principe à la cause que nous discutons, l'un des époux qui a promis la fidélité et assistance à l'autre, portait, au contraire, le mépris de ses devoirs, jusqu'à l'accabler d'outrages et d'excès, la règle d'équité naturelle n'autoriserait-elle pas celui-ci à lui dire : « En méprisant la foi de tes engage-
» mens, tu m'as dégagé des miens; mon
» obligation ne fut jamais que subordonnée
» à la réciprocité de la tienne; tu me re-
» fuses le bonheur que tu m'avais promis;
» dès que tu ne veux pas remplir ta pro-
» messe, je suis dégagé de la mienne ; le
» droit naturel me permet donc d'accep-
» ter le remède que le droit positif m'offre
» dans la position malheureuse où tu m'as
» réduit. »

4°. *Si nous considérons le mariage dans sa fin,* son indissolubilité ne peut encore, sous cet aspect, être une conséquence du droit naturel.

La fin du mariage consiste, d'une part, dans l'union indéfinie des époux : et, d'autre côté, dans la procréation et l'éducation des enfans.

L'union morale des époux se compose de

leurs affections réciproques : pour remplir la fin de leur association, ils doivent en quelque sorte ne faire qu'un, n'avoir qu'un cœur et qu'une volonté commune; comme si l'amour unissant leurs destinées, avait identifié leurs ames : or, est-il dans la possibilité des choses, de commander l'amour à un cœur abreuvé d'amertume, à un cœur ulcéré par la vengeance et la haine? est-il une puissance dans le monde, capable d'obtenir l'amour par le commandement et la force?

L'on conçoit que celui qui ne serait pas aimé de l'autre, puisse, par ses soins, parvenir à la réconciliation, et même gagner sa bienveillance : mais tandis qu'il continue à provoquer son ressentiment par de nouveaux outrages, supposer une autorité capable de forcer ce cœur offensé chaque jour, à avoir de l'amour pour son implacable ennemi, c'est vouloir l'impossible; et si cela est impossible, si cela est contraire à la nature des choses, le droit naturel ne l'ordonne pas.

En ce qui concerne la procréation et l'éducation des enfans; d'abord, si le mariage n'en a point produit, cette fin manque par le fait : et si les époux sont irréconciliables, comment en espérer de leur union?

Mais s'ils ont des enfans à élever, et que ceux-ci ne reçoivent, pour toute éducation, que l'impression de la haine et de tous les vices; n'est-il pas de l'intérêt public, n'est-il pas de la justice et de l'humanité, de leur procurer un autre sort, et de les soustraire à la contagion des plus affreux exemples?

A ces preuves tirées du raisonnement, sur la dissolubilité du mariage, on pourrait en ajouter une non moins puissante, qui résulte de la jurisprudence ancienne.

Par le chapitre V de la Novelle 22, portée en 536, Justinien avait déclaré que le mariage demeurerait dissous par les vœux monastiques de l'un ou l'autre des époux, comme par la mort même; et cette décision a été adoptée par l'Eglise romaine, avec cette modification introduite dans la suite, que la faculté des secondes noces ne serait accordée que dans le cas où le vœu d'entrée en religion, émis par l'un des conjoints, aurait eu lieu avant la consommation du mariage. (*a*)

Mais comme le mariage est un contrat parfait par le seul consentement des parties, manifesté dans les formes voulues par la loi (*b*), cette restriction ne prouve rien contre ce que nous avons avancé.

D'ailleurs le divorce, même après la consommation du mariage, fut toujours autorisé par les Pontifes de Rome (*c*), si les mariés n'étant pas chrétiens, l'un d'eux em-

---

(*a*) *Si quis dixerit matrimonium ratum, non consummatum, per solemnem religionis professionem alterius conjugum, non dirimi; anathema sit.* Concil. Trident., sess. 24, can. 6.

(*b*) Vide decret. gregor., cap. 14, lib. 4, tit. 1. Vide et caus. 27, quest. 2, can. 1 et 4.

(*c*) Voyez dans Van-Espin, tom. 1, part. 2, sect. 1, tit. 25, n°. 5, p. 606.

brassait le christianisme, et que l'autre ne voulût pas habiter avec lui sans outrager les objets de sa croyance.

CHAPITRE VINGT-TROIS.

Du divorce.

Le divorce n'était point en usage en France avant la révolution : il est encore interdit aujourd'hui aux membres de la Maison impériale de tout sexe et de tout âge (*a*); mais il est toléré à l'égard de tous les autres français.

Nous avons à examiner dans ce chapitre :

Ce que c'est que le divorce ?

Quelle est l'autorité compétente pour en connaître ?

Quelles sont les causes déterminées pour lesquelles il peut être admis ?

Quelles sont les formes suivant lesquelles on doit y procéder pour cause déterminée ?

Quand et comment le divorce par consentement mutuel peut avoir lieu ?

Enfin, quels sont les effets du divorce ?

SECTION Iere.

Qu'est-ce que le divorce ?

Le terme *divorce* tire son étymologie des expressions latines, *vel à diversitate men-*

(*a*) Voyez l'art. 7 des statuts du 30 mars 1806, bull. 84, n°. des lois 1432, tom. 4, p. 371, 4ème. sér.

tium, vel quia in diversas partes eunt qui distrahunt matrimonium (a), c'est-à-dire, de la diversité de caractère de ceux qui y procèdent, et de la diversité des lieux où ils se retirent en se séparant.

Dans son sens propre, le divorce est un acte par lequel l'officier de l'état civil, autorisé par jugement en dernier ressort ou passé en force de chose jugée, prononce la dissolution du mariage des époux, quand il en est requis à délai utile.

Les conventions ordinaires peuvent être rétractées par la volonté particulière de ceux qui s'y étaient engagés, parce qu'eux seuls y ont intérêt : mais ici les époux ne sauraient être considérés comme étant les seules parties intéressées; leurs familles, leurs enfans, la société entière qui repose sur la durée des mariages, sont aussi intéressés à les maintenir. La loi qui intervient dans l'union des époux, pour en déterminer les conditions et en régler les droits, doit aussi intervenir dans la dissolution de ce contrat; il faut par conséquent que l'autorité publique soit instruite des motifs pour lesquels on demande le divorce, et que les organes de cette autorité jugent du mérite des causes alléguées pour l'obtenir, avant qu'il soit permis de se présenter devant l'officier civil, pour le faire prononcer.

_____

(a) Loi 2, ff. *de divortiis et repudiis*, livre 22, titre 2.

Section II.

Quelle est l'autorité compétente, ratione materiae, pour statuer sur la demande en divorce ?

La demande en divorce, étant une question d'état, est dévolue aux Tribunaux ordinaires : elle ne peut être intentée qu'au civil ; parce qu'elle n'a pour objet que la dissolution d'un contrat civil ; parce qu'il serait odieux qu'un époux fût, sans intérêt pour lui-même, le dénonciateur de l'autre par-devant les Tribunaux de justice criminelle, tandis qu'il peut obtenir, par la voie civile, tout ce qu'il demande.

Il est possible néanmoins que les faits allégués à l'appui de l'action en divorce, donnent lieu à une poursuite criminelle de la part du ministère public ; et dans ce cas il faut observer en principes :

1°. Que l'action de la loi sur la punition des délits, ne doit point être arrêtée par la litispendance au civil, parce qu'elle est mue par un intérêt plus pressant.

2°. Que la décision à intervenir au criminel peut absorber l'action civile, ou la préjuger indirectement sur les faits qui seraient déclarés constans : que si l'accusé, par exemple, était condamné à mort, il ne pourrait plus être poursuivi au civil : que s'il était condamné à une peine infamante, la question du divorce se trouverait encore indirectement préjugée.

3°. Que, dans le cas contraire, si l'accusé était absous au criminel, l'action civile ne serait pas préjugée en sa faveur, parce qu'il peut y avoir assez de motifs pour admettre le divorce, lors même qu'il n'y en a point assez pour prononcer la peine due à la vindicte publique.

Il résulte de là que si les faits allégués par le demandeur donnent lieu à une poursuite criminelle de la part du ministère public, la demande en divorce doit être suspendue au civil jusqu'après le jugement du Tribunal criminel (235), autrement la justice pourrait devenir contradictoire à elle-même, par l'effet de deux décisions dont l'une aurait rejeté au civil la demande en divorce, tandis que l'autre aurait déclaré l'accusé convaincu des délits pour lesquels la loi autorise à divorcer.

Mais l'absolution de l'accusé ne préjuge pas la demande en divorce : elle peut être reprise sans qu'il y ait aucune fin de non-recevoir à opposer au demandeur, parce qu'il ne représente pas au Tribunal civil la simple question de fait qui avait été soumise aux jurés. (235)

L'action en divorce est donc essentiellement civile, et c'est au Tribunal du domicile marital qu'elle doit être portée, parce qu'il est commun aux deux époux (108 et 234), à moins qu'il ne soit question de divorce pour séparation de corps qui aurait duré trois ans, cas auquel le Tribunal compétent nous paraît devoir être, d'après le droit commun, celui du domicile du défendeur, qui peut résider dans un autre arrondissement, parce qu'ayant un domicile propre, et s'agissant d'une nouvelle demande, c'est là qu'il doit être cité pour répondre.

SECTION III.

Des causes déterminées du divorce.

Le divorce peut être demandé pour quatre causes déterminées, qui sont : l'adultère, les excès, sévices et injures graves, la condamnation à une peine infamante, et la séparation de corps qui a duré trois ans.

1º. L'adultère est un juste motif de divorce, parce qu'il est une violation du contrat, de la part de celui qui s'en est rendu coupable ; mais quoique cette cause soit réciproque à l'égard des deux époux qui se doivent l'un à l'autre fidélité mutuelle, néanmoins leur condition n'est pas absolument ici la même.

L'adultère de la femme est toujours plus coupable, parce qu'il peut introduire des héritiers étrangers dans la famille ; c'est pourquoi il est toujours, pour le mari, une juste cause de divorce. (229)

Celui de l'époux, n'ayant pas des suites aussi funestes, doit être traité avec moins de rigueur : il n'est une juste cause de divorce pour la femme, que quand le mari y a ajouté

19

l'outrage de tenir sa concubine dans la maison commune des deux époux. (230)

2°. Les excès, sévices et injures graves
de l'un des époux envers l'autre, sont une
cause réciproque de demande en divorce
(231), parce qu'ils renferment une infraction également contraire au contrat par lequel ils se sont promis assistance et secours
mutuels.

Mais quels sont les excès, les sévices, les
injures capables de justifier l'action en divorce?

Cette question ne peut être décidée que
d'après les faits, leur suite et la condition
des parties. La loi n'a pu que s'en rapporter à la prudence des Tribunaux. Nous observerons seulement qu'il faut des faits graves, parce que le divorce n'est qu'un remède
extrême accordé aux époux victimes d'une
union insupportable.

3°. La condamnation de l'*un des époux*
à une peine infamante, est pour l'autre une
juste cause de divorce (232), parce que
l'innocent ne doit pas être forcé à passer le reste de ses jours dans l'avilisse-
ment, quoique plein d'honneur lui-même,
et qu'il serait immoral de l'exposer à la contagion du vice, en l'attachant irrévocablement au sort de l'époux vicieux.

Cette cause est fondée aussi sur ce que
c'est l'époux coupable qui a changé la nature de l'association. (*a*)

_____

(*a*) Voyez dans Locré, tom. 3, pag. 121 et 122.

Il résulte de là, que si la condamnation à une peine infamante avait été prononcée contre l'une des parties avant la célébration du mariage, elle ne serait pas une cause de divorce, soit parce que la loi veut que ce soit un *des époux* qui ait été condamné, c'est-à-dire, l'une des parties ayant déjà la *qualité d'époux*; soit parce que l'innocent qui aurait voulu attacher son sort à la personne déjà condamnée, ne pourrait se plaindre, ni reprocher à celle-ci d'avoir changé la nature de leur association.

Nous croyons encore que cette décision devrait avoir lieu dans le cas même où l'innocent alléguerait avoir ignoré la condamnation du coupable, parce qu'en principe de droit l'on est réputé connaître la condition de la personne avec laquelle on traite, et que la publicité des jugemens rendus en matière criminelle est telle, qu'on ne devrait point être recevable à en prétexter ici cause d'ignorance.

Nous observerons enfin qu'il est nécessaire que la condamnation ait été contradictoire, parce que le jugement qui la prononce ne peut justifier la demande en divorce qu'autant qu'il n'est plus susceptible d'être réformé par aucune voie légale (261); ce qui ne saurait être applicable au condamné par contumace dont le sort est toujours incertain.

4°. Lorsque la séparation de corps prononcée pour toute autre cause que l'adultère de la femme, a duré trois ans, l'époux qui était originairement défendeur peut de-

mander le divorce, et le Tribunal doit l'admettre, si le demandeur originaire, présent
ou dûment appelé, ne consent pas immédiatement à faire cesser la séparation. (310)

Cette cause n'est pas réciproque : elle n'est
point accordée au demandeur, parce que
dès le principe il a rejeté la voie du divorce,
en optant pour celle de la séparation de
corps.

Elle est au contraire accordée au défendeur, parce qu'il n'a pas eu, dès le principe, la liberté de choisir ; qu'il est possible que ses principes religieux ne repous-
sent point le moyen du divorce, et qu'a-
près trois ans de séparation, il serait plus
cruel que juste de le forcer à un célibat perpétuel par l'obstination de l'autre.

Elle est refusée à la femme condamnée
pour adultère, parce qu'elle tendrait à favoriser ses désordres, en la plaçant dans un
état où elle pourrait se réunir à son complice.

Section IV.

Formes suivant lesquelles on doit procéder
sur la demande en divorce.

Il y a deux cas où la loi n'exige que très-
peu de formalités dans la procédure en divorce :

Le premier ; lorsque le divorce est demandé par la raison qu'un des époux a été
condamné à une peine infamante ; alors les

seules formalités à observer consistent à présenter au Tribunal civil, avec la requête expositive de la demande, une expédition en bonne forme du jugement de condamnation, avec un certificat de la Cour de justice criminelle, portant que ce même jugement n'est plus susceptible d'être réformé par aucune voie légale. (261)

Dans cette espèce, la loi n'oblige point à employer d'abord la tentative de conciliation, parce que la demande est inspirée par un sentiment d'honneur qu'on doit s'efforcer de maintenir, plutôt que d'en affaiblir ou comprimer les élans.

Le second cas où la demande en divorce n'est pas soumise aux formalités ordinaires, est lorsqu'elle est fondée sur la séparation de corps qui a duré trois ans. L'article 310 du Code porte que l'époux qui était originairement défendeur pourra demander le divorce au Tribunal, qui l'admettra, si le demandeur originaire, présent ou dûment appelé, ne consent pas à faire cesser la séparation : la loi n'exige donc ici, comme dans le cas de la condamnation à une peine infamante, aucune tentative préalable de conciliation, par la raison sans doute que tous moyens de réconcilier les époux ont déjà été inutilement employés lors de la procédure sur la séparation de corps.

Mais lorsque le divorce est demandé pour une autre cause que les deux précédentes, la loi prescrit une marche plus lente dans la procédure, parce qu'il faut que le temps de la réflexion succède à celui de l'emportement.

Elle veut d'abord que les époux subissent une épreuve de conciliation.

Elle règle les mesures qui peuvent être provisoirement prises pour conserver leurs intérêts.

Elle détermine les mesures de sureté personnelle et de décence qui peuvent être prescrites aux époux.

Elle veut que le Tribunal ne soit saisi du fond, qu'après un jugement préalable accordant la permission d'introduire la demande.

Elle règle la manière dont on doit d'abord procéder sur les fins de non-recevoir.

Elle détermine le genre particulier de preuves admissibles en cette matière.

Enfin elle fixe des règles spéciales pour l'exécution du jugement.

§ 1er.

Épreuve de conciliation.

Toute demande en divorce doit détailler les faits : elle doit être remise, avec les pièces à l'appui, s'il y en a, au président du Tribunal ou au juge qui le remplace, par l'époux demandeur en personne, à moins qu'il n'en soit empêché par maladie, auquel cas, sur sa réquisition et le certificat de deux docteurs en médecine ou en chirurgie, ou de deux officiers de santé, le magistrat doit se transporter au domicile du demandeur, pour y recevoir sa demande. (236)

Le président du Tribunal, ou le juge qui en fait les fonctions, après avoir entendu le demandeur, et lui avoir fait les représentations convenables, paraphe la requête et les autres pièces qui peuvent être jointes, dresse sur le tout un procès-verbal signé de lui et du demandeur, ou portant mention que celui-ci ne sait ou n'a pu signer (237), et ordonne que les parties comparaîtront par-devant lui aux jour et heure indiqués dans son ordonnance, dont copie est par lui adressée à l'époux défendeur. (238)

Les parties sont tenues de satisfaire à cette ordonnance par comparution en personne, sans pouvoir même se faire assister d'avoué ni de conseil. (*a*)

Au jour indiqué, le magistrat doit faire aux deux époux, s'ils se présentent, ou au demandeur s'il comparaît seul, toutes les observations qu'il croit propres à opérer un rapprochement; et s'il ne peut parvenir à arrêter la demande en divorce, il dresse un nouveau procès-verbal de cette seconde comparution, ordonne la communication au procureur impérial et le référé au Tribunal, pour prononcer sur la permission d'introduire l'instance. (239)

_____

(*a*) Article 877 du Cod. de proc.

§ 2.

Mesures conservatoires des intérêts pécu-
niaires des époux.

La femme commune en biens, demanderesse ou défenderesse en divorce, peut, en
tout état de cause, et à partir de la première
ordonnance qui permet d'appeler l'époux
défendeur en conciliation, requérir l'appo-
sition des scellés sur le mobilier de la communauté, lesquels ne doivent être levés,
qu'en faisant un inventaire estimatif et fidèle, et à la charge par le mari de repro-
duire les effets ou d'en rendre la valeur,
comme gardien judiciaire (270); et dès la
même époque, toute obligation contractée
ou toute aliénation faite par lui peuvent être
déclarées nulles, s'il y a eu fraude pratiquée
contre les droits de la femme. (271)

§ 3.

Mesures de décence et de sureté personnelle.

Il est permis à la femme demanderesse
ou défenderesse en divorce, de quitter provisoirement le domicile marital, et de se
retirer dans une maison indiquée par le Tribunal qui règle en même temps, s'il y a lieu,
la pension alimentaire que le mari devra lui
payer, suivant la proportion de ses moyens.
Elle est obligée de justifier de sa résidence

dans sa maison, chaque fois qu'elle en est requise, faute de quoi le mari peut lui refuser le paiement de sa pension, et même la faire déclarer non-recevable dans ses poursuites. (268 et 269)

Mais si la femme était riche par ses revenus propres, et que le mari fût pauvre, ce dernier ne pourrait-il pas aussi obtenir une pension alimentaire sur les revenus de son épouse? Et si c'était l'existence du mari qui fût compromise par la cohabitation avec sa femme, ne pourrait-il pas également demander leur séparation provisoire?

Nous estimons que, d'après les principes du droit commun, l'une et l'autre de ces questions doivent recevoir une décision affirmative, quoiqu'elles ne soient point ici textuellement résolues par la loi, qui ne pourvoit d'une manière spéciale qu'à ce qui doit arriver le plus communément.

Quant aux enfans, s'il y en a, leur administration provisoire reste au mari, à moins qu'il n'en soit autrement ordonné par le Tribunal, sur la demande soit de la mère, soit de la famille, soit du procureur impérial. (267)

S. 4.

Sur le jugement préalable permettant d'assigner.

Quoique la tentative de conciliation ait été inutile et sans fruit, le demandeur n'est

pas encore recevable à citer le défendeur
pour procéder sur le fond : comme il n'a
pu le faire appeler en conciliation par-devant le président du Tribunal, qu'après en
avoir obtenu la permission de ce magistrat,
de même il ne peut le citer pour contester
devant le Tribunal, qu'après avoir obtenu
la permission de ce Tribunal, et ici la loi établit en quelque sorte un second degré de
conciliation.

Dans les trois jours qui suivent l'ordonnance de référé dont nous avons parlé au
premier paragraphe, le président qui l'a
rendue doit faire son rapport au Tribunal
qui, sur les conclusions du procureur impérial, accorde la permission de citer, ou
la suspend jusqu'au terme de vingt jours.
(240)

En vertu de la permission du Tribunal,
le défendeur est cité, dans les délais de la
loi, à une première audience à huis clos
(241), où le demandeur comparaît en personne pour y exposer, par lui-même ou par
un conseil, les motifs de sa demande, présenter les pièces à l'appui, et nommer les
témoins qu'il se propose de faire entendre
(242); et si le défendeur comparaît, il nomme
aussi ses témoins.

Nous observerons ici, comme règle générale, que du moment que la cause est
portée par-devant le Tribunal, le défendeur
peut comparaître par un fondé de pouvoir
seulement (243); mais que dans aucun cas
le conseil du demandeur ne peut être admis

à proposer ses moyens, si celui-ci n'est comparant en personne. (248)

Les parties entendues dans cette audience à huis clos, il est dressé procès-verbal de leurs dires et aveux : lecture leur en est faite : elles sont requises de le signer : il est fait mention de leur signature ou de leur déclaration de ne savoir ou de ne vouloir signer (244); et si elles ne se concilient pas, elles sont renvoyées à une audience publique dont les jour et heure sont fixés ; la communication au procureur impérial est ordonnée ; un juge rapporteur est nommé; et si le défendeur n'a pas comparu, le demandeur est tenu de lui faire signifier l'ordonnance du Tribunal dans le délai qui y est porté. (245)

Sur le rapport du juge commis, fait à l'audience publique qui avait été indiquée, et le procureur impérial entendu, il est d'abord statué sur les fins de non-procéder ou de non-recevoir qui peuvent être proposées. La demande est rejetée, si elles sont trouvées concluantes : dans le cas contraire, elle est admise. (246)

§ 5.

Des fins de non-procéder et de non-recevoir.

Les fins de non-procéder sont les moyens de formes qu'on emploie pour faire tomber la procédure, comme irrégulière, afin d'être par là dispensé d'en venir à la discussion

du fond : comme, par exemple, si l'époux
défendeur opposait qu'il n'a point été appelé en conciliation par-devant le président
avant d'être traduit au Tribunal.

Lorsque le Tribunal fait droit sur un pareil
moyen, il renvoie sauf à mieux agir, en
sorte que l'action reste entière et peut être
recommencée.

Les fins de non-recevoir se tirent au contraire du défaut de qualité dans celui qui
agit, ou même du défaut d'action qui serait éteinte par la prescription ou autrement.

Il y aurait fins de non-recevoir en matière de divorce,

S'il était demandé pour une cause autre que
celles qui sont déterminées par la loi, parce
qu'alors il n'y aurait pas d'action ;

Si les faits posés en preuves étaient im-
pertinens, parce que des faits qui ne prouvent
rien ne peuvent être la base d'une action ;

S'il y avait eu réconciliation entre les
époux, parce qu'une injure pardonnée est
éteinte dans ses suites, et que celui qui a
renoncé à l'action qu'il avait, ne peut plus
la reprendre, tant que dure cet état de choses;
mais dans ce cas l'époux qui avait pardonné
peut intenter une nouvelle action, pour cause
nouvelle, survenue depuis la réconciliation,
et même faire alors usage des causes anciennes, pour appuyer sa demande. (274)

Si le demandeur en divorce nie qu'il y
ait eu réconciliation, le défendeur qui oppose ce moyen doit être admis à en faire
la preuve tant par titre que par témoins.

§ 6.

De la nature particulière des preuves en matière de divorce.

Si la loi a dû se montrer sévère sur les causes de divorce ; si, pour tempérer l'effet des passions, elle a voulu soumettre cette espèce de procédure à une sage lenteur, elle devait aussi, pour être juste, avoir quelqu'indulgence sur la qualité des témoins admissibles pour attester les tourmens secrets auxquels un époux malheureux peut être en butte.

Dans les procédures civiles ordinaires, on n'admet la déposition ni des domestiques des parties, ni de leurs parens et alliés jusqu'au degré de cousins issus de germains inclusivement *(a)* ; mais, en matière de divorce, les faits qui peuvent y donner lieu, étant presque toujours ensevelis dans le sein du ménage, les domestiques des parties sont admissibles à les attester, et la parenté n'est pas un motif péremptoire de reproche à témoins, sauf à avoir tel égard que de raison, aux dépositions soit des parens, soit des domestiques. (251)

On excepte les enfans et descendans des parties, qui ne peuvent être entendus comme témoins dans le procès en divorce de leurs père et mère ou ascendans, parce qu'ils ne

_____

(a) Art. 283 du Code de proc.

peuvent être admis à révéler la honte de
ceux qu'ils sont obligés d'honorer et respecter.

Quoique la loi sur le divorce n'écarte expressément du témoignage que les enfans
et descendans des parties, néanmoins si
l'action était fondée sur des faits de nature
à provoquer une poursuite criminelle, nous
estimons qu'il faudrait alors se conformer
aux règles prescrites par le Code pénal sur
la récusation des témoins pour cause de parenté, parce qu'il y aurait même motif.

§ 7.

Procédure sur le fond.

A la même audience publique où le Tribunal, rejetant les fins de non-recevoir
s'il en est proposé, prononce l'admission
de la demande en divorce, il doit, par
un second jugement et sur nouveau rapport, statuer au fond, ou préparatoirement en admettant le demandeur à la preuve
des faits pertinens par lui allégués, et le défendeur à la preuve contraire (247), ou même
définitivement, si les motifs du divorce sont
suffisamment justifiés, sans qu'on soit obligé
de recourir à la voie des enquêtes.

Sur quoi il faut observer que les seuls
aveux du défendeur, faits à l'audience, ou
consignés dans les procès-verbaux précédens, ne seraient pas une preuve telle que
les juges fussent obligés de s'en contenter,

comme en matière civile ordinaire , parce qu'il serait possible qu'il y eût collusion entre les époux, pour faire prononcer leur divorce pour une cause feinte et supposée , dans la vue d'éviter les épreuves nécessaires pour le divorce par consentement mutuel, ainsi que les effets qui en dérivent.

Si la cause n'est pas en état d'être jugée définitivement, et qu'il soit nécessaire d'avoir recours à un préparatoire, le jugement qui ordonne l'enquête doit porter les noms des témoins qui seront entendus (252) : en conséquence le greffier du Tribunal donne lecture du procès-verbal de la première audience à huis clos, portant les nominations de témoins déjà faites (249), et les parties sont averties par le président qu'elles peuvent encore en désigner d'autres , mais qu'après ce moment elles n'y seront plus reçues : les reproches à témoins sont proposés de suite; le Tribunal y statue (250), et détermine le jour et l'heure auxquels les parties devront les présenter. (252.)

Au jour fixé par le jugement préparatoire, les témoins doivent être produits par-devant le Tribunal séant à huis clos, en présence du procureur impérial , des parties et de leurs conseils ou amis jusqu'au nombre de trois de chaque côté (253); les dépositions sont reçues et rédigées par écrit, ainsi que les observations auxquelles elles ont donné lieu. (255)

Les enquêtes étant ainsi terminées, ou celles du demandeur, si le défendeur n'a pas produit de témoins, le Tribunal fixe une audience publique pour prononcer en définitive; y renvoie les parties; commet un juge rapporteur, et ordonne la communication au procureur impérial : cette ordonnance doit être signifiée au défendeur, à requête du demandeur, dans le délai déterminé par le Tribunal. (256)

Le rapport fait à l'audience indiquée, les parties et le procureur impérial entendus, le jugement définitif est prononcé publiquement; et si la demande est fondée sur excès, sévices et injures graves, encore qu'ils soient pleinement justifiés, les juges peuvent suspendre de prononcer l'admission du divorce, en autorisant les époux à se séparer, si déjà ils ne l'ont pas fait, et condamnant le mari à fournir une pension alimentaire à la femme qui n'aurait pas des revenus suffisans. (259)

Si, après une année d'épreuves écoulée par suite de cette suspension, il n'y a point eu de rapprochement entre les époux, le demandeur peut faire citer l'autre à comparaître de nouveau dans les délais de la loi, pour entendre prononcer le jugement qui pour lors doit admettre le divorce. (260)

En cas d'appel soit du jugement d'admission, soit du jugement définitif, rendus en première instance, la cause doit être instruite et jugée, comme affaire urgente, par la Cour d'appel. (262)

§ 8.

Exécution du jugement.

Dans les procès ordinaires, rien ne force celui qui a obtenu gain de cause, à hâter l'exécution du jugement : on n'a pas la même latitude en matière de divorce : le temps des épreuves étant fini et la procédure terminée, la loi veut qu'on tire le rideau sur cette scène de débats affligeans pour les mœurs.

Le jugement qui autorise le divorce n'anéantit pas le mariage; c'est devant l'officier civil que les époux avaient formé les liens qui les unissent, et c'est aussi là qu'ils sont renvoyés pour les rompre et se voir séparés à jamais : cet état incertain de deux époux placés entre le mariage et le divorce, serait en quelque sorte un nouveau scandale s'il devait durer long-temps : en conséquence, celui d'entr'eux qui a obtenu le jugement est obligé de se présenter, après avoir cité l'autre, devant l'officier civil, dans le délai de deux mois, pour faire prononcer leur divorce (264). Ce délai passé dans le silence, cet époux est censé avoir renoncé au bénéfice du jugement, et ne pourrait plus reprendre son action que pour nouvelle cause; mais en ce cas il serait libre aussi de se prévaloir des anciennes. (266)

Par le divorce, les époux sont rendus à leur liberté; ils peuvent donc contracter de

nouveaux mariages : d'où il suit qu'on autoriserait la polygamie, s'il était permis de divorcer en vertu d'un jugement susceptible
encore d'être réformé, parce que ce jugement étant anéanti, on pourrait trouver la
même personne engagée dans deux mariages
à-la-fois.

Il résulte de là deux nouvelles conséquences qui sont encore ici hors des règles ordinaires :

La première : qu'on ne peut exécuter le
jugement qui admet le divorce, qu'autant
qu'il est en dernier ressort, ou passé en
force de chose jugée (264), et que le pourvoi en cassation est suspensif. (263)

La seconde : que les deux mois qui sont
fixés au demandeur, comme délai fatal,
pour paraître et faire citer le défendeur par-
devant l'officier civil, en exécution du jugement qui autorise le divorce, ne commen-
cent à courir qu'après l'expiration du délai
d'appel, s'il s'agit d'un jugement de première instance; après le délai d'opposition,
si c'est un jugement rendu par défaut en
cause d'appel; et après l'expiration du délai
du pourvoi en cassation, s'il est question
d'un jugement contradictoire en dernier ressort (265), parce que ce n'est qu'après ces
divers délais que les jugemens auxquels ils
sont relatifs, ne sont plus susceptibles d'ê-
tre réformés par aucune voie légale.

Suivant l'article 263 du Code Napoléon,
l'appel, en matière de divorce, ne doit être
recevable qu'autant qu'il aura été interjeté

dans les trois mois à compter du jour de la
signification du jugement rendu soit contradictoirement, *soit par défaut;* et l'article 443 du Code de procédure veut, au contraire, que les trois mois du délai d'appel
ne courent, à l'égard des jugemens par
défaut, que du jour où l'opposition ne sera
plus recevable, et non pas du jour de la signification : les dispositions de cette dernière loi dérogent - elles à celles du Code
civil?

Nous ne le pensons pas, et la négative n'est
pas même douteuse, parce que la procédure en divorce est absolument particulière ; qu'elle n'est réglée que par le Code
Napoléon, et que celui de la procédure (881)
y renvoie généralement pour tout ce qui
concerne cette matière.

Il résulte même de cette disposition du
Code de la procédure, que la requête civile n'est jamais admissible contre les jugemens qui autorisent le divorce, puisqu'on
ne doit consulter ici que le Code Napoléon,
et qu'il n'en parle pas.

Ce silence du législateur n'est point un
oubli, car si la requête civile était admise
contre les jugemens en matière de divorce,
le même homme pourrait se trouver avoir
deux femmes, ou la même femme deux maris à-la-fois, lorsque le jugement d'admission du divorce aurait été rétracté par requête civile, parce que la possibilité de ce
moyen extraordinaire de rétractation ne suspend jamais l'exécution du jugement.

SECTION V.

Du divorce par consentement mutuel.

Le mariage n'est jamais considéré comme pouvant être dissous par le simple consentement des époux; la loi veut toujours une cause qui leur rende insupportable la vie commune; mais il peut être intéressant pour l'innocence même, que cette cause ne soit pas dévoilée. L'honneur des enfans, celui de la famille peuvent condamner au silence un époux infortuné; il ne serait pas juste de le forcer à des révélations capables de compromettre ce qu'il a de plus cher; il serait inhumain de perpétuer son malheur, parce qu'il aurait la générosité de souffrir le sacrifice de son repos et de sa vie même, plutôt que de se résoudre à livrer l'autre époux entre les mains de la justice criminelle.

La cause du divorce par consentement mutuel n'est donc pas directement prouvée; elle n'est que présumée, et la présomption résulte des conditions particulières que la loi exige pour être recevable à ouvrir cette espèce d'action, ainsi que des épreuves de conciliation et de la longue procédure auxquelles elle soumet les époux qui se trouvent forcés de recourir à cette voie, pour parvenir à rompre leurs liens.

§ 1er.

Des conditions requises pour demander le divorce par consentement mutuel.

Six conditions sont préalablement requises pour être recevable à proposer le divorce par consentement mutuel :

1º. Le mari doit avoir au moins vingt-cinq ans. (275)

2º. La femme doit être majeure de vingt-un ans (275), et en avoir moins de quarante-cinq. (277)

3º. Le mariage doit avoir duré au moins deux ans (276), et pas plus de vingt. (277)

4º. Il faut le consentement des père et mère ou autres ascendans vivans, donné par acte authentique (283), en suivant les règles prescrites à l'égard du consentement des ascendans, requis pour le mariage des mineurs (278); c'est-à-dire, que le consentement des aïeuls n'est nécessaire ici qu'à défaut de père et mère, et qu'en cas de partage entre les père et mère, le consentement du père suffit. Il y a néanmoins cette différence entre le cas du mariage et celui du divorce, que dans le premier, l'attestation des aïeuls présens suffit pour constater le décès des père et mère, et que la déclaration assermentée des époux majeurs, jointe à celle des témoins qui assistent au mariage, suffit aussi pour constater l'absence ou le décès des divers ascendans dont le

consentement est requis, quand on n'en peut
avoir la preuve autrement ; tandis que, pour
le divorce, les père et mère ou aïeuls des
époux sont présumés vivans jusqu'à la représentation des actes constatant leur décès (283)

5°. Les époux sont tenus de faire préalablement inventaire estimatif de tous leurs
biens meubles et immeubles, et de régler
leurs droits respectifs, sur lesquels ils sont
libres aussi de transiger. (279)

6°. Enfin, il faut aussi, de la part des
époux, une convention par écrit réglant à
qui les enfans nés de leur union seront confiés, soit durant les épreuves, soit après le
divorce, désignant la maison dans laquelle
la femme devra se retirer pendant le temps
des épreuves, et fixant la somme que le
mari devra lui payer pendant le même temps,
si elle n'a pas des revenus suffisans pour fournir à ses besoins. (280)

La loi n'exige pas que ces divers traités
consentis entre les deux époux, soient faits
par acte authentique, sans doute parce qu'ils
acquièrent une authenticité suffisante par
le dépôt que les époux, paraissant en personne, doivent en faire entre les mains du
président du Tribunal et des notaires dont
on va parler.

§ 2.

Tentative de conciliation.

Les époux doivent se présenter ensemble

et en personne (281), devant le président du Tribunal d'arrondissement, ou le juge qui en fait les fonctions, lui déclarer leur volonté, lui remettre toutes les pièces (283) constatant l'accomplissement des conditions requises, en présence de deux notaires qui dressent procès-verbal (284) soit de la comparution des parties, soit de la remise des pièces, soit des exhortations inutilement faites aux époux (282) pour opérer leur rapprochement, soit enfin de l'avertissement qui est donné à la femme de se retirer, dans les vingt-quatre heures, dans la maison convenue entr'elle et son mari, et d'y résider jusqu'au divorce prononcé. La minute de ce procès-verbal demeure au notaire le plus âgé.

La même tentative de conciliation, avec les mêmes formes, doit être renouvelée trois autres fois dans la première quinzaine de chacun des quatrième, septième et dixième mois suivans, avec la preuve authentique réitérée que les père et mère ou autres ascendans persistent toujours dans leur autorisation, mais sans nouvelle production d'autres actes. (285)

Dans la quinzaine du jour où sera révolue l'année à compter de la première déclaration, les époux assistés de chacun deux amis, personnes notables de l'arrondissement, âgés de cinquante ans au moins, doivent se représenter de nouveau devant le président du Tribunal, ou le juge qui en fait les fonctions, assisté du greffier; lui

remettre des expéditions en bonne forme
des quatre procès-verbaux contenant les
déclarations de leur consentement mutuel,
faites dans les réunions précédentes, ainsi
que tous les actes y annexés, et requérir
chacun individuellement, en présence l'un
de l'autre, ainsi que du juge et des assistans,
l'admission de leur divorce. (286)

Si dans cette cinquième et dernière tentative de conciliation, les observations faites
aux époux, par le magistrat et les assistans,
ne peuvent opérer leur rapprochement, le
président du Tribunal rend, au bas du procès-verbal de cette séance, une ordonnance
portant que dans les trois jours il en sera
par lui référé au Tribunal, en la chambre
du conseil, après les conclusions par écrit
du procureur impérial auquel les pièces seront communiquées par le greffier. (287
et 288)

§ 3.

Procédure.

Si le procureur impérial reconnaît que les
époux sont aux termes des conditions prescrites, et qu'ils ont satisfait à toutes les formalités requises, il donne ses conclusions
en ces termes, *la loi permet :* dans le cas
contraire, il les donne en ces termes, *la loi
empêche,* sans autres motifs. (289)

Pour prononcer sur le référé, le Tribunal

n'a d'autre instruction à prendre qu'à faire la vérification de l'accomplissement des conditions imposées et des formalités prescrites aux époux : s'il trouve que les époux y ont satisfait, il doit admettre le divorce et renvoyer les parties par-devant l'officier de l'état civil, pour le faire prononcer, sans donner d'autres motifs de son jugement; dans le cas contraire, il déclare qu'il n'y a pas lieu à admettre le divorce, et motive sa décision. (290)

L'appel du jugement de première instance n'est recevable qu'autant qu'il est interjeté par les deux époux, par acte séparé, dans le délai de dix jours au plus tôt et de vingt jours au plus tard de la date du jugement (291) : l'acte d'appel doit être réciproquement signifié par l'un des époux à l'autre, et par chacun d'eux au procureur impérial près le Tribunal de première instance, lequel, dans les dix jours du second acte à lui notifié, doit faire passer au procureur général près la Cour d'appel, l'expédition du jugement et les pièces sur lesquelles il est intervenu.

Le procureur général doit donner par écrit ses conclusions, dans les dix jours qui suivent la remise des pièces à lui faite; et sur le rapport du président, ou du juge qui le remplace, la Cour doit prononcer définitivement dans les dix jours suivans. (293)

§ 4.

Exécution du jugement.

Dans les vingt jours du jugement (294), les parties doivent se présenter ensemble devant l'officier civil, pour y faire prononcer leur divorce, sans quoi et passé ce délai, le jugement demeure comme non avenu.

Tout jugement qui a prononcé l'admission d'un divorce, soit pour cause déterminée ou par consentement mutuel, doit être rendu public conformément à ce qui est prescrit par l'article 872 du Code de procédure; à défaut de quoi les créanciers sont admis à s'y opposer pour ce qui touche leurs intérêts, et à contredire toute liquidation qui en aurait été la suite entre les époux. (*a*)

SECTION VI.

Des effets du divorce.

Les effets du divorce sont relatifs ou à l'état personnel des époux, ou à leurs intérêts pécuniaires, ou au sort de leurs enfans.

§ 1er.

Sur l'état personnel des époux.

Le divorce dissout les liens du mariage

_____

(*a*) Article 66 du Code de commerce.

et rend les époux à leur liberté ; ils ont donc dès-lors chacun un domicile propre, et peuvent contracter de nouveaux mariages, sauf les cas prohibés dont nous avons parlé en traitant des empêchemens de mariage.

Quand le divorce est prononcé contre la femme, pour cause d'adultère, elle doit être condamnée par le même jugement, sur la réquisition du ministère public, à la réclusion dans une maison de correction, pour un temps déterminé qui ne peut être moindre de trois mois, ni excéder deux années. (298)

§ 2.

Sur les intérêts pécuniaires des époux.

L'exercice des droits des époux est différent, suivant que le divorce a été prononcé ou par consentement mutuel, ou pour cause déterminée.

Lorsqu'il s'agit du divorce par consentement mutuel, les droits respectifs des époux ont dû être réglés par un traité préalable : cet acte qui ne pouvait être que provisoire avant l'admission de la demande, devient définitif et irrévocable, dès que le divorce est prononcé ; tout est donc terminé entre les époux.

Mais la propriété de la moitié de leurs biens demeure acquise de plein droit, *aux enfans nés de leur mariage,* à dater rétroactivement du jour de leur première décla-

ration; et néanmoins ils en conservent l'u-
sufruit jusqu'à la majorité des enfans, à la
charge de pourvoir à leurs entretien et éducation. (305)

Il faut observer sur cette disposition du
Code, que la moitié des biens des époux
n'est dévolue *qu'aux enfans nés de leur
mariage* commun ; que ce n'est point ici une
libéralité des père et mère, mais une peine
décrétée contr'eux, pour les détourner de
divorcer trop légèrement : qu'à l'égard des
enfans, ce n'est que *jure sanguinis*, et non
pas comme héritiers, *non jure haereditario*,
et par avancement d'hoirie, qu'ils sont revêtus de cette propriété, parce que la loi
ne la leur accorde que pour compenser les
dommages qu'ils souffrent d'être exposés à
se voir abandonnés par leurs père et mère ;
et de là résultent plusieurs conséquences
remarquables.

La première : que si les époux, ou l'un
d'eux, avaient déjà été mariés, les enfans
qu'ils auraient eus de mariages précédens,
ne seraient point recevables à demander
partage dans cette moitié de biens, puisque
la loi ne l'attribue qu'aux enfans issus du
mariage dissous par le divorce.

La seconde : que, si après le divorce les
époux se remarient, les enfans qu'ils pourront avoir dans la suite, ne seront également
ment jamais recevables à demander part
dans cette portion de biens, sortie, même
avant leur naissance, du patrimoine de leurs
père et mère.

La troisième : que, dans aucun cas, les enfans nés du mariage dissous par le divorce ne peuvent être tenus de faire rapport de ce don de la loi, en faveur des enfans nés d'autres mariages, aux successions de leurs auteurs, puisque ce n'est point une libéralité pure, mais une indemnité des dommages qu'ils souffrent; qu'ils ne la tiennent que de la loi, et qu'il n'y a que les donations faites par le défunt qui doivent être rapportées à sa succession (843) : c'est ainsi que, dans le cas d'une libéralité inofficieuse, faite par un père ou une mère à un nouvel époux en secondes noces, le retranchement qui s'opère, après le décès du donateur, ne doit avoir lieu qu'au profit des enfans du premier lit (1496), comme ayant été seuls exposés à se voir abandonnés par suite des secondes noces de leur père ou de leur mère.

La quatrième : que, par la même raison, les enfans du mariage dissous par le divorce ne seront point tenus de se faire un jour rapport entr'eux de cette portion de biens, puisqu'ils ne la tiennent que de la loi et non de l'homme; qu'ils ne l'ont reçue qu'à titre d'indemnité et non comme libéralité pure, que c'est *jure sanguinis* et non point *jure haereditario* ou comme avancement d'hoirie qu'ils la possèdent.

La cinquième enfin : qu'on doit considérer cette espèce de biens comme sortie du patrimoine des père et mère dans un sens absolu, et ne devant plus être comptée pour estimer le montant de la quotité disponible de leurs successions; parce qu'on ne doit, pour fixer cette quotité, réunir fictivement à la masse des biens, que ceux dont le défunt a disposé lui-même par donations entre-vifs (922), et que ce ne sont point les père et mère qui donnent ici la moitié de leurs biens à leurs enfans; mais la loi seule qui en prive les père et mère pour la conférer à ces enfans.

Lorsque le divorce a été admis pour cause déterminée, il n'y a point encore de traité règlementaire des intérêts des époux, et ils doivent les liquider comme si le mariage était dissous par la mort naturelle ou civile de l'un d'eux.

Mais celui aux torts duquel il a été prononcé, perd tous les avantages que l'autre lui avait faits (299); le demandeur au contraire conserve toutes les libéralités à lui faites par le défendeur, même celles stipulées réciproques, encore que la réciprocité n'ait plus lieu (300); et si ces avantages ne paraissent pas suffisans pour assurer sa subsistance, comme encore s'il n'y a eu aucune libéralité faite à son profit, et qu'il n'ait pas de revenus propres, la loi (301) autorise le Tribunal à lui adjuger une pension alimentaire qui ne peut excéder le tiers des revenus de l'époux condamné; mais cette pension est révocable dans le cas où elle cesserait d'être nécessaire.

Néanmoins, pour quelque cause que le divorce soit prononcé, il ne donne point

ouverture aux droits et libéralités de survie, soit de la femme (1452), soit du mari (1518); mais celui qui a été demandeur
conserve la faculté de les exercer après la
mort naturelle ou civile de l'autre.

Ici se présente la question de savoir quel
est précisément le sort des libéralités entre-
vifs, postérieures au mariage, faites par
l'un des époux au profit de l'autre, avant
le divorce : suivant l'article 1096 du Code
Napoléon, les donations faites entre époux
pendant le mariage, quoique qualifiées
entre-vifs, sont toujours révocables : supposons donc que l'époux contre lequel le
divorce a été prononcé, ait précédemment
fait une donation à l'autre ; cette libéralité
que la loi déclarait révocable durant le mariage, devient-elle irrévocable par le divorce ?

Nous croyons qu'on doit adopter l'affirmative; et pour l'établir, nous rapporterons
ici les textes de la loi sur le rapprochement
desquels nous fondons cette opinion.

L'article 299 du Code porte que, « pour
» quelque cause que le divorce ait lieu,
» hors le cas du consentement mutuel, l'é-
» poux contre lequel le divorce aura été
» admis, perdra tous les avantages que
» l'autre époux lui avait faits, soit par
» leur contrat de mariage, *soit depuis le*
» *mariage contracté* »; à quoi l'article
suivant ajoute au contraire, que « l'époux
» qui aura obtenu le divorce *conservera les*
» *avantages à lui faits par l'autre époux*,

» encore qu'ils aient été stipulés réciproques,
» et que la réciprocité n'ait pas lieu. »

Cette dernière décision est absolument
générale ; elle ne distingue rien : elle s'applique donc également aux avantages faits
depuis le mariage, comme à ceux qui
auraient été stipulés dans le traité nuptial
même.

Elle est conçue par opposition à la précédente ; c'est-à-dire, pour conserver à l'un
des époux les avantages dont l'autre est privé : or, le défendeur contre lequel le divorce
a été admis, est déchu de plein droit des
donations que l'autre lui avait faites depuis
le mariage contracté ; donc au contraire
l'époux demandeur conserve celles qu'il a
reçues dans le même cas.

Mais si l'époux qui a obtenu le divorce
doit conserver les avantages à lui faits par
l'autre durant le mariage ; donc celui-ci ne
peut les lui ôter, parce qu'autrement il ne
les conserverait pas ; donc ils deviennent ir-
révocables par le divorce.

Si le donateur pouvait encore révoquer
avec effet, le donataire perdrait, par cette
révocation, les avantages qu'il avait auparavant ; donc l'un ne peut pas les révoquer, puisque l'autre ne peut pas les perdre,
la loi voulant qu'il les conserve.

La disposition du Code est ici véritablement pénale envers l'époux qui a succombé
dans le procès en divorce, et compensa-
toire des dommages soufferts par l'autre ; ce
n'est donc point aux règles ordinaires des

conventions entre époux qu'on doit recourir pour décider la question que nous agitons, mais c'est uniquement au texte de la loi qui prononce la peine, qu'il faut s'attacher pour en apprécier l'étendue.

Lorsqu'il s'agit d'une donation mutuelle, souscrite entre époux, même par contrat de mariage, aucun d'eux ne s'est obligé que sous la condition réciproque de l'obligation de l'autre; et si nous voulions ne nous attacher qu'aux principes des conventions, nous serions forcés de convenir qu'aucun d'eux ne pourrait révoquer, sans donner à l'autre le droit de révoquer aussi; néanmoins, dans ce cas, la loi veut que l'époux qui a obtenu le divorce conserve, de son côté, tous les avantages qu'il tient de l'autre, et que celui contre lequel le divorce a été admis, reste privé de toute réciprocité; l'époux condamné est donc obligé à exécuter sa donation dans l'hypothèse contraire à celle où il l'avait souscrite : il n'avait voulu donner que sous la condition qu'il serait lui-même donataire, et quoique cette condition manque, sa donation vaut toujours : il n'avait donné qu'à condition qu'il pourrait révoquer pour l'inexécution des engagemens réciproques de l'autre, et nonobstant que l'autre soit relevé de ses engagemens, celui-ci demeure toujours irrévocablement obligé; pourquoi n'en serait-il pas de même des libéralités faites durant le mariage, lorsque la loi prononce généralement et sans exception, que l'époux demandeur conservera tous les avantages à lui faits par l'autre?

21

Si les avantages faits entre époux, durant le mariage, sont révocables (*a*), c'est parce que la loi positive les affranchit des règles ordinaires des conventions; mais lorsque le divorce est admis, cette même loi ne peut plus voir dans l'époux coupable, une personne privilégiée : elle n'y voit, au contraire, qu'un ingrat à punir; c'est pourquoi elle le prive du privilége qu'elle lui accordait auparavant, en le replaçant sous le joug du droit commun; et quelle peine pourrait - on lui infliger dont il eût moins lieu de se plaindre? Serait-ce trop de le forcer à remplir les engagemens qu'il a voulu contracter avec l'autre? Et quelle compensation plus naturelle pourrait-on accorder à l'époux offensé, que la conservation des avantages que le coupable lui avait faits?

Dira-t-on que c'est par des motifs de morale publique que les donations entre époux ont, dans tous les temps, été déclarées révocables, afin que le mariage ne puisse être le sujet de basses spéculations, *ne venalia essent matrimonia* (*b*); que l'époux offensé pourrait provoquer la libéralité de l'autre,

(*a*) Quoique ces sortes de donations faites entre époux soient toujours révocables, nonobstant qu'elles aient été conçues sous la forme entre-vifs, elles ont un effet actuel, comme contrat, et ne doivent point être confondues avec les libéralités à cause de mort, dont il n'est pas ici question. Voyez dans Ricard, en son traité des donations entre-vifs, 1ere. partie, chap. 2.

(*b*) L. 2, ff. *de donationibus inter vir. et uxor.*, lib. 24, tit. 1.

en lui promettant de ne pas ouvrir l'action en divorce, et qu'agissant ensuite il rendrait la donation irrévocable et pourrait ainsi ruiner le défendeur par une promesse trompeuse?

La réponse à cette objection est aussi simple que facile à saisir.

Si les causes de la demande en divorce étaient antérieures à l'acte de libéralité, la donation serait un acte de réconciliation qui rendrait le donataire non-recevable à se pourvoir en divorce, et il se trouverait par là dans l'impuissance de se jouer de sa promesse et de tromper l'autre, s'il en avait le dessein.

Mais depuis quelle époque une libéralité de cette espèce doit-elle être considérée comme irrévocable? Est-ce dès l'instant du jugement d'admission du divorce seulement, ou est-ce dès le moment de l'introduction de la demande?

Nous croyons qu'on doit se reporter à l'époque de l'ordonnance par laquelle le président du Tribunal a enjoint aux époux de comparaître en conciliation par-devant lui, soit parce que, suivant les principes du droit commun, les effets du jugement, dans l'intérêt respectif des parties, se reportent à l'introduction de l'instance; soit parce qu'en matière de divorce, c'est dès la date de l'ordonnance dont nous venons de parler, que les intérêts des époux sont placés sous la main de la loi, pour mettre obstacle aux aliénations frauduleuses (271), comme c'est dès cette époque que la moitié de leurs biens se trouve rétroactivement acquise à leurs enfans, lorsque le divorce est prononcé par consentement mutuel. (3o5)

SERAIT-IL permis aux époux qui font au profit l'un de l'autre des donations par contrat de mariage, de renoncer à la révocation de ces libéralités, dans le cas du divorce?

Le mariage est destiné à être perpétuel dans sa durée; la prévoyance du divorce, consignée dans le traité nuptial même, serait une chose indécente.

Promettre d'avance l'impunité à l'époux qui se rendrait coupable par la suite; lui assurer une partie de la fortune de l'autre, pour prix de ses infidélités; abolir la peine prononcée par la loi, pour encourager aux délits qu'elle réprouve, ce serait essentiellement blesser la morale : une pareille clause serait donc absolument nulle. (1133, 1172)

Chez les Romains, cette clause était reprouvée comme immorale, quoiqu'ils permissent de faire des donations pour cause de divorce même, dans l'acte de séparation des époux : *quae tamen sub ipso divortii tempore, non quae ex cogitatione quandoque futuri divortii fiant. (a)*

L'ÉPOUX contre lequel le divorce a été admis, perd donc tous les avantages qu'il avait reçus de l'autre; mais en est-il de même

_____

(a) L. 12, ff. *de donation. inter vir. et uxor.,* lib. 24, tit. 1.

des libéralités qui lui auraient été faites par les parens de celui-ci?

Supposons que les père et mère ou autres parens du mari aient fait une donation à la femme, dans le contrat de mariage; qu'ensuite le mari obtienne le divorce contre son épouse; la donation faite à cette dernière par les parens du demandeur en divorce, sera-t-elle révoquée?

Pour soutenir que la donation doit être encore révoquée dans ce cas, on peut dire que n'ayant été faite qu'à cause de noces, elle reste sans cause dès que le mariage n'existe plus; elle doit donc être anéantie, puisque nulle obligation ne peut exister sans cause. (1131)

Que n'ayant été faite que sous la condition du mariage, elle doit être révoquée par le divorce, comme elle aurait été sans effet dès le principe, si le mariage n'avait pas été célébré après le traité nuptial des futurs époux.

Que les donations en faveur de mariage étant révoquées entre époux, pour cause d'ingratitude, lorsqu'elle résulte de faits capables d'autoriser le divorce, il y a ici même raison d'admettre la révocation, parce que les mêmes causes doivent produire les mêmes effets.

Nonobstant ces raisonnemens, nous croyons que la donation dont il s'agit, ne serait pas révoquée par le divorce admis contre le donataire.

1°. Le Code Napoléon ne parle que des

avantages stipulés entre époux, lorsqu'il déclare que celui contre lequel le divorce aura
été admis, en restera privé : on ne doit donc
pas étendre sa disposition aux libéralités
faites à l'un des époux par les parens de
l'autre ; elles restent par conséquent sous
la disposition du droit commun qui ne les
révoque pas.

2°. Cette question avait été décidée dans
un sens contraire par la loi du 20 septembre
1792, qui déclarait (*a*) que tous les dons
ou avantages faits à l'un des époux par les
parens de l'autre, en contemplation de mariage, demeureraient éteints et comme non
avenus, dès que le divorce aurait été prononcé ; M. Locré nous apprend que lors de
la discussion du Code Napoléon, le Tribu-
nat avait proposé d'y consigner la même
disposition que dans la loi de 1792, mais
que sa proposition a été rejetée ; d'où il
faut conclure que le législateur a positivement voulu borner aux donations faites entre époux, la révocation qui a lieu par le
divorce.

3°. La donation faite, en contemplation
de mariage, à l'un des époux par les parens de l'autre, ne peut plus être considérée comme un acte sans cause, dès que le
mariage a été ensuite célébré ; et l'anéan-
tissement de la libéralité n'est point la
conséquence nécessaire du divorce, parce
que rien n'empêche qu'un effet continue à

(*a*) Voyez l'art. 4, § 3, de cette loi.

subsister, lors même que sa cause n'existe plus.

4°. La révocation opérée par le divorce rentre dans les principes de droit commun, à l'égard des donations faites entre époux, parce qu'elle est fondée soit sur l'ingratitude du donataire, soit sur l'inexécution des conditions du contrat par lequel les époux s'étaient promis fidélité, secours et assistance mutuels; mais il n'y a que le mari et la femme qui puissent se prévaloir réciproquement entr'eux de ces causes pour révoquer les libéralités qu'ils se sont faites. Les parens de l'un des époux qui auraient fait une donation à l'autre, seraient, comme tout donateur étranger, non-recevables à la révoquer pour des torts qui ne les concernent point.

Ils ne pourraient agir pour cause d'ingratitude, parce que l'ingratitude n'opère ses effets que quand c'est le donateur lui-même qui a été offensé par le donataire (955); et que ce ne sont pas les parens de l'époux demandeur en divorce qui peuvent se plaindre, ni demander le divorce; mais qu'au contraire c'est cet époux lui-même qui doit avoir été outragé, pour être fondé à le faire prononcer contre l'autre.

Ils ne pourraient agir pour cause d'inexécution des conditions du contrat, parce que ce n'est pas avec eux, mais avec l'autre conjoint, que l'époux donataire avait souscrit la promesse de fidélité, secours et assistance mutuels.

Les parens de l'un des époux qui ont fait des libéralités à l'autre, ne peuvent donc invoquer ici, ni le texte d'aucune loi positive, ni même les principes du droit commun, pour prétendre à la révocation de ces libéralités, dans le cas où le divorce aurait été prononcé contre l'époux donataire.

§ 3.

Des effets du divorce relativement aux enfans.

Les enfans peuvent être considérés ici, soit par rapport à leur état personnel et à la tutelle des père et mère, soit par rapport à leurs intérêts pécuniaires.

L'article 302 du Code porte que « les en-
» fans seront confiés à l'époux qui a ob-
» tenu le divorce, à moins que le Tribu-
» nal, sur la demande de la famille, ou du
» procureur impérial, n'ordonne, pour le
» plus grand avantage des enfans, que tous
» ou quelques-uns d'eux seront confiés aux
» soins soit de l'autre époux, soit *d'une tierce*
» *personne*. » Et l'article suivant ajoute que
» quelle que soit la personne à laquelle les
» enfans seront confiés, les père et mère
» conserveront respectivement le droit de
» surveiller l'entretien et l'éducation de leurs
» enfans, et seront tenus d'y contribuer à
» proportion de leurs facultés. » Quelle est
la nature des fonctions déférées par le Tri-

bunal à la personne à laquelle les enfans sont
confiés en conséquence de cette disposition
de la loi?

Supposons que ce soit la femme qui ait
obtenu le divorce contre son mari, et que
par suite les enfans lui aient été confiés; aura-
t-elle sur eux la puissance paternelle? sera-
t-elle au moins leur tutrice, et aura-t-elle le
droit de les représenter dans les actes civils?

Nous estimons que la négative n'est pas
douteuse, et que le jugement qui ordonne
que les enfans mineurs seront confiés à
l'un des époux plutôt qu'à l'autre, n'est que
l'acte du dépôt qui doit être fait de leurs
personnes, entre les mains les plus propres
à surveiller leur éducation, comme lorsqu'on remet un enfant à un maître de pension pour le soigner et l'élever.

1°. Le texte que nous venons de transcrire porte que les père et mère *conserveront respectivement le droit* de surveiller
l'entretien et l'éducation de leurs enfans;
il n'y a donc rien de changé dans leurs droits,
puisqu'ils les conservent; donc le père conserve de son côté la puissance paternelle et
la tutelle, et que d'autre part, la mère conserve le droit de succéder au père dans
l'exercice de cette magistrature domestique,
en cas qu'elle lui survive durant la minorité de leurs enfans.

2°. La loi n'accorde à la mère les droits
de la puissance paternelle qu'après la mort
naturelle ou civile du père; elle n'a dans
cette charge que la survivance de son mari

(373, 381 et 384): il en est de même pour les fonctions de la tutelle (390), abstraction faite de tout jugement particulier portant destitution; donc le Tribunal ne pourrait déférer ni l'une ni l'autre de ces fonctions à la mère, tant que le père est vivant.

3°. Le Tribunal peut ordonner que les enfans ne seront confiés ni au père ni à la mère, mais à une *tierce personne :* cette tierce personne peut être également ou une femme ou un homme; donc cet acte de dépôt n'est point une dation de tutelle, puisqu'il peut avoir lieu à l'égard d'une femme qui ne saurait être tutrice.

4°. La tutelle dative ne peut avoir lieu qu'à défaut de la tutelle légitime des père et mère et autres ascendans (405); donc il n'y a point ici de dation de tutelle, puisque les père et mère sont vivans.

5°. Le père ayant été revêtu de la tutelle avant l'action en divorce, ou plutôt ayant la puissance paternelle qui, dans cet état de choses, absorbe la tutelle, doit la conserver jusqu'à ce qu'il en ait été destitué pour une des causes déterminées par la loi, et suivant les formes qu'elle prescrit; or, le divorce n'est point rappelé parmi les causes de destitution de la tutelle (444), le texte que nous venons de transcrire porte, au contraire, que les enfans peuvent être confiés même à celui des époux contre lequel le divorce aura été prononcé, et d'autre côté la destitution de la tutelle ne peut avoir lieu qu'autant qu'elle aurait été d'abord délibérée par le conseil de famille (446); donc le père doit être considéré jusque-là comme le seul tuteur de ses enfans mineurs, et comme leur seul représentant légal pour exercer leurs actions civiles.

Nous disons *jusque-là,* parce qu'il serait possible qu'il eût mérité la destitution de la tutelle; mais il faudrait qu'elle eût été prononcée contre lui suivant les formes déterminées par le Code, sans quoi l'on ne peut dire qu'il en soit déchu.

Sous le rapport des intérêts pécuniaires, l'article 304 du Code porte que « la disso-
» lution du mariage par le divorce admis en
» justice, ne privera les enfans nés de ce
» mariage, d'aucun des avantages qui leur
» étaient assurés par les lois, ou par les
» conventions matrimoniales de leurs père
» et mère; mais il n'y aura d'ouverture aux
» droits des enfans que de la même manière
» et dans les mêmes circonstances où ils
» se seraient ouverts, s'il n'y avait pas eu
» de divorce. »

Il résulte de là, 1°. que si les pères et mères des époux ou de l'un d'eux, usant de la faculté qui leur est accordée par l'article 1048 du Code, avaient fait à ceux-ci une donation de biens présens, non excédant leur quotité disponible, avec charge de les rendre aux enfans à naître de leur mariage, le divorce des époux donataires ne porterait aucune atteinte aux droits des enfans substitués; mais que ce droit ne serait ouvert au profit de ces derniers qu'à l'époque déterminée par les auteurs de la substitution.

2°. Que pareillément dans le cas d'une institution contractuelle faite aux époux dans leur contrat de mariage, laquelle, suivant l'article 1082 du Code, est toujours présumée faite aussi *au profit des enfans et descendans à naître du mariage*, comme s'ils étaient vulgairement substitués, à défaut des institués; le divorce prononcé entre les époux institués, ne porterait aucune atteinte aux droits des enfans pour recueillir l'institution contractuelle, en cas que le décès de leurs père et mère arrivât avant celui du donateur; mais ce droit ne serait toujours ouvert pour les enfans, qu'à l'époque de la mort de l'auteur de la disposition.

CHAPITRE VINGT-QUATRE.

De la séparation de corps.

Qu'est-ce que la séparation de corps?

Pour quelles causes peut-elle être prononcée?

Quel est le Tribunal compétent pour en connaître, et quelle est la forme de procéder?

Quels sont les effets de la séparation de corps?

SECTION Iere.

Qu'est-ce que la séparation de corps?

La séparation de corps est une désunion

Imparfaite qui relâche les liens du mariage sans les rompre, et au moyen de laquelle les époux sont autorisés à se choisir séparément chacun une habitation propre et particulière.

Par le divorce, les époux deviennent étrangers l'un à l'autre; ils sont rendus à leur liberté : par la séparation de corps, au contraire, ils restent unis dans le droit, et sont désunis par le fait : les devoirs de la cohabitation cessent entr'eux, malgré les liens qui unissent encore leur sort.

Avant la révolution, la séparation de corps était, en France, le seul remède permis aux époux victimes d'une union malheureuse. La loi du 20 septembre 1792 en avait ensuite aboli l'usage, pour y substituer celui du divorce; mais cette nouvelle institution pouvant blesser les principes religieux d'une grande partie de la nation, les auteurs du Code ont voulu, par respect pour le domaine des consciences, rétablir la séparation de corps, en conservant en même temps le divorce pour ceux qui n'auraient point de répugnance à en user.

Nous avons observé en tête du chapitre précédent, que le divorce était interdit aux membres de la Maison impériale, de tout sexe et de tout âge. Il n'en est pas de même de la séparation de corps. Ils peuvent la demander à l'Empereur, et elle s'opère sans forme de procédure, par la seule autorisation de Sa Majesté; mais elle n'a d'effet que quant à l'habitation commune, et ne change rien aux conventions matrimoniales. (*a*)

SECTION II.

Des causes pour lesquelles la séparation de corps peut être demandée.

La demande en séparation de corps ne doit être accueillie qu'autant qu'elle serait fondée sur l'adultère, les excès, sévices et injures graves, et sur la condamnation de l'un des époux à une peine infamante, dans les mêmes circonstances où ces causes peuvent légitimer la demande en divorce. (306)

Elle n'est point admise, comme le divorce, par le consentement mutuel des époux ; la raison de différence, c'est que la séparation de corps, jadis seule en usage parmi les catholiques en France, n'y avait jamais été autorisée que pour causes déterminées et non par le consentement mutuel des époux ; qu'ainsi, si l'on a dû, par respect pour le domaine des consciences, l'admettre dans le nouveau Code, on devait aussi, et par la même raison, ne pas l'étendre à un cas désavoué par les principes religieux de ceux pour lesquels elle est établie.

D'ailleurs, la séparation de corps emportant celle de biens, le législateur a voulu

_____

(*a*) Voyez l'article 8 des statuts du 30 mars 1806, bull. 84, n°. des lois 1432, tom. 4, pag. 371, 4ème. sér.

écarter les dangers de fraude que des époux, agissant de concert, pourraient commettre au préjudice de leurs créanciers, en choisissant la voie de la séparation de corps dans laquelle ils doivent figurer seuls, préférablement à la procédure en séparation de biens, dans laquelle les créanciers peuvent toujours intervenir pour la conservation de leurs droits. (*a*)

La séparation de corps n'est donc point admissible par le simple consentement mutuel des époux, et nous devons en tirer la conséquence que le seul aveu du défendeur, sur la réalité des reproches dirigés contre lui, ne serait pas une preuve telle que le juge dût s'en contenter, s'il n'y avait d'autres faits à l'appui, parce qu'il serait possible que des époux colludassent ensemble, pour obtenir indirectement, par consentement mutuel, une séparation que la loi ne veut pas qui dérive immédiatement de la volonté des parties, sans les causes de faits qu'elle détermine pour en être le fondement.

Déjà, pour la simple séparation de biens demandée par la femme, la loi veut que l'aveu seul du mari ne fasse pas preuve (*b*), à plus forte raison en doit-il être ainsi dans la demande en séparation de corps qui est de toute autre importance.

(*a*) Voyez les articles 871 et suivans du Code de proc.

(*b*) Voyez l'article 870 du Code de proc.

Section III.

Quel est le Tribunal compétent pour pro-
noncer la séparation de corps, et dans
quelles formes doit-on procéder?

La demande en séparation de corps est
une action civile et personnelle, sur une
question d'état; elle doit donc être portée
au Tribunal d'arrondissement du défendeur,
qui est aussi celui du demandeur (*a*), les
deux époux ne pouvant avoir jusque-là,
qu'un seul et même domicile. (108)

Quant à la forme de procéder; la demande
en séparation de corps doit être précédée
d'une tentative de conciliation, par-devant
le président du Tribunal d'arrondissement.

Pour cela, l'époux demandeur est tenu
de présenter à ce magistrat, sa requête contenant sommairement les faits, y joindre
les pièces à l'appui, s'il en a.

Cette requête est répondue par une ordonnance de comparution à laquelle les parties
ne peuvent satisfaire qu'en personne, sans
pouvoir se faire assister d'avoué ni de conseil. (*b*)

Si dans cette entrevue le président du Tribunal ne peut concilier les époux, il rend
une seconde ordonnance par laquelle il autorise la femme à procéder sur la demande

---

(*a*) Article 875 du Code de proc.
(*b*) Art. 877 du Code de proc.

qu'elle a formée, ou qui est dirigée contre
elle ; lui permet de se retirer provisoirement
dans telle maison dont les parties sont convenues, ou qu'il indique lui-même d'office,
et enjoint au mari de lui remettre les effets
destinés à son usage journalier. (*a*)

En cause de divorce, la femme ne doit
pas être autorisée pour contester, parce que
l'action tend à dissoudre le mariage : il n'en
est pas de même ici, parce que l'incapacité
de la femme reste même après la séparation
de corps ; il faut donc qu'elle soit autorisée
d'office.

Le ministère public doit conclure dans
les causes de cette espèce (*b*), comme dans
toutes les autres qui sont agitées sur des
questions d'état. (*c*)

On doit porter à l'audience les demandes
en provision qui peuvent être formées par
l'une ou l'autre des parties (*d*), comme pour
obtenir des alimens à la femme, le plaid
pendant, ou pour faire ordonner la confection d'un inventaire ou tous autres actes
conservatoires des effets communs.

Il doit être aussi statué d'abord sur les
fins de non-procéder ou de non-recevoir,
suivant la marche ordinaire de la procédure.

Mais quel genre de preuves doit administrer celui des époux qui se plaint des sévi-

(*a*) Art. 878 du Code de proc.
(*b*) Art. 879 du Code de proc.
(*c*) Art. 83 du Code de proc.
(*d*) Art. 878 du Code de proc.

22

ces de l'autre? pourrait-il, comme en cause de divorce (251), invoquer le témoignage domestique?

Dans le cas où il y a lieu à la demande en divorce, pour cause déterminée, le Code veut qu'il soit libre aux époux d'ouvrir plutôt la demande en séparation de corps; et il ajoute qu'elle sera intentée, instruite et jugée de la même manière que toute autre action civile (307) : résulte-t-il de là que les témoins domestiques ou parens soient soumis, dans les causes de séparation, aux règles qui les écartent du témoignage dans les procédures ordinaires?

Nous ne le pensons pas, soit parce qu'il y a ici même raison que dans le divorce, d'admettre le témoignage domestique, soit parce que la qualité des témoins admissibles ou non, tient plutôt au fond du droit, qu'à la forme extérieure de la procédure : celui des époux qui est dans le cas d'ouvrir son action, a incontestablement le droit acquis d'employer le témoignage domestique, pour prouver les excès de l'autre, s'il veut intenter l'action en divorce; il doit donc conserver le même droit s'il opte pour la séparation de corps, puisqu'il n'y a ici que la simple forme de procéder qui soit différente.

Cette décision nous paraît d'autant plus juste, qu'autrement on gênerait la liberté de l'époux qui voudrait se pourvoir, car on le forcerait à opter plutôt pour l'action en divorce, afin de pouvoir fournir un genre de preuves qui serait repoussé dans l'action en séparation de corps.

Le jugement de séparation de corps étant rendu, on doit l'insérer sur un tableau exposé pendant un an, dans l'auditoire des Tribunaux de première instance et de commerce (1445) du domicile du mari, lors même qu'il n'est pas négociant (*a*), et, s'il n'y a pas de Tribunal de commerce, dans la principale salle de la maison-commune ainsi que dans la chambre des avoués et notaires.

Cette publicité est exigée, pour que le mari qui a perdu la jouissance des biens de sa femme et la maîtrise de ceux de la communauté qui existait entre les époux, ne puisse, par un crédit imaginaire, abuser des créanciers qui ne connaîtraient pas sa position.

SECTION IV.

Quels sont les effets de la séparation de corps?

Le premier effet de la séparation de corps est de dispenser les époux du devoir de la cohabitation, en sorte que la femme acquiert par là le droit d'avoir un domicile propre et distinct de celui de son mari.

La séparation de corps ne dissout pas le mariage, mais elle fait cesser la collaboration et détruit l'unité du ménage; elle dissout par conséquent la communauté de biens

---

(*a*) Art. 872 et 880 du Code de proc.

(311); d'où il résulte que, sans être entièrement affranchie de l'autorité maritale, la
femme reprend néanmoins l'administration
de ses biens : elle devient en conséquence
capable de faire seule tous les actes qui appartiennent à cette administration, comme
y étant tacitement autorisée par le jugement
qui la rétablit dans la possession de ses propres : elle peut aussi disposer de son mobilier et le vendre; mais elle ne peut aliéner
ses immeubles sans le consentement du mari,
ou sans autorisation suppléée par le juge.
(1449, 1538 et 1576)

La séparation de corps, ayant pour effet
de dissoudre la communauté, donne lieu à
la liquidation respective des droits des
époux, comme si le mariage lui-même était
dissous.

Si la séparation de corps est prononcée
contre la femme, pour cause d'adultère,
elle doit être, sur les conclusions du ministère public, condamnée par le même jugement, à la réclusion, au moins pendant trois
mois et au plus pendant deux années (308);
mais le mari reste maître d'abréger les effets
de cette condamnation, en consentant à reprendre son épouse (309); et alors, si le mariage a été contracté sous le régime communal, et que les parties veuillent l'une et
l'autre rétablir de nouveau, entr'elles, la
communauté qui avait été dissoute par la
séparation de corps, elles sont obligées d'en
passer acte par-devant notaire, moyennant
quoi les choses sont remises au même état

qu'avant la séparation, sans préjudice néanmoins de l'exécution des actes qui, dans cet intervalle, ont pu être faits par la femme, suivant la capacité qu'elle en avait reçue. (1451)

Quand la séparation de corps a été prononcée pour toute autre cause que l'adultère de la femme, et qu'elle a duré trois ans, l'époux originairement défendeur, est maître de la faire convertir en divorce, si l'autre dûment appelé par-devant le Tribunal d'arrondissement, ne consent pas immédiatement à la faire cesser. (310)

Lorsque le mariage est dissous par le divorce, pour cause déterminée, l'époux contre lequel il a été admis, est privé de tous les avantages qui lui avaient été faits par l'autre; doit-on attribuer les mêmes effets à la demande en séparation de corps? L'époux demandeur en séparation de corps serait-il fondé à demander aussi que les libéralités qu'il avait faites à l'époux défendeur fussent révoquées comme dans le cas de l'action en divorce?

Pour soutenir la négative, on peut dire que cette révocation décrétée par la loi, au chapitre quatre du divorce, n'est pas de même consignée dans le chapitre cinq qui traite de la séparation de corps; que c'est ici une disposition pénale, qu'on ne pourrait par conséquent l'étendre d'un cas à un autre, sans violer tous les principes; qu'en règle générale les donations en faveur de mariage ne sont point révocables pour cause d'ingratitude; que s'il est dérogé à cette règle dans le cas du divorce, ce n'est point une raison pour y déroger encore quand il est question de la séparation de corps, parce que la dérogation aux principes du droit commun, ne doit jamais être étendue au-delà du cas déterminé par la loi; que si les libéralités faites en contemplation de mariage sont anéanties par le divorce, c'est parce que le mariage étant dissous, les conventions accessoires à l'union des époux doivent aussi disparaître quand cette union n'existe plus; mais qu'il n'en doit point être ainsi dans la séparation de corps, puisqu'elle ne dissout pas les liens du mariage.

Nonobstant ces raisonnemens, nous croyons que l'époux demandeur en séparation de corps, est en droit de conclure aussi à la révocation des libéralités qu'il aurait faites à l'autre; et nous fondons cette opinion soit sur l'esprit qui a présidé à la rédaction du Code Napoléon, soit sur le texte même de ce Code, soit sur les principes de la matière et la jurisprudence de tous les temps.

1°. Dans l'esprit du Code Napoléon, l'action en divorce et l'action en séparation de corps sont laissées à l'option libre de l'époux offensé (306); il ne doit éprouver nulle contrainte de choisir l'une plutôt que l'autre: c'est par des motifs de tolérance religieuse que le législateur a voulu lui accorder la plus grande liberté dans son choix; or, cette liberté ne serait plus entière si la loi le plaçait dans une position telle que sa conscience lui fît un devoir d'opter pour la séparation de corps, tandis que son intérêt exigerait qu'il recourût à la voie du divorce, pour obtenir la révocation des libéralités qu'il aurait faites à l'autre; il faut donc, pour être conséquent avec le principe de liberté entière qui lui est accordée, qu'il puisse aussi, par l'action en séparation de corps, obtenir la révocation des avantages qu'il avait faits à l'époux coupable.

2°. La séparation de corps ne peut être obtenue que pour les mêmes causes déterminées, pour lesquelles le divorce peut être demandé : les mêmes causes caractérisent la même ingratitude; elles doivent donc produire le même effet.

3°. Toute donation devient révocable pour cause d'ingratitude du donataire : la raison sollicite cette peine contre lui, et la loi positive la prononce (955); le principe général est donc ici pour la révocation de la libéralité; reste à savoir si l'époux coupable peut soutenir qu'il est dans un cas d'exception à la disposition pénale qui frappe tous les ingrats.

Pour le placer dans un cas d'exception, l'on invoque l'article 959 du Code, portant que *les donations en faveur de mariage ne sont pas révocables pour cause d'ingratitude;* mais en réfléchissant sur le motif de cette disposition dérogatoire à la règle commune, l'on est forcé de convenir qu'elle ne doit être applicable qu'aux donations

faites aux époux, par leurs parens, ou par
des étrangers, et qu'il y aurait autant d'inconséquence que d'injustice de l'appliquer
aux avantages stipulés entre les époux eux-
mêmes.

En effet, la donation en faveur de mariage, faite à l'un des époux, par ses père
et mère ou autres, n'est pas uniquement
stipulée dans l'intérêt personnel du donataire; elle est faite aussi, au moins indirectement, pour l'avantage des enfans à
naître, et sur-tout pour celui de l'autre époux
qui nécessairement en doit profiter, et qui
est censé n'avoir consenti au mariage qu'à
cette condition.

Si donc l'ingratitude du donataire direct
pouvait donner lieu à la révocation de cette
donation, l'innocent se trouverait puni par
rapport à la faute du coupable. Tel est le
motif pour lequel les donations en faveur
de mariage, faites aux époux par leurs parens ou autres, ne sont point ici soumises
à la règle commune; mais ce motif est absolument étranger au cas de la donation faite
à l'un des époux par l'autre, parce qu'en
la révoquant, il n'y a que le coupable qui
supporte la peine de son ingratitude. Et
comment un époux obligé à respecter l'autre, par les seuls devoirs attachés à l'union
conjugale, pourrait-il être placé dans une
position plus favorable qu'un étranger, lorsqu'il se porte à outrager l'autre époux qui
est en même temps son bienfaiteur? Comment la loi pourrait-elle être assez incon-

séquente, pour récompenser un tel donataire, par cela seul qu'il est doublement coupable? -

Les auteurs du Code n'ont point mérité le reproche d'une pareille inconséquence, l'article 1518 le repousse : « Lorsque la dis » solution de la communauté s'opère par le » divorce ou par la séparation de corps, » porte cet article, il n'y a pas lieu à la déli » vrance actuelle du préciput; *mais l'époux* » *qui a obtenu soit le divorce, soit la sépa* » *ration de corps, conserve ses droits au* » *préciput en cas de survie.* » Il n'y a donc que l'époux qui a obtenu la séparation de corps, comme il n'y a que celui qui a obtenu le divorce, qui conserve ses droits au préciput conventionnel; mais ce préciput n'est autre chose qu'un gain ou un avantage de survie réciproquement stipulé entre les époux, par leur contrat de mariage : donc l'époux coupable, contre lequel la séparation de corps est prononcée, doit perdre les avantages qui avaient été stipulés à son profit, tandis que le demandeur conserve ceux qui lui avaient été assurés; donc la cause d'ingratitude n'opère pas seulement dans le cas du divorce, mais elle produit aussi ses effets, dans le cas de la séparation de corps.

4°. Lorsque les auteurs du Code Napoléon ont décidé que les donations faites en faveur de mariage ne seraient pas révoquées pour cause d'ingratitude, ils n'ont fait que consacrer de nouveau une règle de la jurisprudence ancienne, *patrona dotem pro libertâ jure promissam, quòd extiterit ingrata, non retinebit* (*a*); or, dans la jurisprudence ancienne, les donations entre époux ont toujours été jugées révocables pour cause d'ingratitude, lors de la séparation de corps admise sur la demande du donateur contre le donataire (*b*); donc on doit juger de même aujourd'hui, puisqu'on n'aperçoit, dans cette matière, aucune innovation aux anciennes règles.

5°. Non-seulement les donations sont révocables pour cause d'ingratitude, mais elles le sont aussi pour l'inexécution des conditions du contrat (953): cette règle est commune à toutes les conventions; elle est dans le droit naturel, comme dans le droit positif (1184); nulle loi n'en excepte les conventions faites par contrat de mariage, dont les engagemens sont toujours synallagmatiques, puisqu'il y a toujours des devoirs à remplir de part et d'autre: on ne peut voir dans l'époux coupable un simple donataire, puisqu'il est époux aussi : il n'est pas permis de considérer ici la donation comme n'ayant d'autre cause que la générosité du donateur : elle a été faite en contemplation du mariage; elle a donc eu pour cause et

_____

(*a*) L. 69, § 6, ff. *de jure dotium*, lib. 23, tit. 3. Voyez aussi la L. 24, Cod. *de jure dotium*, lib. 5, tit. 12.

(*b*) Voyez dans le répertoire de jurisprudence, au mot *séparation de corps*, tom. 16, pag. 238 et suivantes.

pour condition la promesse de fidélité faite
à son tour, par l'époux donataire; mais en
prononçant la séparation de corps contre
lui, on juge nécessairement qu'il n'a pas
rempli les conditions imposées à la donation
qui lui avait été faite; comment donc pourrait-on refuser la révocation demandée par
l'autre?

La séparation de corps ne laisse, pour
ainsi dire, subsister que l'ombre du mariage,
puisqu'il n'y a plus de devoirs à remplir entre les époux : elle fait cesser la collaboration et l'habitation commune : elle dissout
toute association d'intérêt : elle est le terme
de toutes les jouissances que les époux s'é-
taient promises dans le mariage : le donateur,
resté seul dans ce désert affreux, se trouve
réduit à un célibat forcé, par la faute de
l'autre; est-ce cet état de privation qu'il avait
voulu obtenir pour prix de sa libéralité?

Ainsi, sous le rapport de l'inexécution
des conditions apposées au bienfait, la révocation est encore ici dans la règle générale, sans que l'époux coupable puisse invoquer aucune exception légale en sa faveur.

6°. L'article 8 des statuts du 30 mars 1806,
sur l'état des princes et princesses de la Maison impériale, porte, ainsi que nous l'avons
déjà observé plus haut, que les membres
de cette auguste famille pourront demander
la séparation de corps, et qu'elle s'opérera
par la seule autorisation de l'Empereur;
mais il ajoute qu'elle n'aura d'effet que quant

à l'habitation commune, et qu'elle *ne chan-gera rien aux conventions matrimoniales* (*a*). On n'a inséré cette disposition dans ces statuts, que parce qu'on l'a jugée néces-saire ; donc on a jugé aussi par là qu'elle n'est pas la règle du droit commun pour tous.

Mais si la libéralité faite entre époux, par contrat de mariage, est révoquée pour cause d'ingratitude, ou pour l'inexécution des conditions sous lesquelles elle était cen-sée faite, lorsque la séparation de corps est admise contre le donataire, qu'arrivera-t-il dans le cas de la réconciliation des époux, s'ils consentent à faire cesser la séparation de corps ? Par suite de cette réunion, la donation revivra-t-elle de plein droit, ou faudra-t-il lui rendre l'existence par un nou-vel acte ? S'il est nécessaire de la renouveler, sera-t-elle de sa nature irrévocable, comme ayant été primitivement stipulée dans le traité nuptial des parties ; ou sera-t-elle ré-vocable *ad nutum,* comme résultant d'un acte passé entre époux depuis leur mariage ? Enfin, cet acte de rénovation devra-t-il être revêtu de toutes les formes de la donation ?

Lorsqu'un acte est anéanti, qu'il est ré-duit *ad non esse,* il est évident qu'il ne peut revivre de lui-même, parce qu'il faut tou-jours une cause pour produire un effet ; la donation dont il s'agit ici ne pourrait donc renaître que par une nouvelle disposition

_____

(*a*) Voyez bull. 84, n°. des lois 1432, tom. 4, pag. 371, 4eme. sér.

consentie entre les époux : telle est la conséquence qui résulte de ce qu'elle avait été pleinement anéantie.

Le seul fait de la réconciliation des époux ne peut suffire pour rendre la vie à cette donation, parce qu'on peut être époux et cohabitant ensemble, sans être donataire l'un de l'autre.

Non-seulement rien ne nous oblige, dans la solution de cette question, à nous écarter de la règle commune qui veut qu'un acte anéanti reste nul jusqu'à ce qu'on lui ait rendu la vie par une nouvelle expression de volonté, mais même les plus puissans motifs sollicitent ici l'application rigoureuse de ce principe; parce que, si les époux ne pouvaient se réunir qu'autant que les libéralités qui auraient eu lieu précédemment entre eux, se trouveraient rétablies de plein droit, ce serait mettre leurs intérêts en opposition avec leur réconciliation; l'époux offensé ne pourrait pardonner à l'autre, sans se dépouiller une seconde fois en sa faveur : ne serait-ce pas opposer à la réconciliation un obstacle aussi contraire au vœu de la loi, qu'aux principes de la morale?

La loi positive vient à l'appui de ces raisonnemens : l'article 1451 du Code Napoléon porte que « la communauté dissoute » par la séparation soit de corps et de biens, » soit de biens seulement, peut être rétablie » *du consentement des deux parties.*

» Elle ne peut l'être que *par un acte passé* » *devant notaire et avec minute,* dont une

» expédition doit être affichée dans la forme
» de l'article 1445.

» En ce cas, la communauté rétablie re-
» prend son effet du jour du mariage ; les
» choses sont remises au même état que s'il
» n'y avait point eu de séparation, sans pré-
» judice néanmoins de l'exécution des actes
» qui, dans cet intervalle, ont pu être faits
» par la femme, en conformité de l'article
» 1449.

» Toute convention par laquelle les époux
» rétabliraient leur communauté sous des
» conditions différentes de celles qui la ré-
» glaient antérieurement, est nulle. »

Il résulte de cet article que la réconciliation et la réunion des époux ne suffisent
point pour rétablir entr'eux la société d'intérêt qui avait été dissoute par la séparation
de corps ; que pour faire revivre cette association, il faut un nouveau consentement
des parties et un nouveau traité passé par-
devant notaire, comme leur contrat de mariage ; mais si la communauté qui est de
droit commun, lorsqu'il n'y a point de traité
nuptial entre les époux, n'est rétablie, par
la cessation de la séparation de corps, qu'autant que les époux qui se réconcilient consentent à s'associer de nouveau par acte authentique ; à plus forte raison doit-on en décider de même à l'égard des libéralités qui
avaient été éteintes et qui ne sont pas dans
la disposition du droit commun.

Mais la donation étant renouvelée entre
les époux, aura-t-elle le même caractère

d'irrévocabilité que si elle n'avait pas été anéantie par la séparation de corps?

Nous croyons qu'on doit décider affirmativement cette question, parce que le nouvel acte fait revivre la première libéralité; il se rattache au contrat de mariage et en ressuscite les clauses; en un mot il efface la nullité temporaire qui a existé dans l'intervalle de la séparation.

Enfin est-il nécessaire que, dans ce cas, la libéralité soit renouvelée par un acte revêtu de toutes les formalités requises pour la donation?

Nous ne le pensons pas, puisque ce nouvel acte abolissant les effets de l'ingratitude, se rattache au traité de mariage, et ne fait ainsi que rendre la vie à une donation déjà revêtue de toutes les formes requises. Nous pouvons étayer cette décision de la disposition contenue en l'article 1339 du Code, portant que « le donateur ne peut réparer, » par aucun acte confirmatif, les vices d'une » donation entre-vifs, *nulle en la forme;* » il faut qu'elle soit refaite en la forme » légale » : d'où il résulte que, lorsque la donation n'est pas nulle en sa forme, il n'est pas nécessaire de la refaire en forme légale pour lui rendre ses effets.

Il y a plus, nous croyons qu'il suffirait que les époux, lors de leur réconciliation, eussent passé par-devant notaire l'acte contenant le renouvellement de leur association, pour que les libéralités stipulées au contrat de mariage reprissent toutes leur

force première : la communauté d'intérêt
se rétablissant entr'eux, comme auparavant,
les conditions sous lesquelles elle avait été
stipulée revivraient aussi nécessairement,
puisque la loi déclare nulle toute convention par laquelle *les époux rétabliraient leur
communauté sous des conditions différentes
de celles qui la réglaient antérieurement :*
les donations consignées dans le traité nuptial, n'étaient véritablement que les conditions sur lesquelles les époux avaient voulu
traiter ensemble; chacune des clauses est
censée subordonnée aux autres, parce que
nulle d'entr'elles n'avait été consentie qu'en
considération de ce qui était porté dans les
autres; les époux n'avaient souscrit le contrat qu'en voulant tout ce qui y était contenu; et comme la loi ne veut pas qu'on
puisse le rétablir sous d'autres conditions
que celles qui l'avaient régi, il en résulte
que tout se rattache à cet acte primitif, et
que toutes les conventions renouvelées entre les époux qui se réconcilient, ne sont
plus que des conventions par traité de mariage.

Fin du Tome premier.

TABLE DES CHAPITRES

CONTENUS DANS LE PREMIER VOLUME.

CHAPITRE CINQ.

SECTION Iere.

SECTION II.

SECTION III.

CHAPITRE SIX.

CHAPITRE SEPT.

CHAPITRE HUIT.

SECTION Iere.

SECTION II.

23.

Section Iere.

Section II.

Section III.

CHAPITRE VINGT-DEUX.

Section VIII.

Section IX.

Section X.

CHAPITRE VINGT-TROIS.

Section Iere.

FIN DE LA TABLE DES CHAPITRES.

www.ingramcontent.com/pod-product-compliance
Lightning Source LLC
Chambersburg PA
CBHW052105230326
41599CB00054B/3981